中国律师实训经典

律师的职业责任与规制

（第二版）

[美] 德博拉·L·罗德（Deborah L. Rhode）
[美] 小杰弗瑞·C·海泽德（Geoffrey C. Hazard, Jr.） ｜ 著

王进喜 等 ｜ 译

PROFESSIONAL
RESPONSIBILITY
AND REGULATION
（SECOND EDITION）

中国人民大学出版社

·北京·

致　谢

本书献给 Mary Tye，我们特别感谢她，她为本书稿的出版作出了无法估量的贡献。

译 序

黛博拉·L·罗德（Deborah L. Rhode）教授和小杰弗瑞·C·海泽德（Geoffrey C. Hazard, Jr.）教授都是美国法律职业道德领域的著名学者，他们所著《律师的职业责任与规制》一书，堪称大家小书，在不大的篇幅中既介绍了美国职业律师责任与规制的基本情况，又穿插了作者及众多学者和实务界对美国国情下存在的问题所进行的反思。因此，读者既可以借此了解美国律师制度的概况，也可以引为借鉴，反思我国律师管理中存在的问题，设计符合中国国情的律师行业发展路径。

本书是师生共同学习的结果。这本书是 2009 年我在为中国政法大学法律职业行为法与司法制度方向硕士研究生讲授法律英语（法律职业行为法方向）时为学生提供的相关读物之一。在上课时，学生每人承担一段，练习文献阅读与翻译，我则与同学们一起逐字逐句校对、点评。由于课堂时间有限，当时只是翻译到了第五章。当时参加课堂翻译的同学有 2008 级硕士研究生梁良、钱丽鑫、杨颖菲、赵洋、王淑贤、范开花、王琳和金竞。此后，梁良同学翻译了第六章、第七章；王进喜翻译了第八章；王淑贤同学翻译了第九章和第十章第一、第二和第三部分；金竞同学翻译了第十章第四、第五部分，第十一章第一、第二部分；法律职业行为法与司法制度方向 2009 级硕士研究生黄翔宇同学翻译了第十一章第三部分、第十二章和跋。

在进行上述翻译时，我们使用的还是本书的 2002 年版本。此后，我又购得本书 2007 年版本。与 2002 年版本相比，2007 年版本中原作者根据最新文献对内容进行了许多改动。我又根据 2007 年版本对有关内容进行了补译和最后的校对。中国政法大学法律职业行为法与司法制度方向 2011 级硕士研究生伏雨怡同学承担了本书部分文字校对工作。

本书是 2012 年度国家社科基金资助项目"律师法实施问题研究"和 2008 年度教育部"新世纪优秀人才支持计划"的成果之一。

王进喜
2013 年 3 月

目　录

第一章　法律职业及其规制 ……………………………………………… 1

　一、职业的概念 …………………………………………………………… 2

　二、职业标准：法律、伦理和法律职业道德 …………………………… 3

　三、律师法 ………………………………………………………………… 7

　四、规范渊源 ……………………………………………………………… 8

第二章　美国法律职业和律师规制制度 ……………………………… 10

　一、法律职业的起源 …………………………………………………… 11

　二、律师界规制制度与职业协会 ……………………………………… 15

　三、职业的多样化 ……………………………………………………… 16

第三章　法律服务的形式与经济状况 ………………………………… 21

　一、法律服务的组织形式 ……………………………………………… 22

　二、执业状况：平衡的生活与底线 …………………………………… 23

　三、私营部门：个人、小型律师事务所和大型律师事务所的

　　　法律服务 …………………………………………………………… 25

　四、组织法律顾问 ……………………………………………………… 27

　五、公共领域：政府服务、法律援助和公共利益法 ………………… 28

第四章　法律职业的"宪法性"功能 ………………………………… 31

　一、法治与个人权利 …………………………………………………… 32

　二、律师和个人权利 …………………………………………………… 32

　三、商业企业的律师 …………………………………………………… 32

　四、对公司资本主义的批判 …………………………………………… 33

　五、其他选项的成理性 ………………………………………………… 34

第五章　基本的职业标准 ……………………………………………… 35

　一、作为职业的责任：职业规制与职业判断中的独立性 …………… 36

　二、对委托人的责任：忠诚、称职和保密 …………………………… 37

　三、对司法制度和法治的责任 ………………………………………… 40

第六章　对抗制、保密和替代性纠纷解决程序 …………………………… 41
　　一、对抗制的前提 …………………………………………………… 42
　　二、诉讼策略和对抗制的滥用 ……………………………………… 45
　　三、坦诚和保密 ……………………………………………………… 50
　　四、替代性纠纷解决程序 …………………………………………… 59
第七章　交易业务 ………………………………………………………… 64
　　一、导言 ……………………………………………………………… 65
　　二、文件的起草、保留和销毁 ……………………………………… 65
　　三、咨询 ……………………………………………………………… 68
　　四、家长作风 ………………………………………………………… 74
　　五、谈判 ……………………………………………………………… 78
　　六、游说 ……………………………………………………………… 85
第八章　利益冲突 ………………………………………………………… 89
　　一、导言 ……………………………………………………………… 90
　　二、同时代理多个利益 ……………………………………………… 92
　　三、立场性利益冲突 ………………………………………………… 96
　　四、连续性代理 ……………………………………………………… 98
　　五、替代性的无代理资格、屏蔽和弃权 ………………………… 100
　　六、代理组织 ……………………………………………………… 102
　　七、代理政府 ……………………………………………………… 104
　　八、代理集团诉讼 ………………………………………………… 108
　　九、律师的个人利益 ……………………………………………… 110
第九章　诉诸正义 ………………………………………………………… 114
　　一、问题的性质 …………………………………………………… 115
　　二、对可能的回应性举措的概述 ………………………………… 121
　　三、法院改革和非律师服务 ……………………………………… 121
　　四、获得资助的法律服务 ………………………………………… 123
　　五、公共利益法和“道义律师活动” …………………………… 125
　　六、公益代理 ……………………………………………………… 128
第十章　法律服务市场的规制 …………………………………………… 132
　　一、广告 …………………………………………………………… 133
　　二、劝诱 …………………………………………………………… 139
　　三、跨司法辖区执业 ……………………………………………… 142
　　四、跨行业执业 …………………………………………………… 145
　　五、律师收费 ……………………………………………………… 149
第十一章　成为律师的资格要求 ………………………………………… 159
　　一、导言 …………………………………………………………… 160
　　二、法学教育 ……………………………………………………… 160
　　三、律师准入 ……………………………………………………… 175
第十二章　称职性与惩戒 ………………………………………………… 184
　　一、导言 …………………………………………………………… 185
　　二、惩戒标准与结构 ……………………………………………… 186

三、惩戒制裁 ……………………………………………… 191

四、称职性 ………………………………………………… 197

五、不当执业 ……………………………………………… 199

跋 …………………………………………………………… 205

案例表 ……………………………………………………… 207

索引 ………………………………………………………… 211

主要译名对照表 …………………………………………… 218

法律职业及其规制

- 一、职业的概念
- 二、职业标准：法律、伦理和法律职业道德
- 三、律师法
- 四、规范渊源

一、职业的概念

1

　　在这本关于法律职业的书中，从理解成为一个职业的一员意味着什么开始，是适当的起点。我们现在视为职业人员（professional）的职业（occupations），存在已逾两千年，尽管这一术语本身以及这些职业群体的卓尔不群的特征直到16世纪才开始出现。"职业（profession）"源于拉丁语"*professionem*"，意为作出公开声明。这一术语逐渐演化用来描述这样的职业，即要求新进成员宣誓表明他们要致力于与一个博学的职业（calling）相关的理想和活动。

　　关于职业的当代定义，通常强调其特殊的专业知识和道德责任，这又产生了其他的界定性的特征，例如，自我规制、法定资格、行为守则、职业协会以及对特定工作的垄断。美国律师一直以他们是一个职业而感到骄傲。根据美国律师协会（American Bar Association，ABA）的一份著名报告，职业人员是那些"以公共服务的精神……追求博学艺术"的人。① 同样，律师也一直关注职业主义的丧失以及"法律堕落成一种商业"问题。一百多年前，一名美国论者评论说，律师界已经失去了其"优越的尊严感"，并且已经为"商业的精神所玷污"。他的这一论断引起了极大的共鸣。②

　　在过去的二十年中，人们对于这些问题更趋关注。法律服务市场日益激烈的竞争和商业主义，以及人们认为律师规制和垄断范围的职业控制日益降低的感觉，对此更是推波助澜。在对律师行为的规制上，律师界与法院、立法机关、雇主及行政机关越来越多地分享权力。该职业防止非律师竞争者"非法执业"的活动，已被市场压力和技术进步侵蚀。法律职业内部的日益专业化，也

2

提出了这样的问题，即把律师视为受过同样教育、遵守相同的规制标准的同质化群体是否有益。

　　在传统上，是由各州对法律服务进行规制的，而不是进行全国性或地方性（如欧洲）的规制。在当代，法律服务越来越多地跨越州和国家的司法辖区边界。"跨司法辖区执业"的增长给律师工作的边界带来了更多的不明确性。在很多国家，美国律师在本国所做的许多工作并非是律师们的自留地，或者是在法律职业的各个群体之间进行分配。例如，在欧洲和南美的一些国家里，某些类型的法律文件仅能由公证员准备，与美国同行相比，这些公证员受过法律训练，并且拥有更高的地位和更多的公职责任。在日本，有很多从事商业和职业活动的人，受过法律教育，从事法律工作，但是这些人当中仅有2%的人通过司法考试，能够在法院代理诉讼当事人。③ 其他国家通常允许非律师人员提供法律建议，并同律师形成跨行业合伙。因此，跨国会计师事务所作为世界上最大的法律服务提供者，已经使得律师事务所黯然失色。

---

　　① American Bar Association（ABA）Commission on Professionalism，"In the Spirit of a Public Service：" A Blueprint for the Rekindling of Lawyer Professionalism 3（1986）.

　　② American Lawyer，quoted in Deborah L. Rhode，In the Interests of Justice：Reforming the Legal Profession 1（2001）. See also Geoffrey C. Hazard，Jr. & Angelo Dondi，Legal Ethics：A Comparative Study，45（2004）.

　　③ See Rhode，supra note 2，at 119.

美国律师界对于这些趋势的反应，将在第四章中予以讨论。就当前目的而言，值得强调的是它们对关于职业的传统理解所提出的挑战。这些理解在几个层面上遭到了批评。首先，来自左派和右派的批评者都提出了这样的一个疑问，即与其他没有获得职业身份（professional status）的职业相比，法律这样的职业在专业知识或者公共精神方面是否有本质的区别。并不是所有的法律服务都比在传统上不被视为职业的行业——如投资银行、信息技术——要求更多的技能和训练。很显然，律师在建构他们自己的规制、监督他们自己的成员方面，是不是比其他职业团体能够更加无私、更具公共精神，这一点也不是很明显。民意调查表明，在律师职业宣称具有公共精神这一点上，公众有着相当的怀疑。不到五分之一的美国人认为律师是"诚实和有道德"的，五分之三的美国人认为律师是贪婪的，五分之四的美国人认为，他们的某些工作，可以由其他人以更少的耗费完成。④ 对于许多论者而言，律师界关于职业主义的花言巧语，常常是为了经济上的保护而进行的矫饰，是对自我形象的吹嘘。⑤

相反，律师界的领导人通常认为，并不应当因为近来的市场趋势和民意调研而放弃其关于特殊地位的主张，而是应当重燃职业理想。为此，州和地方律师协会启动了大范围的职业主义行为计划，涉及各种讨论会、委员会、中心和行为守则。这些行动对于法律服务有多大影响，尚无定论。但是，其背后的追求趋向当然是值得肯定的。不管其在其他方面的局限性如何，律师界对职业主义的忠信，为法治和对正义的追求作出了巨大的贡献。在美国历史上，在每一个具有公共利益的重大事件中，都可以看到被这种忠信鼓舞的律师冲在前面。他们努力提供公益帮助，保护个人自由，并且作为独立力量制衡政府的滥权，已经成为世界其他律师的楷模。许多个人选择律师作为职业，在一定程度上就是有着促进社会正义的热望，他们追求的是一种服务该目标的职业身份。

二、职业标准：法律、伦理和法律职业道德

在这本关于律师规制的书中，一个关键概念是"法律职业道德"。这个词语经常与"职业责任"交替使用，用以描述律师界的规制标准。首当其冲的问题就是法律职业道德中的道德指的是什么，并且它与律师法（the law of lawyering）之间关系如何。

作为一个定义问题，大多数学者将"道德"一词追根溯源至希腊语中的

---

④ Id., at 4；Roper Center for Public Opinion Research, Gallup Poll, Dec. 1, 2005；Gary A. Hengstler, "Vox Populi：The Public Perception of Lawyers：ABA Poll," ABA J., Sept. 1993, at 60；Randall Samborn, "Anti-Lawyer Attitude Up," National L. J., Aug. 9, 1993, at 20；Stephen Budiansky, Ted Gest, & David Fisher, "How Lawyers Abuse the Law," U. S. News & World Report, Jan. 30, 1995, at 50；Gallup Poll Releases, Nov. 1999.

⑤ 关于经典的保守主义的立场，参见 Milton Friedman, Capitalism and Freedom 144−149 (1962). See also Richard Posner, Overcoming Law 37−38, 91−93 (1995). 关于来自左派的批评，参见 Rhode, supra note 1, at 1−22, 135−41, 207−08. Russell G. Pearce, "Law Day 2050：Post-Professionalism, Moral Leadership, and the Law-as-Business Paradigm," 27 Fla. St. U. L. Rev. 9 (1999)；Richard Abel, American Lawyers, 12 (1989)；Richard L. Abel, "The Contradictions of Professionalism," in Lawyers and Society：The Common Law World 186−243 (Richard L. Abel & Philip Lewis eds., 1989).

ethikos（其含义与风俗有关）和 *ethos*（这是指品行）。伦理（morality）一词来源于拉丁文 *mores*，它是指品行或风俗习惯。在当代社会，这两个词语都多少有些背离了它们原始的含义。哲学家通常认为"道德"是对伦理的研究，或者是指特定社会中的风俗规范（即它的 *ethos*），伦理指的则是关于对错的普世原则。⑥ 然而，由于哲学伦理理论与风俗规范存在重叠，许多当代的理论家怀疑就道德和伦理进行一般性的区分是否有益，并呼唤使用这两个词语。

在一定意义上，法律职业道德是一个不限于法律标准的分支，它体现和强调了源于宗教和哲学传统的更为广泛的伦理观念。在另一个同样严整的意义上，法律职业道德仅仅是一种整合了法院、立法机关和行政机关所制定的强制性行为规则的法律规制形式。根据这两个维度，法律职业道德在律师的职业生涯中处于核心地位。律师协会的行为守则决定着他们是否有资格继续执业，帮助他们塑造着作为职业人员的伦理身份。

许多当代伦理哲学在法律服务问题上的适用，受到其两个限定性特征的限制：它要遵守普世的原则，以及它要我们假设知晓通常判断所依据的事实。而在律师职业生涯中，这些知晓是不完全的，是有一定背景的。此外，法律职业道德关涉法律服务这一事实至关重要。"律师"不仅仅是对一种工作的描述，而是一个由法律加以界定的职业，有着法定的权力和职责，例如，保守委托人秘密的职责。一般而言，伦理哲学的主流传统可能有助于建构问题，但是它们对于法律服务中的具体两难问题不能提供确切答案。⑦

通常被认为与法律职业道德最具有相关性的哲学传统是功利主义和道义论（以权利为基础的理论）。在其古典形式中，功利主义认为在伦理上正确的行为能够给最大多数的人带来最大的好处。按照这一理论，每个人的幸福同等重要。道义论（该术语源于希腊文 *"deon"* 或 *"duty"*）认为，伦理上正确的行为是遵守普适的、一般化的义务原则的行为。伊曼努尔·康德作为主要的道义论理论家，认为道德上可以证成的行为必须满足一个终极性的伦理原则，即绝对命令（categorical imperative）。康德就这个原则给了两个公式。第一个是每个人"仅应当根据应当成为普适法则的公理来采取行动"。第二个是仅能把其他人作为目的，而不是手段。⑧ 在适用道义论理论的时候，哲学家们试图确定哪些义务将满足普适性、一般化和尊重他人的要求。这样的义务通常包括：忠实义务（信守承诺、拒绝欺骗）、善待义务（帮助他人、勿害他人）和公正义务（同等情况同样对待）。由于这些义务意味着相应的权利，道义论的理论框架经常被认为是以权利为基础的理论。

功利主义的方法和以权利为基础的方法都已被应用于解决法律职业道德问题，每个方法都受到了与这些问题相关的批判。功利主义存在的一个问题是，它通常不可能客观地确认、衡量和比较某个特定行为引起的结果与其他可供选择的行为所引起的结果有何不同。一个进一步的问题是，这个理论没有办法保护个人权利不受多数人意志的侵害，或者就各个选择进行质的区分，例如就基

---

⑥ G. W. F. Hegel, Phenomenology of Spirit 266 – 94 (A. V. Miller trans., 1977); John Hartland-Swann, An Analysis of Morals (1960).

⑦ See Geoffrey C. Hazard, Jr., "Law Practice and the Limits of Moral Philosophy," in Ethics in Practice 75, 77 (Deborah L. Rhode ed., 2000).

⑧ Immanual Kant, Foundations of the Metaphysics of Morals 46 (Lewis White Beck trans., 2d ed., 1990).

于非理性、固执、嗜好的选择和那些基于更为美好的价值的选择进行区分。⑨道义论学说同样地被批评为不具有确定性。像绝对命令这样的原则无助于解决涉及相互冲突的价值（例如"忠诚于委托人"与"善待第三方"之间的冲突）这样的道德两难问题。当问题是哪个规则我们应当一般化以及谁的个人权利应当优先时，规则应该被一般化以及个体权利应该被尊重的要求也是不能提供任何帮助的。⑩

在具体的法律职业道德问题背景下，这些局限性甚至变得更加明显。在第六章中，我们将进一步讨论一个具有代表性的例子，该例子涉及一个典型的两难问题：律师是否应该公开委托人的秘密以避免给第三方造成严重伤害？无论是根据以权利为基础的理论，还是根据功利主义，我们都可以支持对委托人的秘密进行广泛保护这种做法；但我们也可以基于类似的理由来批评这种保护。

关于保密义务的以权利为基础的基本观点，是建立在若干关于社会价值和委 **6** 托人行为的假设基础上的。第一个假设是，法律制度的首要目标是保护个人权利。在一个发达的工业社会，人民通常有一系列的法律权利（例如，正当程序、隐私、订立契约的权利），而这些权利容易受到政府或其他私人利益的侵害。防止侵害或对侵害施以救济通常需要律师的帮助。律师不能够提供充分的代理，除非委托人感到可以自由提供所有相关信息。对于许多人而言，除非确保他们与律师的交流会被保密，否则，他们不愿意寻求法律帮助或者披露重要事实。对这些秘密的保护不仅有助于在总体上保护法律权利，而且有助于保护某些特殊的权利，例如为刑事被告人提供的宪法保障。如果律师可以披露与委托人的交流，那么被控犯罪的人就不能充分行使其宪法第六修正案规定的获得律师帮助的权利，以及宪法第五修正案规定的免于被迫自证其罪的特免权。

对于这种保密的广泛保护的批评者对此作出了几个回应。首先，他们指出，对刑事被告人的宪法性权利的关注并不能证明在民事领域提供广泛保护是正当的。对个人自由与隐私的关注也不能解释将广泛秘密保护扩展至法人。同样也不能不证自明的是，为什么委托人的权利，特别是公司委托人的权利，就应该优先于其他人的权利，尤其是在牵涉个人健康与安全利益的情况下。此外，现在的保密规定存在着例外与不确定性；现行的研究也提出了这样的疑问，即一些关于保密的进一步的限制是否将大大改变委托人的行为。⑪

关于保密的广泛保护的另一个功利主义的理由是，它们通过促进对法律规范的遵守，来促进最大多数人的最大福祉。获知了秘密信息的律师，可以为个人就其法律义务提供咨询，能够促进法律争端的合理解决。然而，对于上述提及的所有理由，对于保密的广泛保护的批评者认为，为了防止第三方受损害而允许一些信息披露将不会在很大程度上侵害到律师的咨询角色。关于保密的例外已经存在，大部分人并没有认识到他们的范围，很多委托人有足够的理由去向他们的律

⑨　See Consequentialism and its Critics（Samuel Scheffler, ed. 1988）；Utilitarianism and Beyond（Amartya Sen and Bernard Williams eds. , 1982）；Amartya Sen, Collective Choice and Social Welfare 118 – 48,（1970）；J. J. C. Smart & Bernards Williams：Utilitarianism：For and Against 33（1973）.

⑩　Consequentialism and its Critics（Samuel Scheffler, ed. 1988）；Utilitarianism and Beyond（Amartya Sen and Bernard Williams eds. , 1982）；Roberto Magabeira Unger, Knowledge and Politics 54（1975）；Alisdair MacIntyre, A Short History of Ethics 197 – 98（1966）.

⑪　参见以下第六章的讨论。

师坦承秘密，而无论道德义务上的准确范围如何。

我们将在第六章更充分地探讨这些观点的是非曲直。我们这里所说的，仅仅是强调在解决法律职业道德的问题时道德理论的贡献及局限性。抽象的伦理原则可能有助于构筑相关的探究，但是问题的解决通常取决于那些关于特定道德决策的影响的具体事实信息，以及关于那些相互冲突的伦理主张的背景判断。就上述保密问题而言，很重要的一点是要知道不同的披露规则是如何影响委托人的行为的，以及委托人是如何就其利益与受规则影响的第三人的利益进行权衡的。然而，这种信息几乎是无法获得的。在这个问题上，论战的双方都不能自圆其说。

然而，这样的结论是不恰当的，即认为伦理理论是无用的，而对道德持彻底相对主义的态度是适当的。在极端情况下，相对主义认为没有客观的基础支持一套道德信仰优于另外一套。相对主义之所以很有魅力，是因为它不仅对普遍真理予以适度怀疑，而且它对文化多样性予以适度包容。从相对主义的立场来看，关于事实的分歧与关于伦理的分歧有质的不同。就事实问题而言，所获得的信息越多，越可能达成共识。而就伦理主张而言，我们常常得不到有效的并且有说服力的信息：我们在确定不同的保密规则如何影响律师—委托人的关系时，以及权衡委托人的需要与其他受这些规则影响的他人的需要时，缺乏客观的基础。一般而言，道德的判断在一定程度上是"主观的"，而事实判断则不是。此外，道德信仰跨文化差异很大。仅仅举最明显的例子，那些当代美国人认为可恶的活动（如刑讯、虐待妇女以及溺婴）已被其他社会广泛接受。

然而，正如相对主义的批评者所指出的那样，就事实主张也可能存在着争议，但我们很少有人会认为我们不会获得具有说服力的答案。长期以来人类社会争论地球到底是否是平的；我们不能因此怀疑就地理获得合理主张的可能性。此外，几乎没有人准备接受极端形式相对主义，认为类似种族屠杀和恐怖活动之类的行为没有触犯任何普世的伦理原则。[12] 随着时间的推移，某些基本的伦理前提基础上的实质性的共识已经开始出现。如果我们为公正、公平的判断提供充分的信息和机会，大部分人会赞同一些基本原则，例如诚实、仁慈，等等。尽管在特定情形（包括法律职业道德）中如何适用这些原则仍存在分歧，某些立场将会比其他立场更具有说服力，因为它们更理性、更明智并且更具有内在一致性。

然而，不论律师如何对待关于相对主义的哲学争论，他们必须就本书所讨论的问题作出审慎的道德判断。他们所面对的挑战，就是在不放弃道德信仰的情况下，避免道德自大。就许多律师职业道德的问题而言，即使律师怀抱崇高的伦理原则，他们就那些原则如何适用于棘手案件仍会存在分歧。尤其是在涉及相互冲突的价值和事实不确定的情况下，最职业、最负责任的方法可能就是容忍不同意见。如何在不确定性情况下作出考虑周全的判断是下面几章的中心议题。

---

⑫　W. Bradley Wendel, "Teaching Ethics in an Atmosphere of Skepticism and Relativism," 36 U. S. F. Law Review 711 (2002)；Morris Ginsburg, On the Diversity of Morals, in 1 Essays on Sociology and Social Philosophy 97 - 129 (1956)；Michael Moore, "Moral Reality," 1982 Wis. L. Rev. 1061，1088-1096.

▌ 三、律师法

在美国，法律行业是一个受到高度规制的职业。美国律师要遵守一系列正式或者非正式的标准，这些标准主要是法律职业制定的，但是美国律师也受到其他形式的规制的影响。最重要的规范渊源如下：

法院

传统上，司法机关主张它有规制法律服务的"固有权力"。这种权力源于这样的前提，即律师是法院的职员。在美国，司法权基于宪法条款规定的政府权力分立。法院所行使的某些监督权，不过是普通法上的裁判权。例如，法院适用了合同、信托和相关的原则来在不当执业、收费争议和利益冲突问题上规制律师。

此外，法院已经宣称自己有权制定一般的程序规则和职业道德守则。实际上，每个州的最高法院都对律师准入、惩戒和非法执业施加了控制。联邦法官享有相对的固有权力及制定法上的权力来规制联邦法院系统内的律师准入、惩戒和审判行为。对于实体标准来说，联邦法院通常依赖于该法院所在司法辖区的职业道德守则和普通法。在不同的程度上，州法官和联邦系统的法官都已经执行了他们认为与他们自己的监督权相一致的立法规范。

律师协会

在履行它们的规制职责时，法院常常授权给律师协会。大约三分之二的州有"一统性的"（integrated）律师协会，即要求律师加入州律师协会，这是执业的条件之一。在某些州，尽管法院行使名义上的监督权，律师的组织在很大程度上管理着律师准入和惩戒事务。其他的州拥有各种规制组织，它们要受到司法的审查。无论哪种情况，在律师惩戒委员会中，虽然有一些非律师人员代表，法律职业人员仍行使着控制权。律师协会通常通过委员会建议或游说活动来修改相关的职业道德标准。

除了加入州律师协会外，许多律师还加入了全国性、地方性或其他性质的律师组织，包括那些根据执业领域、政治或法律原因、种族、性别和民族而成立的律师组织。这些组织中最大的是美国律师协会（ABA），它代表了全国大约百分之四十的律师。

道德守则

律师协会最重要的活动之一就是制定为法院所采纳的道德守则。美国律师协会制定了三个重要的示范守则，这些示范守则是各州道德守则的基础。这些示范守则是《道德准则（1908年）》、《职业责任守则（1970年，1981年修正）》和《职业行为示范规则（1983年，2003年修正）》。截至2005年，除了6个州（包括加利福尼亚州）外的其他州的最高法院都基于《示范规则》制定了相关标准，这通常是在与州律师组织磋商后进行的。⑬ 加利福尼亚州有一个独特的制度，立法授予加利福尼亚州律师协会理事会直接制订规则的立法权，但是要经加利福尼亚州最高法院批准。该法院通过了《职业行为规则》，这些规则吸收了美国律师协会《职业责任守则》的规定，但是在某些方面有所不同。加利福尼亚州立法机关还通过了一个适用广泛的《商业和职业守则》（Business and Professions Code），其中有一些条款也适用于律师。

在几乎所有的司法辖区，律师道德守则因州最高法院的采用而具有法律效力。在少数司法辖区，法院仅仅把这些守则批准为指导方针，这些指导方针在司法和律师惩戒程序中才具有法律效力。道德守则仅仅旨在为律师惩戒确定标准，因此明确声明不是要为追究律师的民事责任提供依据。⑭ 然而，大多数法院在律师不当执业案件中依据这些法典化的规则来进行审判。20 世纪 80 年代后期和 90 年代，许多州与地方的律师协会还制定了礼仪行为守则。在很大程度上，这些行为守则建立的是自愿性的标准，但是它们其中的几个已经被法院批准或采用。

■ 四、规范渊源

其他规制标准主要来自于律师协会道德委员会、立法机关、行政机关、专业律师组织以及法律雇主。州、地方与全国性的律师协会道德委员会的裁决在界定律师职业道德责任方面扮演着重要的角色，尽管其地位在削弱。传统上讲，这些意见是针对律师的询问作出的，并且宣称是对法典化的标准的解释和详述。然而，随着法院在职业惩戒与不当执业程序中日趋积极，随着自愿性的律师组织越来越担心违反反托拉斯法的规定，律师协会道德委员会的意见的影响力已经日渐式微。⑮

与此同时，立法机关和行政机关的作用已经扩大了。法院通常允许立法机关和行政机关对在行政裁判庭出庭的当事人设定标准，并且确立其他行为规则，只要这些规则与法院批准的规则是一致的。一些行政机关，例如工人报偿委员会和税务委员会，允许符合特定资格的非律师人员在它们的程序中代理当事人。某些机关，例如证券与交易委员会以及国内税务局，也有权力对那些出现在它们面前的不道德行为予以制裁。

在跨司法辖区执业活动中，这些重叠的规制体制进一步复杂化。律师的许多工作是跨越州或国家边界的，因此要遵守的道德守则不止一个。尽管美国律师协会的《职业行为示范规则》确立了解决各州守则之间冲突的原则，但是这些原则在实践当中的运用仍然会存在问题。⑯

---

⑬ State Ethics Rules, ABA/BNA Lawyers' Manual on Professional Conduct，April 20，2005，273.

⑭ 《职业行为示范规则》关于"范围"的导言性规定宣称它们"不是要成为追究律师民事责任的依据"的。《职业责任守则》的前言也包括一个类似的免责声明。

⑮ 在政府对美国律师协会提起的反托拉斯诉讼和解以后，美国律师协会道德委员会发布意见宣称其裁决对律师没有约束力。ABA Comm. on Ethics and Professional Responsibility, Informal Op. 1420（1978）.

⑯ ABA Model Rules of Professional Conduct，Rule 8.5. 就像第十章所指出的那样，美国律师协会根据跨司法辖区执业委员会的建议，对其《示范规则》进行了修正，以促进特定情况下的跨州界执业活动。

其他律师组织也发挥了重要的规制作用。州律师资格考试委员会有权力决定准入标准与程序。这些委员会主管律师资格考试、伦理品行要求以及州外的律师的准入程序。其他职业组织制定了一些关于律师的标准，这些标准成为了执业者、法院、律师协会委员会以及道德守则起草者的重要指南。美国法律协会的《律师法重述》（Restatement of the Law Governing Lawyers）是这些著作中内容最全面、影响最大的一个。其他例子包括美国律师协会《刑事司法标准》（Standards Relating to the Administration of Criminal Justice），以及《美国婚姻律师学会行为标准》（the Standards of Conduct of the American Academy of Matrimonial Lawyers）。

最后一个有影响力的渊源是律师工作场所的正式和非正式的标准。就道德问题，雇佣者通常有具体的方针、程序、委员会或者咨询者。例如，大的律师事务所和公司内部律师办公室及政府机关常常有复杂的制度，来处理诸如利益冲突等道德问题。雇佣方针吸收并补充了有关道德守则的规定，并且常常反映了其他规范渊源，比如保险公司在不当执业责任保单中设定的条件。

同样或者更重要的是非正式的规范。各种证据表明了同行影响对道德行为的重要性。[17] 律师的适当行为感，在很大程度上依赖于其工作场所、社群和执业领域的流行标准。愿意融入，愿意成为团队成员，愿意保护其声望，在律师的道德决策中常常扮演着有力的角色，尽管不总是有意而为之。这一结果可以强化、重塑或者抑制伦理忠信，这取决于具体背景。

在这种复杂的规制环境当中，行为标准重叠（有的时候甚至冲突），如何在伦理和法律上"行为正确"会给律师们带来严重的挑战。这些挑战是本书的主题。

12

---

⑰　See sources cited in Deborah L. Rhode, Where Is the Leadership In Moral Leadership, in Moral Leadership: The Theory and Practice of Power, Judgment and Policy 29, 32 (Deborah L. Rhode ed., 2006); Linda Trevino and Gary R. Weaver, Managing Ethics in Business Organizations: Social Scientific Perspective (2003); Bradley Wendel, "Informal Methods of Enhancing the Accountability of Lawyers," 54 U. S. Car. L. Rev. 967 (2003); Fran Zemans & Victor Rosenblum, The Making of a Public Profession 172 (1984).

美国法律职业和律师规制制度

一、法律职业的起源
二、律师界规制制度与职业协会
三、职业的多样化

■ 一、法律职业的起源 _____ *13*

英美传统

法律服务活动可以追溯到两千多年前。在公元前 4 世纪中叶的希腊，诉辩者在审判中代理一方当事人，而法律顾问则负责处理商业问题和起草立法草案。然而，这些人并没有构成当代意义上的"职业"共同体。据说，正规的道德标准是不存在的，而系统的教育和惩戒也是缺失的。就这些与法律相关的服务支付费用是受到禁止的，但是律师们常常可以获得赠礼。[①] 在古罗马后期诉辩者和法律顾问的活动具有更加职业化的文化色彩。到了公元 1 世纪和 3 世纪之间，在较大城市的法院周围出现了有着正规的培训和惩戒标准的诉辩者的职业组织。然而，随着神圣古罗马帝国的衰亡，职业传统也随之衰落了。[②]

在诺曼人侵入之前的英格兰，纠纷一般通过非正式的社群压力而和解，或者通过更加正式的神明裁判或者"宣誓裁判"予以解决。神明裁判是以神明的介入为基础的一种审判方式，其中被告人置于危险之中（例如溺水或者火烧），其结果被解释为神作出的关于有罪或者清白的表征。在另一种审判方式中，一个关键的问题是被告人的可信性，而这是通过特定数量的宣誓助讼人的宣誓予以证明的。为保证他们宣誓的有效性，宣誓助讼人须在没有任何口误的情况下完成他们的评述。在传统上，英美法系最初的法律执业者就是那些能够被指望着顺利宣誓而不会打喷嚏或者出现口误的人。[③]

随着时间的推移，一个更为职业的文化开始形成。大陆和英格兰的教会法院 *14*（裁断各种民事及宗教事务）发展了更为理性的事实和法律辩论的程序。诺曼人入侵英格兰的同时，也带来了他们传统上的对抗审判，即通过"陪审团"来调查和审判，并扩大了教会法院的管辖权。随着裁判形式的愈加复杂化，诉辩者的作用越来越大。[④] 并且随着经济的日益复杂化，人们对于那些能够在起草法律文件、交易和商业纠纷解决方面提供帮助的咨询者的需求也日益增长。从事这些事

---

① See Thomas Holton, Preface to Law: The Professional Milieu 2-4 (1980); Douglas M. MacDowell, The Law in Classical Athens (1978); Robert J. Bonner, Lawyers and Litigants in Ancient Athens: The Genesis of the Legal Profession 200-13, 218-43 (1927).

② J. A. Crook, Legal Advocacy in the Roman World 172-75 (1995); Wolfgang Kunkel, An Introduction to Roman Legal and Constitutional History 105-16 (J. M. Kelly trans. 1973); Hans Julius Wolff, Roman Law: An Historical Introduction 95-117 (1951).

③ S. F. Milsom, Historical Foundations of the Common Law 28 (1969); Marion Neef & Stuart Nagel, "The Adversary Nature of American Legal System: A Historical Perspective," in Lawyers' Ethics: Contemporary Dilemmas, 73, 75-80 (Allan Gerson ed., 1980); Henry S. Drinker, Legal Ethics, 12-14 (1953).

④ Theodore F. T. Plucknett, A Concise History of the Common Law 216-17 (5th ed., 1956). See also Geoffrey Hazard and Angelo Dondi, Legal Ethics: A Comparative Study, Ch. 1 (2004); Herman Cohen, A History of the English Bar and Attornatus to 1450, 18-35 (1929); Roscoe Pound, The Lawyer from Antiquity to Modern Times (1953); J. H. Baker, "The English Legal Profession 1450-1550," in Lawyers in Early Modern Europe and America 16 (Wilfrid Priest ed., 1981).

务的执业者分化成两大群体。巴律师（barrister）出庭代理，他们要担当此任，就需要参与四大律师会馆的学习并且跟随一位执业巴律师学徒。沙律师（solicitor）提供其他形式的法律帮助，他们要受职业协会、法院规则以及立法的规制。

将法律建成一门"绅士"的职业的努力导致了限制性的准入措施。在很长一段时间里，巴律师排除某些被视为不适宜的群体，包括天主教徒、商人、新闻记者和女性。阶层同样成为一个筛选标准；获得法律教育及成立一个律师事务所的成本，使得那些有钱的人才能进入这个职业。尽管沙律师在他们的准入标准上并不是那么排他，但冗长的学徒训练要求和遴选推荐人际网，阻却了女性申请者及来自于经济上和种族上处于底层的候选者，这种情形一直持续到20世纪。⑤ 近些年来，英国的法律职业愈加多元化，并且巴律师与沙律师之间的区别也减少了。

那些定居美洲的殖民者，一般对引进英国的法律传统没有热情。许多殖民地试图完全禁止律师，它们要么禁止律师进入法院，要么禁止律师有偿服务。这种敌意有多重原因。许多殖民者是英国政府检控制度的受害者，对法院的所有职员，持有深深的不信任。商人和地主通常希望在没有法律和律师的介入下，来处理自己的事务。许多宗教和政治领导人非常担心法律会对其权力形成限制，非常担心律师挑词架讼。人们普遍担心"律师的法律"会与上帝的法律相冲突。阶层偏见仍然存在。律师常常因为与不受欢迎的经济特权群体交往而为人诟病。

成为律师的资格和歧视性做法

正如历史学家 Lawrence Friedman 所言，"律师归根结底是一个必要的恶"⑥。随着经济的发展，法律技能变得越来越有用，法律执业群体日渐壮大。他们的训练方式千差万别，并且常常是敷衍了事。除了少数几个昙花一现的例外，直到19世纪末才出现法学院。在律师协会的初创时期，学徒训练是成为律师的主要方式，但是这种方式有诸多需要改进之处。许多雄心勃勃的律师在学徒结束时，并没有成为倍感荣耀的法律工作者，因为学徒期间劳心劳力，还很少得到正式的指导。⑦

准入标准仅仅是零星地存在，但是在20世纪之前，它们很少是强制性的。到了19世纪，大多数州要求律师经过一段简短的学习准备期，但是在杰克逊平民主义时代，这些最低的要求也几乎消失了。正如第十一章所指出的那样，律师资格考试通常是敷衍了事的，很多律师资格考试是口头的，仅仅是提一些基本的问题以及互相寒暄而已。⑧

并不是所有的申请人都从这个开放的准入制度中获益。尽管直到19世纪后期，正式的准入要求仍然是相当宽松的，但是存在着通过教育、学徒和雇佣而进行的非正式遴选。这些做法有着强烈的阶层、种族、民族和宗教偏见色彩。1869

---

⑤ Michael Birks, Gentlemen of the Law (1960); W. L. Reader, Professional Men: The Rise of the Professional Classes in Nineteenth-Century England (1966); Deborah L. Rhode, "Moral Character as a Professional Credential," 94 Yale L. J. 491, 494–95 (1981).

⑥ Lawrence M. Friedman, A History of American Law 83 (1973).

⑦ James Willard Hurst, The Growth of American Law: The Law Markers 285–94 (1950); Friedman, supra note 6, at 96.

⑧ Len Yang Smith, "Abraham Lincoln as a Bar Examiner," 51 Bar Examiner 35, 37 (1982). See also Hurst, supra note 7, at 282.

年，第一个黑人学生从法学院毕业，大约在同一时期，许多以黑人为主的学校开设了法律专业课程，但是在战后重建时期之后，几乎没有什么课程持续下来。据 *16* 估计，在 19 世纪与 20 世纪之交，黑人不足法律职业人数的百分之一，即使到了 20 世纪 60 年代，这一比例仍然不到百分之二。⑨ 与此类似，其他有色人种的比例也很低。到了 20 世纪 30 年代，一系列的诉讼开始挑战法学教育当中的种族隔离制度。起初，这种诉讼迫使美国成立了"隔离但平等"的少数族裔法学院，最终要求以前纯白人的学校都要进行种族融合。然而，即使正式的政策发生了变化，由于缺乏财政支持、平权运动、招募活动以及支持性的学术环境，少数族裔成为律师仍然存在障碍。来自雇主、委托人和律师协会的歧视仍然有着相当的影响。⑩

因宗教和族群而生的对少数族裔的偏见也很常见。在 19 世纪晚期至 20 世纪早期，一些大学一直给犹太人申请者限定名额。许多律师协会的领导也成了提高律师准入门槛的急先锋，希望借此将那些移民和来自社会下层的人屏蔽。在这一时期，某些州的律师协会的伦理品性委员会以及显赫的律师事务所中，反犹太的和排外的态度也同样明显。⑪

对女性的歧视也很普遍。在殖民地时期，少数女性通过充任其丈夫的代表或者获得律师的权限参加到法律业务中去。⑫ 然而，在 19 世纪晚期逐渐正式化的律师准入标准，使得女性在法律服务中从事代理活动越来越难。在内战之后，女性教育的兴起、政治意识的觉醒和改革运动，对带有性别偏见的律师准入标准提出了越来越多的挑战。在 1867 年，艾奥瓦州成为给女性颁发律师执照的第一州；1872 年，霍华德大学（Howard University）为女性毕业生授予了第一个法学 *17* 学位。

在实践中，这些女性通常情况下并不是那么受欢迎的。在 1873 年一个著名判决中，美国联邦最高法院支持伊利诺伊州律师协会不接收 Myra Bradwell。Bradley 大法官发表的附意总结了关于两性"区别"的通常假设：女性所独有的天然的羞怯与柔弱使得其显然不适合社会生活中的许多职业……女性的首要命运和任务是履行妻子和母亲的高尚和善良的职责。这是造物主的律条。⑬ 对于许多法院来说，"女性的独特性"看起来不适合"在法庭上唇枪舌剑"⑭。

19 世纪与 20 世纪之交，政治与法律上的持续挑战使得女性在大多数州有取

---

⑨　Geraldine Segal, Blacks in the Law (1983); Walter J. Leonard, "The Development of the Black Bar," 407 Annals of the Amer. Acad. of Pol. and Soc. Science 134, 136–43 (1973); Kellis E. Parker & Betty J. Stebman, "Legal Education for Blacks," 407 Annals of the Amer. Acad. of Pol. and Soc. Science 144 (1973).

⑩　See sources cited in note 9 and Jerold S. Auerbach, Unequal Justice: Lawyers and Social Change in Modern America 106–07 (1976).

⑪　Robert Stevens, Law School: Legal Education in America from the 1850s to the 1980s at 100−01 (1983); Rhode, supra note 5, at 500−02.

⑫　Karen Morello, The Invisible Bar: The Woman Lawyer in America 1638 to the Present (1986); Deborah L. Rhode, Justice and Gender: Sex Discrimination and the Law 20−24 (1989); Deborah L. Rhode, "Perspectives on Professional Women," 40 Stan. L. Rev. 1163 (1988). See generally, Barbara J. Harris, Beyond Her Sphere: Women and the Professions in American History (1978); Marylynn Salmon, "The Legal Status of Women in Early America: A Reappraisal," Law and Hist. Rev. 129 (1983).

⑬　Bradwell v. State, 83 U. S. 130, 141 (1872) (Bradley, J. concurring).

⑭　In re Goodell, 39 Wis. 232, 245 (1875).

得律师资格的正式权利，但是非正式的障碍仍然在很大程度上存在。直到 1972 年，美国律师协会认可的法学院才接受女性申请者。在整个 20 世纪上半叶，女性律师不足百分之三，有色女性律师比例更低。在薪酬、雇佣、晋升和安置方面的偏见很是常见。⑮

执业条件

直到 20 世纪初，大部分律师是在一人律师事务所或者小型律师事务所执业。光阴荏苒，法律服务的性质也在发生变化，这在一定程度上是因为律师在"识别新的工作形式和新的工作方法方面（格外）敏捷"⑯。当被房地产经纪人、会计师或银行家等其他服务提供者排挤出一个领域后，律师通常能够找到另一个。但是获得有偿工作以及限制职业内外的竞争一直是律师界面临的挑战。正如 19 世纪中期一个打拼的律师所说的那样，"我的酬金增长的速度有案件增长速度一半那么快就好了"⑰。

但是，与其他国家的律师相比，美国律师在保持稳固的提供服务的市场方面做得更加成功。一个首要原因是法律在美国社会处于中心地位。一个关键判决是美国联邦最高法院 1803 年作出的 Marbury v. Madison 这一判例。时任首席大法官 Marshall 宣布，"说明法律是什么显然是司法部门的范围和职责"⑱。由于法院要确定法律是什么，而律师的角色源于法院的角色，司法审查（包括违宪审查）的中心地位，界定了律师在美国制度中的功能。"法院的质疑"是我们政治决策的正常组成部分。

法律职业在公共生活中的相应重要性使得阿列克西·托克维尔（Alexis de Tocqueville）作出了关于律师的著名的论断，即律师是这个国家的"天然的贵族"。他指出，与其他国家相比，美国将更多的权力交给了律师，而不是给了世袭阶层、军人、教会或者政府人员。这种权力的分配反映并强化了法律在美国文化中的重要性。就如托克维尔还曾经说过的一句著名的话，"在美国，很少有政治问题不能成为一个司法问题而迟早得以解决……由于大多数公务人员是或者曾经是法律执业者，他们将其职业的习惯和技术引入了公共事务的管理当中"。根据托克维尔的观点，律师处于中心地位的另一个原因是他们有能力作为各个阶层之间的"连接链"。他们"基于出生和利益"而属于"人民"，同时"基于习惯和品味"而属于贵族。他们"热爱秩序和礼仪"，这使他们跻身上层；他们中等或者中上等的阶级背景使他们与普通公民为伍，从而获得了形成社会影响所必需的信任。⑲ 正如最高法院大法官 Louis Brandeis 于 1905 年在哈佛大学法学院发表的影响深远的演讲所说的那样，在这个国家的初创期，几乎"每个伟大的律师都是

---

⑮ See Rhode, Justice and Gender, supra note 12, at 23; Cynthia Fuchs Epstein, Women in Law 79 – 95 (1981).

⑯ Friedman, supra note 6, at 634.

⑰ See Maxwell Bloomfield, "The Texas Bar in the Nineteenth Century," 32 Vand. L. Rev. 261, 270 (1979).

⑱ Marbury v. Madison, 5 U. S. (1 Cranch) 137, 177 (1803).

⑲ Alexis de Tocqueville, 1 Democracy in America 273 – 80 (H. Reeve trans., P. Bradley ed., F. Bowen rev., 1989) (1st ed., 1835). See also Geoffrey C. Hazard Jr., "The Future of Legal Ethics," 100 Yale L. J. 1239 (1991).

政治家，并且几乎每个政治家，无论大小，都是律师"[20]。

律师实际上在多大程度上践行了托克维尔及其他律师界领袖所描绘的纡贵角色，是不确定的。当今他们还能够在多大程度上做到这一点，同样也是不确定的。正如第一章所指出的，民意调查显示公众对律师的道德与适正性几乎没有信任。律师尽管还稍胜过二手车销售员一筹，但是也没有胜过很多。然而，律师界的消极公众形象，并没有阻止法学院的申请者，也没有否定其领导机会。在政府、商界、学术界和非营利性机构的主要人物中，大有律师的代表。考虑到在美国公共生活中法律的持续中心地位，似乎这一职业的成员在公众及私人领域仍有可能保持相当大的影响力。

■ 二、律师界规制制度与职业协会

只要律师在任何当地法律服务环境中形成了一个重要的群体，他们往往也就要形成职业组织了。革命战争后，那些大型城市通常有了自愿性律师协会，其主要功能是社交，但是有时候也会在律师准入与惩戒方面发挥很大作用。19世纪早期，随着准入标准日渐松弛，这些规制功能也在很大程度上没有了。19世纪末，作为对若干关注点的回应，这些规制功能又重获生机。律师界的佼佼者认为律师协会不仅仅是与这一职业成员中的其他精英进行社交的途径，而且还能提升道德标准，对抗地方腐败，打击无照执业，以及抑制同业竞争。[21] 美国律师协会于1878年成立于温泉避暑胜地Saratoga，其第一项举措就是起草《道德准则》。它的目标是既要促进律师的适正性，又要限制他们公然的商业活动。这些准则禁止广告、劝诱及其他相关活动，根据一份附属报告，这些活动"降低了（律师）在公众眼中的职业高尚性"。在律师协会领导人眼里，数量渐增的新加入者缺乏"对道德行为的坚定信念"，使得法律职业有着"沦为商业"的危险。需要出台惩戒措施，来斩断他们"对金钱孜孜追求"的"欲望之手"[22]。

然而，正如批评者所指出的那样，这些限制竞争的措施，与其说是为了抑制对利润的追求，不如说是限制了竞争的方式及其受益者。律师协会里的既得利益者可以通过业务和社会关系来吸引委托人，而不需要诉诸公然的、自我吹嘘的商业形式。对广告和劝诱的禁止使得那些未成气候的律师不能将其服务的目标锁定于缺乏经验的、低收入的委托人，这些人无法获得法律帮助并且不知道如何获得。[23] 此外，其他早期的道德规则（例如那些要求遵守律师协会规定的最低收费标准的道德规则）旨在减少职业内竞争。《美国律师协会执业手册》（The ABA's Practice Manual）建议用昂贵的皮质文件夹为委托人提供最低收费标准，这些最低收费标准要体现"一定程度的尊严和财力"[24]。

---

[20]　Louis D. Brandeis, "The Opportunity in the Law," in Business—A Profession 329, 330 (1914).

[21]　Hurst, supra note 7, at 286-289; Auerbach, supra note 10, at 62-67.

[22]　American Bar Association, Report of the Committee on [the] Code of Professional Ethics, 1906 American Bar Association Reports 600, 604.

[23]　Auerbach, supra note 10, at 64; Philip Shuchman, "Ethics and Legal Ethics: The Propriety of the Canons as a Group Moral Code," 37 Geo. Wash. L. Rev. 244 (1968).

[24]　Deborah L. Rhode, In the Interests of Justice: Reforming the Legal Profession 169 (2000).

律师协会的其他活动更多地指向了公共利益。法律职业推动了法律改革和司法独立；它试图减少在政府政策和司法任命方面存在的腐败和不当的党派影响；并且它支持其成员为穷人提供法律服务和为公益事业作出贡献。[25] 在过去的两个世纪里，律师几乎是每个主要的社会改革运动的先驱者，许多律师把公共服务视为其职业责任的一部分。

然而，随着法律职业的日益壮大、日益专业化、日益多元化以及更具有利益导向性，它在发出同一种声音和扮演公共道德角色方面都面临着挑战。法律职业过去是，现在也应当"卓越于商业"，这个假设在早期鼓舞了许多的法律职业成员，但是在今天的法律服务市场这种假设难以为继。日趋激烈的竞争和消费能动主义打破了很多对商业主义的传统上的限制，并且越来越强调以收入作为衡量职业成就的标准。

然而，律师在公共利益运动中依然保持领袖地位。并且在某些问题上，法律职业内部不断增长的多样性使得律师协会在公共政策中扮演了更为明智的角色。就诸如追求平等机会和消除偏见等事项而言，律师界在进步性的社会变革中一直走在前端。

■ 三、职业的多样化

从 20 世纪 60 年代后期开始，女性和少数族裔的代表在法律职业中有了显著增长。在律师的新进人员中，女性代表从 20 世纪 60 年代的 3% 增长到 21 世纪初的 50%，少数族裔代表从 1% 增长到了 20%。鉴于传统上男女同性恋身份的隐蔽性，他们在法律职业中的比例变化尚不清楚，但是那些公开自己性取向的人员的数量增长相当大。[26] 尽管取得如此大的进步，在职业地位和报酬方面，女性和少数族裔在最底端比例过高，在最高端比例过少。例如，女性在法学院毕业生中占 50%，在法律职业中占 30%，但在律师事务所合伙人、法学院院长、财富五百强公司的总法律顾问中则不足 1/5。[27] 少数族裔大约占法律职业的 10%，但是仅占律师事务所合伙人、法学院院长、财富五百强公司的总法律顾问的 4%。40% 的律师事务所没有有色合伙人。[28]

21

---

[25] Robert W. Gordon, "The Ideal and the Actual in the Law: Fantasies and Practices of New York City Lawyers, 1870—1970," in The New High Priests: Lawyers in Post-Civil War America 52—53, 56—59, 65—66 (G. Gawalt ed., 1984); Deborah L. Rhode, Access to Justice 59—66 (2004).

[26] William N. Eskridge, Jr. and Nan P. Hunter, Sexuality, Gender, and the Law (2d ed., 2004); Deborah L. Rhode & David Luban, Legal Ethics 98—100 (4th ed., 2004); Leigh Jones, "Smaller Firms More Up Front About Their Gay Employees," Nat'l. L. J., Dec. 12, 2005, at 12.

[27] Paula Patton, "Women Lawyers: Their Status, Influence, and Retention in the Legal Profession," 11 William & Mary J. Women & Law 173, 174 (2004); American Bar Association Commission on Women in the Profession, Current Glance of Women and the Law 1 (Chicago: ABA Commission on Women in the Profession, 2003); Association of American Law Schools, Statistical Report on Law School Faculty and Candidates for Law Faculty Positions (2004—2005).

[28] Elizabeth Chambliss, Miles to Go: Progress of Minorities in the Legal Profession 5, 2 (American Bar Association Commission on Racial and Ethnic Diversity in the Profession, 2005); National Association of Law Placement, NALP, Women and Attorneys of Color at Law Firms (2004).

就相同的资格和职位而言，女性、少数族裔、已经公开身份的男女同性恋律师的薪水要远远低于其他律师的薪水。[29] 与类似情况下的男性相比，妇女获得合伙人身份的可能性只有一半。在留用和获得晋升方面，有限的数据表明，少数族裔、男女同性恋律师与其他律师相比，也存在着显著差异。[30]

部分差异与历史模式有关。律师在执业活动中逐渐积累了经验时，通常会获得更高的职业职位，女性和少数族裔律师在最有经验的律师中所占比例更少于一般情况。对女性而言，另外的一个因素就是她们面临着这样的困难：即协调家庭责任与职业活动的苛刻要求。大约 1/5 有着研究生和职业学位的女性律师并没有成为领薪劳动力，而有着类似资质的男性律师则仅为 5%。[31]

然而，其他因素也起着作用。部分原因是人们对问题的严重性缺乏认识。具有足够讽刺意味的是，最近的进步也为它进行进一步的变革制造了障碍。一个广为人知的观念是，职业障碍正在消失，女性和少数族裔律师人数在上升，歧视在很大程度上被消灭了，不论还存在什么样的种族和性别差异，都常常被归因于不同的选择和能力问题。

然而，这很大程度上取决于歧视是如何被界定的，以及谁的定义在起作用。对许多律师而言，歧视意味着公然的、故意的成见，这一点在他们所处的职业工作场所表现并不明显。相反的，其他律师以更为敏锐的形式看待偏见，比如，无意识的种族和性别定式，被非正式的支持网络和职业发展机会排逐，以及不充分的工作家庭政策。从这个角度来看，许多律师工作场所还有改善的广阔空间。在过去的 20 年间，约六十个研究调查了法律职业中存在的偏见，它们一致发现，在歧视观念中存在巨大的种族和性别差异。2/3 到 3/4 的妇女报告说遭到过性别歧视，只有 1/4 到 1/3 的男性报告说注意到了这一点。[32] 约有 2/3 的黑人，而只有 1/10 的白人，认为少数族裔在雇佣和升迁程序方面未能被公平地对待。[33] 在合伙人遴选方面存在类似的种族和性别差异。[34]

心理学的研究和经验性的调查都表明，就区别对待的观念而言有着深厚的基

22

23

---

[29]　Chambliss, supra note 27, at 5; David B. Wilkins & G. Mitu Gulati, "Why Are There So Few Black Lawyers in Corporate Law Firms? An Institutional Analysis," 84 Cal. L. Rev. 493, 503 (1996); Darryl Van Duch, "Minority GC's Are Few, Far Between," The National Law Journal, Oct. 18, 1999, at AL; Kathleen E. Hull & Robert Nelson, " Divergent Patterns Gender Differences in the Careers of Urban Lawyers," 10 Researching Law 3, 51 (American Bar Foundation News, Summer 1999); The State Bar of California, Report and Recommendations Regarding Sexual Orientation Discrimination in the California Legal Profession 2 (1996).

[30]　See State Bar of California Report, supra note 29; Rhode & Luban, supra note 26, at 98−110. See also Symposia: Homophobia in the Halls of Justice: Sexual Orientation Bias and Its Implications Within the Legal System, 11 Am. U. J. Gender, Social Pol'y & L. 1 (2002), particularly Amelia Craig Cramer, Discovering and Addressing Sexual Orientation Bias in Arizona's Legal System, 11 Am. U. J. Gender, Social Pol'y & L. 25, 31 (2002).

[31]　Claudia Wallis, The Case for Staying Home, Time, March 22, 2004, 51, 53; See also Sylvia Ann Hewlett and Carolyn Buck Luce, Off Ramps and On Ramps: Keeping Talented Women On the Road to Success, Harvard Business Review, March 2005, 43−45 (有着职业、研究生或者本科名誉学位的被调查女性的 40% 已经被迫退出劳动力之外，这主要是家庭原因，有着类似资质的男性退出劳动力的比例则是 10%)。

[32]　See sources cited in Rhode, supra note 24, at 39.

[33]　Arthur S. Hayes, "Color-Coded Hurdle," 85 ABA Journal, 56 (1999).

[34]　Abbie F. Willard, Perceptions of Partnership: The Allure and Accessibility of the Brass Ring 33 (Washington, D. C.: National Association for Law Placement, 1999).

础。许多问题都源于性别和种族定式的那种连绵不绝的、在很大程度上是以潜意识形式存在的影响。妇女和少数族裔常常不能和他们的白种男性同事一样被推定为有同样的称职性。传统上备受冷遇的群体发现他们的错误更容易受到关注，他们的成就却被常常归因于运气和特别的关照。㉟ 同样的是，女性传统的品质与那些和职业成功相伴的品质不相匹配，使得女律师处于持续的双重压力之下。人们苛责她们过于果敢或者不够果敢，对男性来说是果敢的行为，对女性来说常常被认为是粗暴的行为。㊱

传统思维定式的力量又为其他的认知偏见所强化。和那些与他们先前的假设相矛盾的信息相比，人们更可能注意到和回想起证实其先前假设的信息。㊲ 如果律师认为他们的少数族裔同事是平权运动的受益者，而不是选贤任能做法的受益者，则更容易回想起的是这些同事所犯的错误而不是他们的聪明才智。如果律师认为那些做了母亲的同事更不尽忠职守，则他会记住她们早退的次数，而不是她们加班的次数。与此相关的一个问题是，人们都有心理学上说的"世事公平"(just world) 偏见。㊳ 他们愿意相信，人们通常是善有善报、恶有恶报。关于工作业绩的观念常常被调整来与观察到的结果相匹配。如果女性和少数族裔在最杰出的职位上比例不高，最简单的心理学解释是，他们缺少必要的资格和责任感。

然而，如果要进行更为充分的解释的话，就要承认这种不利的思维定势，种族或者性骚扰不能够充分地获得指导，不能充分地受益于委托人网络，缺乏灵活性的工作场所制度，都会妨碍一个人的职业发展。一系列的研究表明，如果人们与那些在种族、性别等重要方面和他们相像的人工作，他们会感觉更为舒适，以及更可能去帮助那些与他们有相似背景的人。女性、少数族裔和男女同性恋律师经常报告说他们被排逐出了咨询、合作与业务发展的圈子。㊴ 还有相当多的人也经历过种族和性骚扰。㊵ 同样，因为女性通常承担更为繁重的家庭义务，在缺乏灵活的工作场所制度问题上她们也付出了同样沉重的代价。尽管大多数法律雇主

㉟ Deborah L. Rhode, The Unfinished Agenda: Women and the Legal Profession 15 (ABA Commission on Women and the Legal Profession, 2001); Martha Foschi, "Double Standards for Competence: Theory and Research," 26 Annual Rev. Soc. 21 (2000); Wilkins & Gulati, supra note 29, at 557, 571; Chambliss, supra note 28, at 85; David A. Thomas & Karen L. Proudford, "Making Sense of Race Relations in Organizations," in Addressing Cultural Diversity in Organizations: Beyond the Corporate Context 51 (Robert J. Carter ed., 1999).

㊱ Deborah L. Rhode and Joan Williams, "Legal Perspectives on Employment Discrimination, in Sex Discrimination in Employment: An Interdisciplinary Approach" (Faye Crosby, Margaret Stockdale, and S. Ann Ropp, eds., forthcoming); Rhode, Unfinished Agenda, supra note 35, at 15; Peter Glick and Susan T. Fiske, "Ambivalent Sexism," in 33 Advances in Experimental Social Psychology 115 (M. P. Zanna ed., 2001).

㊲ Linda Hamilton Krieger, "The Content of our Categories: A Cognitive Bias Approach to Discrimination and Equal Employment Opportunity," 47 Stan. L. Rev. 1161 (1995); Deborah L. Rhode, "The Difference 'Difference' Makes," in The Difference Difference Makes: Women and Leadership 3, 30−32 (Deborah L. Rhode ed., 2003); Willard, supra note 34, at 93.

㊳ Melvin J. Lerner, The Belief in a Just World: A Fundamental Delusion vii-viii (1980).

㊴ ABA Commission on Women in the Profession, Visible Invisibility: Women of Color in Law Firms (2006); Ida O. Abbott, The Lawyers' Guide to Mentoring (2000); Rhode, Unfinished Agenda, supra note 35, at 16; Rhode & Williams, supra note 36; Chambliss, supra note 28, at 84; Catalyst, Women in Law (2001); Willard, supra note 34, at 54−58.

㊵ Deborah L. Rhode & Jennifer Drobac, Sex-Based Harassment: Workplace Policies for Lawyers (ABA Commission on Women in the Profession, 2002).

在理论上允许分时工作制，但仅仅大约百分之三的女性和更少比例的男性能自由地利用这个选择。④

　　这些问题又为反对对其形成挑战的抑制因素所复杂化。偏见的大多数针对对象不愿意显出挑衅性，无论是从个人角度还是从经济角度来看，因歧视而提起诉讼通常代价过于高昂。原告要冒着其短处为众人皆知的风险，少数在法院赢得案件的个人由于被贴上麻烦制造者的标签而在生活中落魄。②

　　如何更好地回应这些问题存在争议。最具争议的问题之一就是平权运动，例如关于少数族裔雇佣和晋升的目标与日程。反对者认为，优先政策将会使一种社会应当寻求根除的肤色意识弥久长留。他们还担心这样的待遇意味着女性和有色人种需要特殊的优惠，这将使得这个问题更加长久。相反，平权运动的支持者指出，不作为的成本也是很高昂的。在他们看来，只有保证在高层职位有相当数量的少数族裔，法律职业的工作场所才能在事实上以及形式上实现平等。在某些背景下，对非主流群体而言，"特殊"的待遇对于消除特殊的障碍而言至关重要。

　　其他争议问题涉及是否需要有一个特殊的与性别相关的行动计划，来抵消无意识的偏见和隔阂，来协调家庭责任。例如，在多样性培训的价值、分时工作政策的适当条款以及对特殊的女性人际网络需求等方面，律师们有着不同的看法。③

　　但是不管这些问题怎么得到解决，在对待少数族裔方面，美国的情况比其他国家要好得多。在许多当代法律制度中，有效地进入法律职业仍然主要取决于家庭关系。④ 在美国，大多数律师就平等机会的目标都有一致意见。律师业的自我概念的前提是律师因为价值和职业勤勉而获得成功。在身份或背景上的差别不应该造成其职业机会上的差别。

　　至少在原则上，美国律师就多样性的价值和平衡的生活有着一致意见。对于反映法律问题上的多样性看法、在法律决策中实现事实和形式上的公平、为美国社会的各个阶层提供足够的法律服务而言，法律职业要充分地反映其成员的多样

---

④　See sources cited in Patton, supra note 27, at 189; Deborah L. Rhode, Balanced Lives: Changing the Culture of legal Practice (ABA Commission on Women in the Profession, 2001); Deborah L. Rhode, "Balanced Lives for Lawyers," 70 Fordham L. Rev. 2207 (2002).

②　Brenda Major & Cheryl Kaiser, "Perceiving and Claiming Discrimination," in The Handbook on Employment Discrimination Research: Rights and Realities (Laura B. Nielsen & Robert Nelson ed., 2006); Laura Nielsen & Robert Nelson, "Scaling the Pyramid: A Sociological Model of Employment Discrimination Litigation," in Handbook of Employment Discrimination Research: Rights and Realities 3 (Laura B. Nielsen & Robert Nelson ed., 2005); The Special Committee on Lesbians and Gay Men in the Legal Profession, "Report of Findings from the Survey on Barriers and Opportunities Related to Sexual Orientation," 51 The Record 130 (Association of the Bar for the City of New York, 1996); Thomas & Proudford, supra note 35; 关于这些诉讼的成本的判例，参见 Paul M. Barrett, The Good Black: A True Story of Race in America 59 (1998); Deborah L. Rhode, "What's Sex Got to Do With It?: Diversity in the Legal Profession," in Legal Ethics: Law Stories 233 (Deborah L. Rhode & David Luban ed., 2006).

③　关于这些策略的讨论，参见 Rhode, Unfinished Agenda, supra note 35, at 34-35; Rhode, "Difference," supra note 37; Rhode & Drobac, supra note 38; Susan Bisom-Rapp, "Fixing Watches with Sledgehammers: The Questionable Embrace of Employee Sexual Harassment Training by the Legal Profession," 24 U. Ark. Little Rock L. Rev. (2001) 147; Kimberly D. Krawiec, Cosmetic Compliance and the Failure of Negotiated Governance, 81 Wash. U. L. Qu. 487 (2003).

④　Hazard and Dondi, supra note 4, ch. 1.

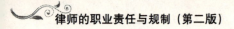

性背景，这一点具有高度优先性。应当在职业和个人忠信之间进行广泛的平衡。改进招新和留用工作，减少焦虑官能障碍，这些关涉工作与家庭问题的方针通常情况下被证明是划算的。[45] 平等机会与平衡的生活，是与整个法律职业都有重大利害关系的问题。

---

[45]　Rhode, supra note 24, at 41-44, 47; Deborah L. Rhode, Profits and Professionalism, 33 Ford. Urb. L. J. 49, 66-68 (2005).

法律服务的形式与经济状况

一、法律服务的组织形式

二、执业状况：平衡的生活与底线

三、私营部门：个人、小型律师事务所和大型律师事务所的法律服务

四、组织法律顾问

五、公共领域：政府服务、法律援助和公共利益法

一、法律服务的组织形式

"法律服务"一词是一个抽象概念，它涵盖了广泛范围内的法律职业活动，其唯一的共同特性在于都有律师参与其中。确实，除了那些积极从事法律服务的人中的大多数都毕业于法学院并且是某地律师协会的会员外，律师活动的多样性使得它很难识别出其他共同的经历。教育背景的相似性与正式社会地位的平等性无疑会带来共同的忠信与关注点，但是通常这些可能在日常经历多样性的对比下显得暗淡无光。"律师"包括并不执业而从事其他职业的法学院毕业生，例如政治、新闻、管理、司法、法学教育、政府和非营利性组织。他们的法律背景仍然是他们的视野和在社会中的角色的一个重要因素。在欧洲和亚洲国家，大学法科的毕业生进而从事其他行业的比例甚至更高。

律师的工作在几个维度上是不同的：核心职能、实体领域和执业背景。分析地看，律师的最基本职能是提供关于法律权利的咨询和诉辩。通过这些贯穿于各个实体领域的执业，核心职能得到进一步的专业化。所需的技能组合包括实体法和程序法的知识、对法律机构（例如法院和政府机关）的了解、处理各种人际关系的能力、分析、写作和口头表达能力。传统上，人们按照何种技能或者实体领域在他们的职业生涯中占据主导地位来对律师进行分类。因此，我们所谈及的是诉讼律师和劳动谈判者或者税收和证券专家。

另一个变量涉及"执业的境况"。这一概念包括执业地区（小城镇、大都市，等等）、工作背景（个人执业、小律师事务所律师、大型律师事务所律师、政府律师，等等）或者职业经验和地位（高级合伙人、下级非合伙律师，等等）。另一种不同的分类方式是以律师的主要委托人为前提的。这种区分取决于律师为穷人、收入微薄的人、小企业、大公司、政府机构等提供的职业帮助所占的比例。

通观上述所有方面，美国法律职业呈现相当多元化的特点，并且在上半个世纪中它发生了巨大的改变。在 1950 年，美国共约有 20 万名律师，占国民总数比例是 1∶695。在 21 世纪之初，律师数量增长到 100 万名，大致比例为 1∶265。当今大概有 3/4 的律师是私人执业，单独执业的（48%）和在律师事务所执业的（52%）人数大体相当。在大中型律师事务所里执业的律师的比例增长了，正如律师事务所的规模增长。在 20 世纪 50 年代，仅差不多有 40 家律师事务所的人数超过 50 人。现在，就在律师事务所的律师而言，超过 1/4 的在有着 100 名律师以上的律师事务所执业；约 25% 的律师在仅有 2～4 个执业律师的小所中工作；另外 30% 的律师是在 5～20 人的律师事务所中工作；另外 20% 的律师是在 21～100 人的律师事务所中工作。① 律师事务所里约有 1/3 的律师是非合伙律师，其他人是合伙人或者没有非合伙人的律师事务所的律师。② 在非私人开业的律师中，约有 8% 的人在私企中工作，10% 的人在政府部门工作，3% 的人在司法部门，1% 的人在学术界，还有 1% 的人从事法律援助、公共辩护人或者公共利益事

---

① Clara Carson，The Lawyer Statistical Report 8 （American Bar Association，2004）.

② Id.，at 9.

务。5％的人的已经退休或不再执业了。③

律师的功能也是相当多样化的。他们可以为普通公众就日常法律事务提供咨询，也可以精心策划"大规模"的商业并购，就交易争端进行诉讼，在政府机构程序中代理各种委托人利益，或者代理政府机构。随着时间的推移，律师业务日趋专业化，尽管他们可能在法律体系中"游荡"，大多数人还是不会离开他们的事业起点太远。

职业内部明显的分层是那些专业化所产生的影响。从广泛意义上讲，那些层次化与执业类型相一致，更确切地说，是与委托人的类型相一致的。在一个经典研究中，John Heinz 和 Edward Laumann 发现法律职业分为了两个半球，其中一个半球的委托人是个人和小型企业，另一个半球的委托人是大的组织，例如公司和政府机关。很少有律师经常穿越这个半球的赤道，并且那些服务于大型组织的律师比那些为其他人服务的律师在职业中的社会地位更高。公司领域的服务需求仍然是最强势的，大约 60％的私人执业者为商业委托人服务。④

▌二、执业状况：平衡的生活与底线 _____

在过去的半个世纪中，法律执业活动以其他重要的方式发生着改变。对于大多数的律师而言，工作场所变得更加竞争化、更加商业化，并且需要花费更多的时间。收费小时数要求大大增加了，许多律师每周至少工作 55 到 60 个小时。⑤技术革新同样加快了法律执业活动的节奏，并鼓励了对持续可得性和即刻反应性的期望。许多执业者被手机、电子邮件、传真和寻呼机限制在他们的工作场所。毫不惊奇的是，大多数的律师感觉没有大量的时间给自己，并且接近一半的律师感觉他们对家庭缺乏足够的时间。⑥ 这一模式在很大程度上也反映了其他白领职业的类似变化。

延长一周工作时间的程度和原因，由于执业背景而多少有些不同，但是某些功能失调模式却是普遍性的，其中一个涉及工作表现。双眼朦胧、筋疲力尽的律师们很少能够为委托人提供物有所值的服务，过度工作是律师自己情绪紧张、滥用药物和产生其他健康问题的一个主要原因。⑦ 另外，延长时间和不固定的时间表在那些承担着大量家庭责任的律师身上造成了特殊的问题。由于妇女承担着过重的家庭责任，在职业机会方面，妇女律师为此付出了过高的代价。缺乏足够的可替代的时间安排和退休政策，是女性律师长期面对玻璃天花板现象（glass

---

③ Id.，at 6-7.

④ John P. Heinz, Edward O. Laumann, Robert L. Nelson&Ethan Michelson, "The Changing Character of Lawyers' Work：Chicago in 1975 and 1995," 32 Law & Soc. Rev. 751, 765 (1998).

⑤ Deborah L. Rhode, Profits and Professionalism, 33 Fordh. Urb. L. J 44, 64－66 (2006); Judith N. Collins, Nat'l Ass'n for Law Placement, Billable Hours：What Do Forms Really Require? (2005). See Deborah L. Rhode, In the Interests of Justice 35 (2001).

⑥ See studies cited in Patrick S. Schiltz, "On Being a Happy, Healthy, and Ethical Member of an Unhappy, Unhealthy, and Unethical Profession," 52 Vand. L. Rev. 871, 888－95 (1995).

⑦ See Deborah L. Rhode, Balanced Lives：Changing the Culture of Legal Practice 21 (ABA Commission on Women in the Profession, 2002); Rhode, "Profits and Professionalism," supra note 5, at 66.

ceiling）的部分原因，持续的摩擦和对雇主形成的退休费用也是部分原因。⑧ 最后，正如第九章所指出的，计费小时的增加已经缩减了公益工作花费的时间，其结果就是使得律师失去了在这些人所忠信的道义服务中获得训练、审判经验、社群人际网络的宝贵机会。

职业工作的要求越来越苛刻，这也是日益全球化的趋势的一个组成部分。各行业之内和之间、各国之内和之间的竞争日益激烈，强化了工作场所的压力，这一现象还没有减轻的迹象。发达的工业社会以利润为优先，使得其他价值黯然失色，这进一步恶化了问题。然而，对于薪酬颇丰的职业人员而言，这种优先性常常是自欺性的；这会挤压用于家庭、友情、公共服务和个人兴趣的时间，而与过度工作负荷产生的收入相比，这些时间最终会被证明更使人惬意。⑨ 在某些执业领域，使得越来越多的执业者感到惶惑的是，他们的高薪工作是否值得。

相当多的证据表明，与人们通常所想的相比，金钱在提升人们的满意度方面发挥的作用要小得多。研究人员一直发现，对于有着律师收入水平的人而言，薪酬上的差别与满意度上的差别相对而言没有什么关系。⑩ 薪酬与不同执业领域的充实感也没有什么关系。高薪的大型律师事务所的非合伙律师不满意度最高，收入相对较低的学术界、公共利益和公共部门的雇员的不满意度最低。⑪ 财富与满意度之间这种分离的原因之一是，高收入可以买来的大多数东西并不能带来持久的幸福感。欲望、期待和比较标准在满足后会迅速增高。就像心理学家所指出的那样，通过并非必要的购买而获得的转瞬即逝的愉悦，与其他因素（例如一个人与家人、朋友和社群的关系，以及他们为更大的社会目标作出贡献的感觉）相比，在促进福祉方面并不那么重要。⑫

然而，有几个动因汇聚在一起，能够使人们选择高估收入。其中一个动因是下行经济流动的困难性。律师最初选择高薪工作，是为了获得训练和声望，或者付清学生贷款。他们常常习惯了这种岗位所带来的生活方式。⑬ 同样，需要产生高收入的工作，也强化了一种缺失感，这又进一步强化了需求。长时间工作的律师感到有权得到使其生活更惬意、更舒适的物品和服务。这种补偿性消费模式，会变得自生自存（self-perpetuating）。许多职业人员接受令人筋疲力尽的日程安排的原因，一定程度上是为其自己或者为那些其没有时间共享生活的家人提供"额外之物"。但是，奢侈品会变得像必需品一样，阻止律师选择就个人、职业和

---

⑧ Rhode, supra note 7, at 21; Catalyst, Women in Law: Making the Case (2001); 以及第二章中的讨论。

⑨ 关于注释10～17对应的文本中关于自欺动因的进一步讨论，参见 Rhode, "Profits and Professionalism," supra note 5, at 72-74, and Rhode, In the Interests of Justice, supra note 5, at 29-38.

⑩ David G. Myers & Ed Diener, Who is Happy?, 6 Psychol. Sci. 12, 13 (1995); Juliet B. Schor, The Overspent American 9 (1998); Robert H. Frank, Luxury Fever 72, 112-113 (1999); Matthew Herper, Money won't Buy You Happiness, Forbes, Sept. 21, 2004, available at http://www.forbes.com/technology/sciences/2004/09/21/cx_mh_0921happiness.html (last visited Nov. 25, 2005).

⑪ NAPL Found. & The American Bar Found., After the JD: First Result of a National Survey of Legal Careers, 8, 10 (2004); Boston Bar Ass'n Task Force on Prof. Fulfillment, Expectations, Reality, & Recommendations for Change, Aug. 15, 1997, available at http://www.bostonbar.org/prs/fulfillment.htm.

⑫ Martin E. P. Seligman, Authentic Happiness 9 (2002)（认为就与持久幸福的关系而言，愉悦逊于参与某种关系和意义感，因为后者涉及使用个人能力作出更广泛的社会贡献）; Herper, supra note 10.

⑬ John R. O'Neil, The Paradox of Success 132 (2006); William R. Keates, Proceed With Caution 126-27 (1997).

公共服务追求进行更令人满意的平衡。

关于相对地位的欲望导向的是类似的、同样具有腐蚀性的方向。对于许多人（包括律师）而言，金钱是成就和自尊的一个关键尺度，花钱是一种表明成功和社会地位的方式。给人以印象、进行展现，深深地扎根于人性，在美国日甚的实利主义文化中，自尊自敬与净财富联系在一起。[14] 收入在很大程度上是一种"地位好处"；每个人对其收入的感觉，取决于其与他人的相对地位。[15] 个人的薪水经常具有公共性质，这使得对相对地位的竞争更容易参与，更难取胜。[16] 就像经济学家所指出的那样，这种军备竞赛是胜者少、败者多。事实上，在顶端是没有空间的。律师总是会发现山外有山、楼外有楼。

这些动因不仅扭曲了律师的优先选择，也扭曲了雇佣他们的律师事务所的优先选择。因为金钱几乎处于每个人的选择的顶端，与诸如较少小时数、为公益性事业提供大笔资金等其他价值相比，在最大化薪酬上总是更容易达成一致。牺牲利润而追求其他工作场所满意度的律师事务所，将冒着这样的风险，即失去精明的合伙人和宁愿要更多收入的招募对象。一旦确立了高薪标度，就很难消除。下行的经济流动是很痛苦的，因此，维持这种收入所必需的工作条件，鼓励了匮乏感和权利感，而这激起了获得更多经济报酬的欲望。即使最初进入该职业、经济奢望很少、社会正义感很强的律师，也常常陷入这种回报的怪圈中。如果这些律师没有钱来做这种他们本来真正喜欢的公共利益工作，则他们至少想就其所做获得很不错的薪水。

然而，对于其他执业者而言，高收入并不具有首要的优先性。促使他们长时间工作的是有趣的、富有挑战的问题。许多这样的律师对其工作上瘾，他们认为那些与他们一起工作的人应当与他们有同样的感觉。

并没有什么简单的解决方法，但是对于想要有所改变的律师而言，确实有真正的选择。对当前工作场所制度不满意的律师可以提起集体诉讼，或者用脚投票。竞争性的压力是不可避免的，但是律师，无论是个人还是制度性的，可以就他们所要竞争的事项进行重新界定。对地位的奢望根深蒂固，但是职业文化可以改变衡量这种地位的方法，执业者可以根据其自己就成功和自尊自敬的定义来生活。

三、私营部门：个人、小型律师事务所和大型律师事务所的法律服务

在过去的二十年，个人执业的律师的比例从占律师业的 2/3 增长到 3/4。就像前文提到过的，他们在一系列不同的环境下开展法律业务，有着不同的回报，面对不同的挑战。

---

[14]　Richard Conniff, A Natural History of the Rich 145（2002）.

[15]　Robert H. Frank, How Not to Buy Happiness, Daedalus, Spr. 2004, at 69, 79.

[16]　就像《美国律师》前编辑 Steven Brill 所指出的那样，一旦法律期刊开始就律师事务所的薪水进行比较，"使得一个赚取 25 万美元的幸福律师突然间变得不满的是，他读到下一个街区的律师事务所中，其同学赚到的是 30 万美元"。Steven Brill, "Ruining" the Profession, Am. Law., July-Aug. 1996, at 5.

1/3 的独立职业人员通常是在寻求诸如灵活性、独立性、与委托人联系、摆脱办公室政治等优势。⑰ 与其他律师相比，单独执业律师常常对他们的工作量和日程安排有更多的控制权。一些单独执业律师在家中办公，这样可以减少开支以及减少工作和家庭的冲突。然而，这些优势的代价常常是更大的隔离感，并且经济上很不稳定，缺少智力挑战型的案件，以及很低的收入和地位。⑱ 此外，还有这样的压力，即缺乏有经验的人的指导和后备支持，运营一个生意的同时又要服务于当前的委托人和寻找新的委托人的复杂性。与其他律师的合作性办公室分享计划及案件介绍网络，能帮助减少其中的一些困难。越来越多的律师协会也成立了专门为单独执业者设计的支持群体，并提供教育材料。⑲

另外一端，是律师职业的另外 1/3，他们在有 50 名以上律师的律师事务所执业。就像早先所指出的那样，在过去的半个世纪里，这些律师事务所的数量与规模已经大规模地增加了；最大的现在已经拥有超过 2 000 个律师，遍及 35 个国家。大型律师事务所通常有着内生扩张动力的金字塔形结构。在这种结构中，高级合伙人通过他们的技术、经验、声望和关系在监督与开拓非合伙人的工作中受益。初级律师领取工资，要以其劳动上交给律师事务所一部分额外费用作为培训他们技能的交换，并获取成为合伙人的竞争机会。⑳ 扩张是不可避免的，除非律师事务所仅仅为了填补离职合伙人的职位而进行雇佣和晋升。这种限制一般对于合伙人和非合伙人而言都缺乏吸引力。

这种扩张趋势受到了这样的文化趋势的进一步鼓励，即认为规模为地位的尺度，认为规模最大的律师事务所也是最领先的律师事务所。大律师事务所通过为委托人的需求提供横亘各个实体法领域和司法管辖边界的全方位服务，也能获得重大竞争优势与经济规模。

这些律师事务所通常有着各种各样的内部部门或者团队，这些部门或者团队通常由资深合伙人领导，并由管理委员会来协调。少数律师事务所还有非律师管理人供职于这样的委员会。为了在为各种各样的委托人服务时避免利益冲突，协调是必要的。第八章所讨论的关于利益冲突的规则，在大型律师事务所中需要持续注意，这是对其扩张活动和地盘的一个限制。

律师选择这样的背景，是出于各种各样的原因。通常，大的律师事务所能提供高收入和高地位、慷慨的酬劳和支持服务、有益的公益机会和在精明的资深律师的监管下从事有智力挑战性的工作的可能性。许多这一职业的新成员为了偿还法律学校的债务以及接受有价值的培训和资质而接受这些职位，尽管进步的前景有限。然而，这些优势的代价可能是延长的工作时间、不确定的日程表、缺乏控制的案件数量以及过分承担的日常工作。在合伙人比例高的律师事务所里，不充足的监督、有限的指导、同委托人的联系以及有限的升职机会，可能导致大量的不满和摩擦，这些不满和摩擦对于所有相关人员而言都是代价昂

---

⑰ Carroll Seron, The Business of Practicing Law：The Work Lives of Solo and Small-Firm Attorneys 12，79-80 (1996).

⑱ Seron, supra note 13，at 80；Kimmel, supra note 13，at 12-13；Clyde Jay Eisman，"The Ups and Downs of Practicing Alone," N. Y. L. J.，Nov. 12, 1999, at 24.

⑲ Jill Schachner Chanen，"Solace for Stressed Solos," ABA J.，Aug. 1999, at 82.

⑳ Carson, supra note 1，at 8-9；Marc Galanter & Thomas Palay, Tournament of Lawyers：The Transformation of the Big Law Firm 94-100 (1991).

贵的。[21]

规模上的扩大还可能导致官僚化、无人情味，以及导致为额外的律师形成业务的压力。尤其是在多个办事处有着成百律师的大型律师事务所里，人员更替率很高，集体主义和对机构的忠诚感很难维持。然而，许多律师事务所和律师协会现在正在作出更多的努力，来解决这些关切的问题，并努力提高律师的生活质量，尤其是初级的非合伙律师的生活质量。很多事务所已经通过创造更多的身份，例如永久非合作人、非股权合伙人、"特邀顾问"（of counsel）职位，以及暂时性合同律师，使传统的非升即走（up-or-out）的二层体系更有灵活性。总的来说，对大律师事务所的这些职位和利润的要求依然强烈。

私人执业者的另一个群体是在小型律师事务所（有 2～12 名律师）或中型律师事务所（有 12～50 名律师）工作的律师。这些律师事务所在执业范围与组织形式上都有很大不同。最小的律师事务所通常类似于单独执业者的律师事务所，少数律师一起共享空间、员工与辅助服务，并且在必需的时候提供帮助来办理待处理案件。许多这样的律师事务所中的律师"拥有一切"：在小型律师事务所中办理有趣又有利可图的案件，而这些专家又对其工作日程有着实质的个人控制权。其他中型律师事务所则效仿并渴望变成大型律师事务所。一些小型律师事务所是某些全国性的律师事务所在各地方的分支机构，他们专门向中等收入的个人提供低廉的日常服务。然而，成长为"H & R BLOCK"公司这样的律师事务所的努力最终是不成功的，这不可避免地是因为管理这样的律师事务所所需要的技能，在独立背景下才能得到更好的抵补。小型到中型律师事务所的另一个群体在限制性领域提供专业化的"精品店"（boutique）服务，或者提供普通的服务，但是他们选择或者不能够突破有限的增长。

私人法律服务的组织形式在 21 世纪将如何演变仍然尚未有定论。随着律师事务所适应于日益激烈的竞争与全球化的市场，大多数专家预言它将是个持续流动并实验性的时代。正如第十章所指出的，当今跨行业与跨司法辖区边界服务的需求，可能会促进提供法律服务的组织进一步增长与多样性。然而，利益冲突规则中的限制性规定给其规模设定了上限。对于职业与私人生活的平衡的关注也可能会影响到工作场所的组织形式，并可能会在日程安排与地位上引入更大的灵活性。

四、组织法律顾问

在过去的半个世纪中，虽然为私人企业工作的律师的比例一直保持相当的稳定状态，但是那些律师的绝对数量和地位大大地提高了。20 世纪 80 年代以来，公司内部律师已为公司委托人承担起越来越多的责任，他们为商业和组织性委托人提供一系列基本的法律服务，选择并监督外部律师，执行守法程序，以及预防法律问题的发生。规模不同的部门会有一到数百名律师，并且不同的部门完成形式各异的能够反映其雇主性质和范围的工作。小型房地产公司的需求很难超出常

---

[21]　Rhode，supra note 7，at 35 - 37，41 - 42；National Association of Law Placement，Keeping the Keepers：Strategies for Associate Retention in Times of Attrition（1998）.

规的财产、合同和税务问题；一家跨国公司会在同一时间或者不同时间遇到几乎所有的法律问题。

很多因素能够解释律师对组织日益重要的作用。从各个律师的角度来看，律师在委托人的法律部门中持有职位有几个吸引力。律师对于时间的要求相较于私人执业更加容易掌握，内部律师在吸引新的委托人的同时能够避免应付不同委托人的需求的压力。从组织的角度来看，通过依赖内部律师而获得可观的收益常常是可能的，这些内部律师熟悉公司的结构、员工、文化和目标，他们不需要将注意力分散到其他委托人身上，并且他们没有按小时收费制度所致的为开出账单而进行不必要的工作的动机。在 20 世纪 80 年代到 90 年代早期，许多公司开始为其自身的法律部门保留常规的工作，而将更加零星的或者专业化的需求诉诸外部律师事务所。然而，最近几年，随着外部律师事务所在收费方面的竞争日趋激烈，并且公司面临裁员和将非核心职能外包的压力，这种趋势有所减缓。受雇于公司的各个律师的一个明显缺陷是要依赖于单一的委托人，该委托人对待法律服务的态度可能会随不同的管理和经济条件而改变。

内部律师受雇于其委托人。在这种意义上说，律师的角色呈现出缺乏职业主义的决定性特征，即自主性。然而在实践中，内部律师的独立性程度差别迥异。如果组织本身很复杂，例如一家多部门的跨国公司，那么其律师—委托人关系之多样化程度毫不逊色于外部的律师事务所。考虑到许多组织结构内颇为普遍的权力与对抗利益，律师最重要的工作之一很有可能就是确定谁是委托人的代言人。这种权力的碎片化，常常给内部律师以相当大的灵活性和谈判的影响力。尽管他们缺少某些外部律师拥有的自主性，但对其委托人的极大的熟悉度往往会增加他们施展影响力的机会。

内部律师在特定组织中的角色折射出个人喜好与环境因素的复杂混合。就当代公司法律部门进行的最系统的研究发现，公司律师总体上分为三个基本角色。第一组，约有 1/5 的律师声称他们起着类似"看门人"的作用；他们的工作高度"规则化"，基本集中于评估法律风险、监督法律遵守以及批准法律交易。第二组，差不多是被采访群体的一半，称他们起着显著性的咨询作用；他们的工作不仅要保证公司在法律允许的范围内运行，而且还通过创新性的法律策略来寻求推动商业利益最大化。最后一组律师，约占被采访群体的 1/3，界定自己为企业家；他们工作的重点是帮助进行商业规划，尤其是在具有法律意义的领域。[22]

不管他们选择何种角色，内部律师经常在保护组织的法律利益的同时也保护自己与资方和其他雇员的关系时面临着挑战。这些挑战发生在下面第六章和第八章讨论的保密以及利益冲突的大量场景中。

■ 五、公共领域：政府服务、法律援助和公共利益法_____

大约 10％的政府律师提供着与私人律师同样的具有多样性的服务，例如，法

---

[22]　Robert L. Nelson & Laura Beth Nielsen, "Corps, Counsel, and Entrepreneurs: Considering the Role of Inside Counsel in Large Corporations," 34 Law & Soc'y Rev. 457 (2000). See also Cral D. Liggio, "A Look at the Role of Corporate Counsel—Back to the Future—Or is it the Past?," 44 Ariz L. Rev. 621 (2002).

律咨询、民事诉讼、刑事案件、贯彻立法以及行政规范。这些工作涉及各种实体　*37*
领域，包括绝大多数私法专业领域。

　　所有的政府律师拥有同样的"执业境况"，因为他们都是政府雇员。在相似性之下存在着许多重要的区别。例如，在人口稀少的农村地区的地方检察官可以处理这一地区所有的政府法律事务，包括刑事检控、贫困儿童抚养费追索、代表县长官，这些检察官通常是兼职。而在大都市的中心区域，地方检察官办公室可能拥有数百名律师，这些律师涵盖许多专业领域。无论是州还是地方，都有数不胜数的机关、部门和委员会，每一个都有专业化的法律问题和专业化的法律顾问。许多政府机关聘用了私人律师事务所来办理某些或者大多数法律事务，专门从事该项工作的律师可以被归类为私人执业或者为政府服务。除了在州和地方政府层面上的这些差别，2.5 万名联邦雇员实际上从事着所有类型的法律事务。

　　尽管政府律师的委托人通常是他（或她）工作的政府机关，但并不完全是这样；公共辩护人和民事法律援助律师负有忠诚于他们所帮助的人的传统责任。然而，当律师代表"政府"时，他们与委托人的关系通常与为私人提供代理时的情形不同。法律机关自身经常对其辖区内的事务拥有独立的权限。因此，一个地区检察官对起诉谁有自由裁量权，而无须对其他政府官员负责。检察官没有任何委托人，除了比喻的意义之外。或者换言之，他们在代理中，既有委托人的权限，也有律师的权限。当然，无论如何，这种独立性绝不是完全的。政府律师要负责贯彻那些他们可能不赞同的立法和行政政策。高层官员要对选举或任命他们的人负责。下级律师也要服从于监督者的指示，尽管监督者的政策解释可能是有问题的。许多政府律师受雇于专门处理某类事务的机构，比如，公立医院或大学，在这些机构当中，他们与组织的更高权力的关系类似于私人领域内部律师与更高权力的关系。

　　然而，除了丰厚的报酬、可控制的日程以及从竞争和商业发展的压力中解脱出来，相对独立也是为政府服务的吸引力之一。代价是薪水很低，而且晋升的机　*38*
会有限。就像第八章所指出的，这些显而易见的利与弊导致了律师在公私领域之间的旋转门现象。这种制度在保持政府对富有才华的律师具有吸引力的同时，使政府能够尽职尽责方面是有好处的，但是这也给忠诚和利益冲突带来了特别的挑战，后面的章节将探讨这些问题。

　　正像在本章开头所指出的那样，大约有 1‰的法律职业人员供职于法律援助、公共辩护和公共利益组织。"公共利益"这个概念相对比较新，但这个概念源于早期的有关公民权利、公民自由和为穷人提供法律服务的运动。按照公共利益法委员会（the Council for Public Interest Law）（现在叫正义联盟）对这个术语的界定，"免税的非营利性团体至少要将它们 30％的资源用于代理过去无人代理的公共政策事项上的利益"。按照这种标准，委员会估计，直到 20 世纪 70 年代，仅仅有 25 个中心有着约 50 名专职律师。到了 20 世纪 90 年代，这一数字已经增长到大约 200 个组织雇佣了大约 1 000 名律师。[23] 另外，相当数量的法学院诊所和非免税的私人律师事务所也在这些事项上提供代理。越来越多的保守的法律基

---

　　[23]　Nan Aron，Liberty and Justice for All：Public Interest Law in the 1980's and Beyond（1989）. See Deborah L. Rhode，Access to Justice 66-68（2004）.

金组织也把它们自己视为公共利益组织，尽管因为它们常常采取组织出资人所采取的那样的立场，而不符合该委员会的定义。㉔

公共利益组织通常从各种政府和基金赠款、会费、私人献金、法院判付的律师费等渠道获得资金。它们的工作涵盖了一系列实体领域，包括环境保护、消费者维权、贫穷问题、移民问题、民事权利、妇女权利、同性恋权利、残障人士权利和民事自由问题。尽管公共利益律师数量很少，但他们有着重要的社会影响力，一方面是由于他们能够仔细地运作资源，另一方面是由于他们能从私人律师界和非法律组织与团体获得资助。

政府出资的法律援助计划有着更长的历史，尽管它们的数量和任务在 20 世纪 60 年代和 70 年代才迅速地扩张。和公共利益律师一样，民事法律援助律师也面临着高速扩张的五花八门的法律需求，同时他们在分配其帮助的时候，他们也拥有相当大的自由裁量权。正像第九章的材料所反映的那样，如何适当地行使自由裁量权仍然是持续论战的一个主题。具有讽刺意味的是，法律援助律师在法庭上的有效性却在立法上导致了消极的反响。在里根执政时期，国会首次对联邦资助的法律服务预算进行了一系列削减，并对有权获得这些服务的案件和当事人的资格进行了一系列限制；20 世纪 90 年代后半期，又是一波限制。㉕ 结果是削减薪水和辅助服务，并阻止了许多吸引律师投身于贫困法律方面的有影响力的诉讼。

基于类似的原因，公共辩护服务也受到了类似的预算约束。在许多公共辩护办公室，律师的薪水很低而案件数量很多。一些辩护人每年要处理多达 500 件重罪案件，几乎没人有充足的时间或者资源进行事实调查和审判准备。㉖ 由于越来越多的司法辖区要通过竞标获得贫穷辩护资金，问题进一步复杂化了。为了赢得合同常常有必要降低服务的价格，而这也削减了有效代理。㉗

尽管有这些挑战，许多公共律师和法律援助组织，像他们的公共利益同仁一样，努力维持职业主义和职业忠信的高水准。他们的经济回报可能是低的，但是精神的收入是高的。这些组织中的律师在代理那些否则在司法体系中就会缺乏代理的委托人和案件时，通常能够获得非常高的满意度。然而，这些执业者确实应当得到更多的经济资源，法律职业在进行游说和公共教育以得到这种支持时，发挥着关键作用。

39

㉔ Aron，supra note 23，at 78.

㉕ See discussion in Rhode，supra note 23，at 58-64 and Chapter IX infra.

㉖ Rhode，supra note 25，at 11-12，123-30；Bruce Green，"Criminal Neglect：Indigent Representation from a Legal Ethics Perspective," 52 Emory L. J. 1169，1179-83 (2003).

㉗ See sources cited supra note 26.

第四章

法律职业的"宪法性"功能

一、法治与个人权利
二、律师和个人权利
三、商业企业的律师
四、对公司资本主义的批判
五、其他选项的成理性

40

■ 一、法治与个人权利_____

作为一个历史上的事实，法律职业在以"法治"（包括在法律上保护公民权利、个人权利及法人实体拥有并管理自身财产的权利）为基础的政治体制中演化得最为充分。法治意味着预先规定法律命令，并在适用时不偏不倚。在满足这些要求时，没有哪一个法律体系是完美无瑕的，但是现代工业化体系或多或少地使之趋于完美。

个人权利这一概念一般被认为包括保护言论自由、意思自由、免受任意监禁和不公正的搜查与扣押、不公平程序的自由，以及更为新近的免受因种族、性别、宗教信仰或移民国而遭歧视的自由。个人权利还包括拥有财产的权利和从事雇佣、商品及服务等契约交易的权利。这些个人权利的延伸就是形成组织的权利，比如形成宗教团体、私人非营利性机构、商业合伙和政党。

■ 二、律师和个人权利_____

除非有适当的程序来认可和执行这些个人权利，否则，它们仅仅具有形式上的保障。虽然仍有政治体制认为称职的法官足以保障个人权利，但是所有宣示法治的政治体制都承认在法院获得法律顾问帮助的权利以及就法院外事务向律师咨询的权利。在执法机构与行政机构中，政府也很依赖律师。从实践来看，法律服务是维护法治和保护个人权利的至关重要的方式。

法治和律师作用之间的功能关系提出了一个重大的、其重要性恒久不易的宪法性问题：律师的介入在多大程度上不仅带来了形式上的规则性，还带来了法院程序和其他法律交易中的过度"技术性"？应该在多大程度上通过公共补贴为那些没有能力聘请律师的人提供法律帮助？第九章将讨论这些涉及法律服务分配的问题。但是，在关于律师作用的争论中，还涉及另一个可能更不为人注意的宪法问题。为那些能够负担得起律师帮助的个人和组织提供法律代理理由何在？特别是就收费高昂的法律人才为商业公司和有钱人所提供的代理而言。

41

■ 三、商业企业的律师_____

众所周知的是，在当今政治体制中，商业公司可以雇佣律师来促进其运作。实际上，各种公司，不论规模大小，通常都会雇佣律师帮助最小化税务负担、监督是否遵守了规范性义务，以及在处理同雇员、消费者、供应商、债权人、股东和政府的关系中维护公司的利益。所有的大型公司都拥有相当规模的内部律师队伍。大多数的大型、独立的律师事务所的首要业务是公司法律事务。大多数小型律师事务所提供的法律服务的主要部分是财产和商事业务。

然而，在现代社会，关于法律职业的道德话语对律师界给商业组织及富人的过多帮助诟病不已。律师界自我宣扬的主题之一是独立于委托人的利益，以及法律服务与商业行为之间泾渭分明，正如老生常谈的一句话，"法律服务是一门职业，而非商业"①。但是律师工作的相当大一部分，尤其是闻名遐迩的律师事务所，主要是服务于商业。法律职业中杰出的领袖如 Alexander Hamilton、Daniel Webster 和 Abraham Lincoln，全都从他们的商业委托人那里获取了大部分的收入。

四、对公司资本主义的批判

在对公司法律服务的大多数传统批判中，最根本的是对公司资本主义及其相关法律制度的批评，包括私人合同（特别是遍布于现代商业的附合合同［adhesion contracts］）和大型商业组织的集权。在公共领域，这种批评体现在反对全球资本主义的游行示威中，这种游行示威现在已经成了一个常见的世界现象；这种批评还体现在伴随着最近的公司丑闻的谴责中。这些批判的基础出现在 19 世纪马克思和其他杰出社会主义者的著作中。

这些批评我们很熟悉：公司资本主义意味着残酷的竞争，劳动"商品化"，以更广泛的价值为代价而专注于"盈亏底线"，科层等级制度的主宰，以及为了富人和过于强势的商业利益而对法律规则的操纵。法律职业仍然需要认真对待许多这样的批判。来自律师界内外的众多的批判者已经就公司法律业务表达了这样的关注。②

对这些批判的全面回应为本书（以及我们的专业领域）所不及。然而，基于宪法而进行的辩护的要点是非常简明的：个人对自己的财产拥有权利，有权订立合同并从事经济生产；个人在追求他们的目标时，有权获得法律帮助；获得法律帮助的权利包括辨别出最称职的法律帮助的权利；实现个人目标的一种有效方式是以组织形式开展合作性活动；商业公司是合作性组织中发展最完善的一种形式，因此，一个公司有权代表它的所有人和管理人，来雇得称职的法律帮助。③

然而，这种宪法性逻辑的每一环节都存在争议。有权拥有一所房子，并不意味着有权拥有或者管理目前这种形式的公司实体；达成契约的权利并不意味着强势一方制定的附合合同就合法；从事合作性活动的权利并不意味着赋予了跨国公司所有活动的合法性，等等。逻辑上的罅隙可以通过比较来阐明。举个例子，我们比较一下平等主体合意订立的合同的履行与律师为一方当事人所拟定的、另一方没有阅读或者无法阅读的格式合同的履行。这种比较反映了在现代社会如何构建和权力如何行使问题上，在当代政治中所存在的更深层次的论争。

---

① American Bar Association Commission on Professionalism，In the Spirit of a Public Service：A Blueprint for the Rekindling of Lawyer Professionalism（1986）；see also sources cited in Deborah L. Rhode，In the Interests of Justice：Reforming the Legal Profession 1（2000）.

② Among the most prominent critics have been Louis D. Brandies，Business：A Profession 329−43（1914）；Harlan Fiske Stone，Law and Its Administration（1924）；and Jimmy Carter，Speech to the Los Angeles Bar Association，May 4，1978.

③ In Upjohn Co. v. United States，449 U. S. 383（1981）. 这一重要的美国判例，认可了公司的律师—委托人特免权。其多数意见就这一分析提供了一个简要说明。

43 　　随着跨国公司日渐变得强大，这些讨论也变得越来越重要。资本主义企业对具有重大社会意义的事项有着重大影响，包括雇佣、环境、商品和服务的可得性、财富、安全以及股权所有人的经济安全。④ 跨国组织之所以取得了主导地位，是因为其能够有效地满足市场需求，能有效地回应试图进行的监督。国际经验表明，公司形式使得合作活动最为有条不紊；这种有条不紊的合作能够最大化地配置劳动力、生产资料和智力，能够最大化地生产出更为丰富的产品和服务，不论最终它们如何分配。然而，即使我们承认公司形式有诸多好处，但是仍然存在这样的疑问，即如何规制这些活动，如何分配它们的利润。就这些问题而言，无论是在私人领域工作的律师，还是在公共领域工作的律师，都总是能够扮演着具有高度影响力的角色。

五、其他选项的成理性

　　在考虑公司业务的合理性以及律师为它们提供帮助的角色时，至关重要的问题往往是：与何相比？很少有人认为缩小企业规模能够站得住脚。如果能够做到这一点的话，其结果将是，大规模的效率低下，世界上大部分人口的物质生活水准的大规模降低。第二种可能性是建立起国家所有的大型公司，迄今为止还不能证明它能与一个健康的经济制度和民主制度相匹配。在社会主义下，那些有控制权的人不仅有经济上的垄断地位，而且有政治上的权力，而这些人通常压制反对意见和创新。资本主义的一个主要的优点是经济权力更为下放，而政府权力更受约束。

　　对于大多数当代论者而言，对资本主义批评进行的唯一可行的回应，是进行更为有效的规制。然而，一个主要问题是商业在多大程度上能够俘获它的规制者。"朋党资本主义"是无处不在的，也是腐化性的。关于资本主义的真正问题——可能是最根本的问题——是政府控制公司自身利益的能力。特别受到关注

44 的是，政府如何干预来保护个人权利免受公司的过度扩张的影响，以及政府如何干预来重新分配商业活动的某些利润。

　　在一个宪政体制中，这些问题是以法律规则的形式提出、讨论和解决的。律师参与到了这个过程的方方面面。在公共领域，律师在立法机关起草制定法、行政机关制定和贯彻规章、法院通过刑事和民事诉讼来在执行法律时发挥着关键作用。在私人领域，内部和外部律师帮助委托人解释、贯彻和质疑相关法律。这些职业角色涉及复杂的共生关系。某些律师在整个职业生涯中为双方服务，并可能在多种场合穿梭于"旋转门"。然而，无论他们的职位是什么，律师通常都忠信于法治，即使就特定的法律解释和应用存在异议。毕竟，律师的职业和生活都取决于对法律原则和程序的信与守。

---

④　Milton C. Regan, "The Professional Responsibility of the Corporate Lawyer," 13 Georgetown J. Legal Ethics, 197, 206 (2000).

基本的职业标准

一、作为职业的责任：职业规制与职业判断中的独立性
二、对委托人的责任：忠诚、称职和保密
三、对司法制度和法治的责任

45
　　规制美国律师的道德规则反映出若干指导法律服务的核心价值。那些价值与它们相应的义务包括在个人与职业行为中的独立性、称职性、忠诚、保密、坦诚性和适正性中。这些义务扩展及委托人、法院以及公众。在全世界其他法律体系中也有要求相类似的责任，尽管它们在实施过程中采取了不尽相同的形式并体现出不同的优先选择。

■ 一、作为职业的责任：职业规制与职业判断中的独立性___

　　最基本的法律职业道德标准是独立性。它包括两个维度。首先是保证律师界独立于政府控制。正如美国律师协会《职业行为示范规则》中的序言所指出的，"一个独立的法律职业是保证政府依法办事的一支重要力量，因为法律权力的滥用更容易受到一个其成员的执业权利并不仰赖于政府的职业的挑战"。极权主义政体下的经验表明，法律职业在过度遭受国家规范与控制时，并不能充分保护个人权利、制约官方不当行为或者确保正当程序。为那些不得人心的委托人或者诉讼案件辩护的律师需要某些保护以免受政治冲击。

　　对职业独立性的首要威胁来自于政府的政治部门，而不是司法部门。律师业通常认为，与立法机关或者行政机关相比，法院是更为适当的规制权力组织。确实，法院常常援引职业独立性的概念，作为其自己对律师业进行监督的根据。因此，美国法院宣称有规制法律执业活动的固有权力，并且仅仅在与法院对律师界的司法监督保持一致的情况下才允许立法机关或行政机关作出进一步规制。[①] 在

46
运用其固有权力的时候，法院将其关于职业准入和惩戒制度的日常控制工作交给了律师协会或者那些名义上独立但是与律师协会有着密切联系的机构。

　　这种自我规制的结构设定了相应的义务。正如《职业行为示范规则》的序言指出的那样：

　　　　法律职业的相对自主权也同时产生了自治的特殊职责。该职业有责任保证其制订的有关规则孕育于公共利益而不是为了促进律师业狭隘的、自私的利益。每个律师都有责任遵守《职业行为规则》。律师业应当为其他律师遵守这些规则而提供帮助。疏怠这些职责，将会损害这一职业的独立性及其所服务的公共利益。

　　人们对于律师这个职业如何适当地履行其规制职责众说纷纭，这也正是接下来的章节在具体规则和监督框架下所要探讨的问题。人们首先关注的是，律师行业缺少公共责任，是不是会损害其规制过程的效用。就像一位批评者所指出的那样：

　　　　问题不在于律师行业的自利性是多么地赤裸裸。对规制决策具有控制权的律师和法官通常既想促进公共利益又想促进该职业的利益。然而，困难性在于井蛙之见，而这种情况还被不足的责任感复杂化。无论策划得多么精

---

　　① 　Charles W. Wolfram, Modern Legal Ethics 32–33 (1986). 就对固有权力原则所进行的一个重要历史考察，参见 Charles W. Wolfram, "Toward A History Of The Legalization Of American Legal Ethics-Ⅱ The Modern Era," 15 Geo. H. Legal Ethics 205，210–18 (2002).

妙，监管其他律师的律师和前律师们都不能摆脱源自他们地位的经济、心理和政治上的包袱。如果没有外部牵制，这些决策者将会经常在职业利益和社会利益发生冲突的时候丧失判断力……律师不受国家控制显而易见地符合重要的价值，并且缺乏一个独立职业的国度将会在保障个人权利和制衡政府不当行为方面步履维艰。然而，职业自治和政府控制不是唯一的选项。很多有独立律师职业的国家对其自我规制权限施加了多得多的制约。政府增加律师责任的努力，并非必然具有对适当司法加以报复或威胁的重大风险。②

另一个因素是规制的成本。对大规模、铺天盖地的美国法律职业进行有效的监管，与目前所投入的些微额度相比，将要产生相当的成本。律师业并不想就更 *47* 进一步的监督来买单，政府机关也不想像对银行和证券市场进行规制那样承担成本。美国法律制度是否应该对律师行业监督过程予以加强或者完善，是以后章节所关注的焦点。

职业独立的第二个维度是，律师代表委托人行使判断的能力能否免于不当的外部影响。这些影响包括：来自司法官员或者政府官员的压力；其他委托人或者潜在委托人的利益；同行、法律雇主的关切点；资助代理的第三方；律师自己的经济、意识形态和声望利益。防止这些外部干预的努力已经产生了大量的道德要求和法律原则。美国律师协会《职业行为示范规则》第2.1条规定了基本的标准："在代理委托人时，律师应当运用独立的职业判断，提供坦率的建议。"《职业行为示范规则》和《职业责任示范守则》也有规制利益冲突的更为具体的规定，对此将在第八章讨论。

然而，某些影响并不容易受到具体的规制或外部的强制。律师通常希望与委托人以及那些其利益并不必然与委托人一致的人保持好的工作关系。这种关系引起的偏见通常很难防止或者监督。例如，欲与法官、其他律师和其他有着潜在业务来源的人保持良好声望关系的律师，可能主张反对办理某些案件或者坚持某些立场。公司内部律师在保持他们的独立性时，要直面特定的困难。因为他们的声誉和生活系于一个委托人。出于该原因，一些国家（例如德国）在职业独立方面已经规定，作为雇员工作的律师没有禁止被迫披露的特免权来听取秘密信息。与此类似，在许多国家，例如日本，被允许在法院执业的律师不得作为私人组织的雇员。③

与此形成对比的是，美国的道德规则并没有这样的绝对性禁止。相反，律师界通过更为情景化的要求来促进职业独立性，目的是使得外部的不当干预最 *48* 小化。

▌二、对委托人的责任：忠诚、称职和保密＿＿＿＿＿＿＿

律师与委托人之间的法律关系是一种代理关系。代理关系意味着几个基本的

---

② Deborah L. Rhode, In the Interests of Justice: Reforming the Legal Profession 143−45（2000）. See Geoffrey Hazard and Angelo Dondi, Legal Ethics: A Comparative Study, Ch. 4（2004）.

③ German Code of Legal Ethics, "Protection of Professional Independence," Richtl §40. 受过法律训练在内部工作的人构成了一个独立的职业——Syndikusanwalte，他们不能加入律师协会。See David Luban, "Asking the Right Questions," 72 Temp. L. Rev. 839, 853（1999）.

职责：忠诚、称职和保密。作为代理人，律师通常有知识、有影响力，从而有可能不当利用这种关系、威逼利诱、作风蛮横。保持对委托人所界定的委托人的利益的忠诚，要求有自我约束的措施，这正是律师角色的中心。

当然，在帮助委托人确定他们的利益方面，律师发挥着重要的作用。一个忠诚的诉辩者最有价值的功能是就伦理及法律因素提供全方位的建议，从而使委托人的决策更为明智。咨询过程通常是促使委托人根据其远期目标和道德忠信，来重新评估他们的短期诉求。但最终，正如美国律师协会《职业行为示范规则》第1.2条所明确规定的那样，律师通常"应当遵循委托人就代理的目标所作出的决定……应当就追求这些目标所要使用的手段同委托人进行磋商"。如果委托人"坚持进行律师认为是令人厌恶的或者不明智的目标"，则《职业行为示范规则》第1.16条以及已确定的判例法都允许律师退出代理。如果委托人利用律师提供的服务从事犯罪或欺诈，或其他违反《职业行为示范规则》的行为，那么律师必须退出代理。

实践中，退出代理这个选项没有什么吸引力。终止代理可能会导致遭受非议和损失代理费，还有一些其他形式的成本，如名誉、合同纠纷或者不当执业索赔。为了避免出现这样的困难，律师通常试图筛除可能带来道德困境的委托人、案件和分派的工作。如果这种筛除程序得以成功运作，则在提供有效帮助时，忠诚于委托人的义务通常就会与律师自己的经济和声望利益相一致。

在个人代理中，委托人和律师的关系通常是面对面的，许多道德问题或多或少就很明显。比如，律师对于委托人提供的文件是真实的还是事后伪造的，会获得直接的信息。当然，一些人能骗过他们的律师，但是很少能轻易骗过。然而，在委托人是一个组织或一个群体，其成员的利益相互冲突，不清楚谁为委托人代言的时候，问题会更为复杂。就像第七章所指出的那样，在组织性委托人的背景下，律师名义上是对管理者负责，但是他们最终对实体负有义务。根据《职业行为示范规则》第1.13条，如果律师知道组织的雇员在从事可能归责于该组织的不法行为，律师就有义务为组织的最大利益而行事。这种义务可能包括迫使他们重新考虑有关行为，通知其最高权力机构，或者退出代理。就像《职业行为示范规则》第1.13条的注释所指出的那样，当组织是一个政府实体时，在防止或者救济错误行为方面，律师可能具有更为广泛的职责，因为，他们的义务是对整个政府负责，而不是对具体的某些官员或者某些机关负责。当委托人是一个群体时，例如在群体诉讼中，律师要对所有的成员负责。群体诉讼中各个成员之间的重大利益冲突通常会引起审判法院的重视；在这种情况下，分别提起诉讼、分别进行代理可能是必要的。

忠诚于委托人的利益也要求在代理他们的时候具有称职性。美国律师协会《职业行为示范规则》第1.1条规定了基本的要求："律师应当为委托人提供称职的代理。称职的代理要求律师具备代理所合理必需的法律知识、技能、细心和准备工作。"该规则的注释进一步指出，"当必备的称职水平通过适当的准备就能达到时，律师可以接受代理"。第十二章将就具体情况下如何适用这一要求进行探讨。一般而言，重要的一点是仅仅在律师有足够的专业知识处理这些事务的时候才能接办这些事务，除非他们能够在不给委托人带来不当耗费的情况下获得必要的称职性。在委托人是一个评估律师从事所需服务的资格的能力有限的自然人的情况下，这个义务有着特别的作用。法学院三年的学习与律师资格考试的通过并不意味着律师具有在各种情况下进行有效代理所需要的各种技能与实体法知识。

在一个专业化日甚的时代，称职性的一个重要的维度是，律师要有能力认识到他们所拥有技能的局限性。

一个有紧密联系的职业规范是保密。不披露在代理过程中所获悉的信息的责任是忠诚于委托人的一个核心问题，是提供称职帮助的前提条件。对隐私的基本期待对于保证律师与委托人关系中的信任与坦率性是至关重要的。《职业行为示范规则》第 1.6 条规定了基本义务："除非委托人在磋商后作出了同意、为了执行代理对信息的披露已经得到默示授权，律师不得披露与代理委托人有关的信息。"这个规则也规定了一些重要的例外，关于这些将在第六章中进行更为详细的讨论。"为了防止委托人从事律师认为有可能导致迫在眉睫的死亡或者严重身体伤害的犯罪行为"*，律师可以在其认为合理必要的范围内披露与代理委托人有关的信息。为了防止对裁判庭的欺诈或者在与委托人的争端中起诉或者辩护，律师也可以披露有关秘密。

就像第六章所指出的那样，保密规则的恰当范围是美国律师职业道德最具争议的问题之一。美国律师协会在是否应当允许披露来防止委托人的欺诈得以实现问题上，进行了几场针锋相对的争论。州律师协会也有着类似的争论。几乎所有的州都允许或者要求进行这种披露。④ 2002 年，国会通过了《Sababes-Oxley 法》这一联邦制定法，要求为公开交易股票的公司工作的律师在获悉委托人的欺诈行为后，要采取纠正措施。这些措施包括内部报告：律师必须"逐级"通知公司管理层和董事会，以取得纠正措施。⑤

与其他国家相比，关于保密的问题在美国更具争议。一个原因是与其他地方相比，关于律师职业责任的所有问题在美国的学术界和法律共同体内讨论要充分得多。进一步而言，律师在美国生活中处于中心地位，并且保密义务在很大程度上与人们所普遍接受的关于公共事务的公开性的价值观相悖。在一个信息自由受到赞扬、官方记录被认为可被查阅的社会，律师对保密的广泛主张是一个不和谐的例外。公众对于"公开性"的支持，鼓励了执法机关来限制律师—委托人特免权，特别是在调查"白领犯罪"时。⑥ 在没有这种公开传统的国家，保护秘密的争议性则较小。在这个社会，关于更多披露的争议如此之多的第二个原因是针对律师所提起的不当执业诉讼更经常发生。律师界甚至常常反对裁量性披露条款，这是因为他们害怕未能依据这样的规则披露委托人的秘密会使他们承担民事责任。

关于保密的争论，无论对于律师界而言还是对于公众而言，都关涉重大，所以关于保密规则的适当范围仍有可能众说纷纭。尽管就这些保护的范围会存在争议，但是就保守委托人秘密的一般责任不会存在争议。为了提供有效的代理，律师需要获悉可能有损害性的信息。为了获得这样的信息，他们需要保证，未经委托人同意，这样的信息通常不会被披露。

---

　*　这一句话在美国律师协会《职业行为示范规则》中已经修改为，"为了防止合理确定的死亡或者重大身体伤害"——译者注。

　④　See Deborah L. Rhode & David Luban, Legal Ethics, 265-75, 284-97 (4th ed., 2004).

　⑤　See William Duffey, "Corporate Fraud and Accountability: A Primer on the Sarbanes-Oxley Act of 2002," 54 South Carolina L. Rev. 405 (2002); Susan Koniak, "When the Hurleyburly's Done: The Bar's Struggle With the SEC," 103 Columbia L. Rev. 1236 (2003).

　⑥　Lance Cole, "Revoking Our Privileges: Federal Law Enforcement's Multi-Front Assault on the Attorney-Client Privilege," 48 Vill. L. Rev. 469 (2003).

■ 三、对司法制度和法治的责任_____

《职业行为示范规则》的序言中规定了律师作为法院职员的基本义务：

> 律师的行为应当遵循法律的要求，无论是为委托人提供职业服务还是在律师业务或者个人事务中，均应如此……
>
> 律师应当对法律制度和那些为之服务的人——包括法官、其他律师和公务人员——表示尊重……
>
> 作为公民，律师应当寻求完善法律、司法和法律职业提供的服务的质量。

《职业行为示范规则》第8.4条详细阐明了这些义务：

> 律师在职业上的不当行为包括：
>
> （a）违反或者试图违反《职业行为规则》……
>
> （b）从事了有损于律师的诚实性、可信性以及其他作为律师之适当性的犯罪行为；
>
> （c）从事了涉及不诚实、欺诈、欺骗或者不实陈述的行为；
>
> （d）从事了有损于司法的行为；
>
> （e）明示或者暗示有能力对政府机构或者政府官员施加不当影响；或者
>
> （f）故意帮助法官或者司法人员从事违反有关司法行为规则或者其他法律的行为。

《职业行为示范规则》第3.3条也规定了对裁判庭坦诚的具体义务：

> 律师不得故意从事下列行为：
>
> （a）就重要事实或者法律向裁判庭作虚假陈述；
>
> （b）明知在有管辖权的司法辖区存在直接不利于其委托人并且对方律师没有发现的法律根据，而不向裁判庭公开该法律根据；或者
>
> （c）提交律师明知虚假的证据。

此外，正如第六章所指出的，许多司法辖区还建立了自愿性礼仪守则，进一步规定了律师作为法院职员的责任。这些守则的范围从礼仪性事项（如着装与守时）到诉讼策略（如恐吓证人或对方律师）不一而足。这些追求性的标准到底对律师的行为产生多大的影响，还尚无定论。但是，在重申律师界忠信于关于适当与适正性的基本职业标准问题上，这些标准明显发挥了重要的警示性功能。

许多律师职业道德专家也认为，律师有义务来维护法治，因为这是公正社会和有效率的市场的基础。该义务必然涉及对第三方的关注，对诚实和公平行事这些核心价值的忠信，这些对于有效的法律和商业过程都是必要的。[7] 在具体法律服务中，这些价值要求什么，它们如何与对委托人的责任相平衡，是以下章节的主要关注点。

---

⑦　Deborah L. Rhode, "Moral Counseling," Fordham L. Rev. (2006); Geoffrey C. Hazard Jr., "Lawyers for the Situation," 39 Val. U. L. Rev. 377, 388－90（2004）; Robert Gordon, "A New Role for Lawyers?: The Corporate Counselor After Enron," 35 Conn. L. Rev. 1185（2003）.

对抗制、保密和替代性纠纷解决程序

■ 一、对抗制的前提
■ 二、诉讼策略和对抗制的滥用
■ 三、坦诚和保密
■ 四、替代性纠纷解决程序

53   一、对抗制的前提

美国的司法体制是"对抗性"的。"对抗"这一术语有几个内涵。在狭义上，它所描述的是这样的诉讼制度，即依赖于对抗的双方就提交于法院的争议进行调查、组织并提供证据和法律论据。在某种程度上，这与欧洲（特别是法国、德国、意大利和西班牙）民法法系的"纠问制"模式形成对比。在那些制度中，法官在诉答阶段后对案件拥有更大的控制权，特别是在询问证人以及界定和排列委托人应当解决的问题的顺序方面。

"对抗"的一个更广的内涵是，这种制度高度重视各个对抗者的法律权利。这种高度重视非常明显，不仅体现于诉讼中（例如案情先悉权或者对对方当事人和证人进行交叉询问的权利），还体现在立法和行政程序中以及合同的谈判中。因此，美国的立法听证会有时看起来多少类似于法庭审判，而行政机构的程序通常以民事诉讼模式为基础。在合同的谈判中（特别是在大宗商业交易中），与其他国家的律师相比，美国的律师通常发挥着更为重要、更当事人性的作用。

"对抗"的最后一个含义涉及对立的律师之间的互动关系的性质。与其他国家的法律程序相比，美国制度下律师之间的互动经常是火药味十足，但是似乎自相矛盾的是，对立之间的律师也似乎更为合作。欧洲、加拿大、澳大利亚和亚洲的法律事务中，特别是在民法法系中，与美国相比，律师之间的不礼貌行为更少，但是也更缺乏各种互动。[1]

54 一般而言，美国公众对其司法制度有着深厚的信仰；大多数美国人认为，尽管它存在着缺陷，它却是世界上最好的制度。[2] 这种信仰源自于两个重要的前提。第一个前提是，根据功利主义原则，对抗性的展示是发现真相的最佳途径，因而能为最大多数的当事人带来公平的结果。第二个前提是，根据以权利为基础的义务论原则，对抗过程为个人权利提供了最有效的保护。

支持理由与批判

关于对抗制是发现真相的最佳途径的观点立足于几个关键的假设。Lon Fuller 和 John Randal 在美国律师协会与美国法学院协会联合召开的一次会议上提交的一份有影响力的报告，对这些假设进行了最充分的阐释。大体上，这些假设如下：

● 对胜利的渴望常常使对手们有动机尽最大可能来谋划他们的案件，然而在纠问制度中，裁断者通常缺乏这种竞争性激励；

● 证明需要进行假设，如果裁断者构建了这个证明，他们的初步假设就会非常容易地左右他们的最终判断；

---

[1]   Geoffrey Hazard and Angelo Dondi, Legal Ethics: A Comparative Study 67−69 (2004).

[2]   American Bar Association, Perceptions of the U. S. Justice System 59 (1999).

- 依赖于一个独立的法律职业来形成法院的记录，将会对法官的权力形成制约；以及

- 竞争性的、由当事人控制的过程利大于弊。③

对当事人性的过程的信仰是一种更广的世界观的一部分。这种信仰支撑着美国社会基本的社会和经济制度。美国律师协会负责起草《职业行为示范规则》的委员会的主席 Robert Kutak 评论说，我们对对抗制体制的忠信，反映了其他背景下，"我们在竞争问题上同样根深蒂固的价值观"④。

然而，这种关于对抗制过程的以真相为基础的支持理由招致了很多批评。首要且最明显的批评是，正如若干世纪前柏拉图所指出的那样，诉辩者不是真理的追求者，而是信念的制造者。⑤ 对方律师的陈述，其目的在于追求胜诉，而不是公正，这并不必然产生公正。前联邦法院的法官、美国律师协会《职业行为示范规则》委员会的成员 Marvin Frankel 发表了一个被广泛引用，并引起了共鸣的观点，即美国的对抗制程序把真相看得太低了。

> 尽管我们洋洋自得，但是这些说法未经检验，我们知道在历史、地理、医学等等领域探求事实的其他人并没有效仿对抗制。我们知道世界上的大多数国家通过不同的方式追求公正。更确切地说，我们知道我们所运行的对抗制诉讼的很多规则和设计，并不能导向真相，反而容易导向挫败……在为有利害关系的当事人所利用时，该过程在达至真相时，仅仅是顺带而得之，仅仅是副产品或者仅仅是偶得之。说白了，诉辩者之要务乃是胜诉……其要务并不是要探求真相。更确切地说，在任何时候，在律师所代理的相当比例的案件中，真相和胜诉都不能共存。⑥

正如以下讨论所反映的，关于案情前悉、证人准备和交叉询问的常见技术通常是为了混淆视听而不是揭示相关信息。

此外，在对抗制模式下，只有在比赛双方势均力敌的情况下，案件的本来面目才可能或多或少地彰显。正如批评者所指出的那样：

> 通常的范式假定战斗双方在动机、资源、能力和所获得的相关信息方面大致相同。在一个容忍巨大的贫富差距、高诉讼成本以及获得法律帮助的机会严重不足的社会里，这些条件更多的是例外而不是一般规则……在法律中，就像在生活中一样，"富人们"通常能够占尽先机。⑦

对于为什么"富人们"能够胜出，Marc Galanter 进行了经典性的描述，他指出了那些经常参加诉讼的"反复诉讼者"相对于"一次诉讼者"所具有的某些

55

---

③ American Bar Association and Association of American Law Schools, "Report of the Joint Conference on Professional Responsibility," reprinted in 44 ABA Journal 1161 (1958). See Geoffrey C. Hazard Jr., Ethics in the Practice of Law 120-35 (1978).

④ Robert J. Kutak, "The Adversary System and the Practice of Law," in The Good Lawyer: Lawyers' Roles and Lawyers Ethics 172, 174 (David Luban ed., 1983).

⑤ Plato, Gorgias (T. Irwin trans., 1979), discussed in Anthony T. Kronman, "Forward: Legal Scholarship and Moral Education," 90 Yale L. J. 955, 959 (1981).

⑥ Marvin E. Frankel, "The Search for Truth: An Umpireal View," 123 U. Pa. L. Rev. 1031, 1036-37 (1975).

⑦ Deborah L. Rhode, In the Interests of Justice: Reforming the Legal Profession 55-56 (2000); Deborah L. Rhode, "Legal Ethics in an Adversary System: The Persistent Questions," 34 Hofstra L. Rev. 641, 643-44 (2006).

系统优势。⑧ 尽管认识到这些归纳有些过于简单，但是 Galanter 发现这些归纳有助于说明诸如检察官、债权人或者保险公司等经常参加诉讼者所有的优势：

> 反复诉讼者，已经进行过诉讼，有事先的经验；他们能够构建下一个交易并建立记录。正是这些反复诉讼的人制定格式合同，要求交纳保证金，等等。

> 反复诉讼者积累了专门的知识，能够轻易找到专家。他们对任何案件都享有规模经济效益和低启动成本。

> 反复诉讼者有机会同诸如法院或者警察局等机构的人员建立（有用的）关系。

> 反复诉讼者可以计算概率……采纳在长期的一系列案件中最大化收益的策略，即使在某些案件当中也存在着损失最大化的风险。

> 反复诉讼者既会获得眼前的利益，也会去玩弄规则。首先，这值得反复诉讼参与者通过诸如游说等方法来花费资源，影响相关规则的制订（他积累的专业知识使他能够在从事这些活动的时候具有说服力）。

> 反复诉讼者，凭借经验和专业知识，更有可能认清哪些规则能带来实质性的变化，哪些规则仅仅是象征性的宣示。⑨

总之，一次性的参与者不可能成功，除非他们能从其他渠道获得资源。这些资源可以提供给某些诉求，例如人身伤害、公民权利和公司欺诈。在这些背景下，风险代理费或者法院判付的律师费制度，导致了高度称职、组织良好的原告律师队伍的形成。各个原告都是一次性的诉讼参与人，但是其律师都是接触的反复参与者。他们的主要职业组织，包括美国诉讼律师协会，不仅在诉讼中变得非常有影响力，而且在立法起草、游说和司法选举中也变得非常有影响力。

然而，对于许多案件而言，这些平等化的资源是缺乏的，对抗制在其促进"真相"的能力上是短欠的。它的辩护者常常承认这些，但是依赖于其他的理由：这个制度能够保护个人的权利以及这些权利所要保护的自治和尊严的根本价值。

允许当事人去确定他们在"开庭日"的安排也有助于培育一种自尊感，并对程序的正当性建立信心。一个广泛的研究表明，对于大多数人来说，在形成关于公正是否得以实现的判断时，一个程序公平的制度中被听取意见的机会比该制度的结果更为重要。⑩

刑事案件 vs. 民事案件

对对抗制而言，在刑事案件中，这个以权利为基础的理由特别有力度。那些生命、自由和名誉处于危险中的个人尤其需要一个诉辩者，这个诉辩者对国家不具有竞争性的忠诚义务。在许多缺少对抗程序和独立律师职业的集权国家中，其他模式的后果是显而易见的。在这些国家，辩护律师的角色是"服务于正义"，

---

⑧　Marc Galanter, "Why the 'Haves' Come Out Ahead: Speculations on the Limits of Legal Change," 9 Law & Soc'y Rev. 95, 97 (1974).

⑨　Id., at 98—103. See Marc Galanter, "Farther Along," 33 Law & Soc'y Rev. 1113 (1999).

⑩　E. Allan Lind & Tom R. Tyler, The Social Psychology of Procedural Justice, 64—67 (1988).

而不是委托人，所谓的"正义"常常不过是遵从于检控方。⑪ 在这个国家，经验也告诉人们，强有力的辩护对于促使执法人员有足够的动机去尊重宪法权利和进行全面的调查事实，也是十分必要的。从长远来看，为有罪的人提供对抗制保护也有助于保护无罪的人。

然而，现在的对抗制能在多大程度上服务于以权利为基础的目标尚无定论。正如批评者所指出的那样，对于对抗性程序来言，一个基本问题是，以权利为基础的理由并不能够说明为什么特定委托人的权利应当优于所有其他其利益没有得到足够代理的当事人的权利。在一个不是所有人都能承担得起有效诉辩的制度里，对抗模式可能使很多人的权利处于无保护的状态。

批评者还怀疑刑事案件中支持对抗标准的理由是否能够适用于民事案件。刑事案件仅仅是律师工作的一小部分，并且在几个方面是与众不同的：国家权力的角色，政府压迫的可能性，对个人的生命、自由和名誉的影响。出于这些原因，美国宪法传统对刑事被告施以特别的保护，例如，排除合理怀疑的证明标准以及反对被迫自我归罪的特免权。同样，支持对抗模式程序的理由在刑事背景下是最强有力的。⑫ 当然，某些民事事务也引起了对滥用权力和基本权利的关注，这些问题与刑事程序中的问题类似。但是这些案件并非法律工作的主流。此外，就如下文的讨论所反映的，对于许多常见的民事争议而言，对对抗模式进行某些限制或者诉诸替代性纠纷解决程序，可能会产生重大益处。

考虑到对抗式程序中传统理论基础的所有局限性，一些论者指出现有的制度只有在薄弱的实用主义基础上是正当的：人们并没有证明它比其他系统差，彻底重构的代价将会是相当大的，我们能够把握的现实总比无法预知的未来要好。⑬ 许多专家还指出，迈向一个更以"法官为中心"的制度存在诸多困难。在民法法系中，这样的制度常常面临着人员严重不足、法官的冷漠与屈从等难题。⑭ 无论如何，显而易见的是，美国的对抗制程序的某些不完美之处是不可避免的，这给律师设定了某些责任，即律师应当帮助解决而不是利用现行制度的不足。

■ 二、诉讼策略和对抗制的滥用

20 世纪的最后 25 年，人们越来越关注毫无意义的、被滥用的对抗制诉讼。许多因素促成了这些关注：

- 能够提起法律诉求的实体权利增多了；
- 某些诉讼形式的规模和复杂性增长了；
- 律师业的规模和竞争力加强了；以及
- 社会控制中的非正式的社群关系的衰落了。

---

⑪　See the cases discussed in Deborah L. Rhode, supra note 7, at 54.

⑫　See id., at 54–55；Richard Wasserstrom, "Lawyers as Professionals：Some Moral Issues," 5 Human Rights 1 (1975).

⑬　David Luban, Lawyers and Justice：An Ethical Study 92–93 (1988).

⑭　Hazard and Dondi, Legal Ethics：, supra note 1.

毫无意义的案件

然而，虽然人们已经显然认识到了这个"问题"，但该问题在多大范围内存在，仍然存在争议。鉴于在界定"毫无意义"方面存在固有困难，确定"毫无意义"的案件是否有所增加特别困难。现有的数据表明，无论是与早期的历史时期还是与其他不以好讼而闻名的西方国家相比，美国目前的诉讼率并不是特别地高。[15] 许多关于美国"法律臆想症"或"过度法规症"（hyperlexis）的说法在很大程度上是建立在关于微小案件的轶事证据上：橄榄球球迷诉裁判、求爱者诉约会对象以及选美选手们相互起诉。[16] 然而，诸如此类的例子并非自身就能证实美国面临滥诉的异常问题或者这些案件过度耗费了司法时间。这个问题依然是：要同什么比较呢？

历史及跨文化研究揭示了类似的琐碎诉讼例子，以及在旁观者眼里什么通常是毫无意义的诉讼。例如，我们看一个不当诉讼的例子，某个知名法学院院长曾引用过该例子：针对少年棒球联盟的性别歧视案。[17] 考虑到这个国家对体育运动的重视，男女运动员在机会上恒久存在的不平等，以及这种不平等所强化了的性别思维定式，并不能说明这些诉求本身就是对司法资源的浪费。对好讼的大多数抱怨可能实际上是对实体法调整范围的抱怨，"报复活动与辩白活动之间的界线常常难以划清"[18]。

滥用诉讼

然而，尽管我们对对抗制滥用的确切范围和性质存在争议，但是对某些问题的存在几乎没有分歧。大约 4/5 的美国公众和大约 4/5 的受调查陪审员一致认为提起的无价值案件过多。[19] 超过 90％的律师界领导人把粗言暴行看作一个非常严重的问题。[20] 与前两个世纪相比，最近十年来故意毁灭证据的案件公布得更多。[21] 总的来看，在大型、复杂的案件中，研究者发现在案情先悉程序方面长期存在困难。尽管大多数诉讼很少存在审前问题，利益高度攸关的诉讼中常常会导致过度的花费、规避和拖延。[22] 在这种案件中有相当的比例，对方当事人永远不会先悉到案件的重要信息。[23]

---

[15] Deborah L. Rhode, "Frivolous Cases and Civil Justice Reform: Miscasting the Problem, Recasting the Solution," 54 Duke L. J. 447, 456 (2004).

[16] Id., at 447－49. See James L. Percelay, Whiplash: America's Most Frivolous Lawsuits 54 (2000); Philip K. Howard, The Lost Art of Drawing the Line 14－15 (2001).

[17] Bayless Manning, "Hyperlexis: Our National Disease," 71 Nw. U. L. Rev. 767 (1977).

[18] Rhode, supra note 7, at 121.

[19] Rhode, supra note 15, at 449－50.

[20] N. Lee Cooper, "Courtesy Call," ABA Journal, March, 1997, at 8.

[21] David K. Isom, "Electronic Discovery Primer for Judges," 2005 Fed. Cts. L. Rev. § II. L. 1.

[22] James S. Kakalik, et al., Discovery Management: Further Analysis of the Civil Justice Reform Act Evaluation Data xx, 55 (1998); Austin Sarat, "Ethics in Litigation," in Ethics in Practice, (Deborah L. Rhode ed., 2000); John S. Beckerman, "Confronting Civil Discovery's Fatal Flaws," 84 Minn. L. Rev. 505, 506 (2000); Jeffrey W. Stempel, "Ulysses Tied to the Generic Whipping Post: The Continuing Odyssey of Discovery 'Reform'," 64 Law & Contemp. Problems 197, 219 (2001).

[23] See sources cited in Rhode, supra note 7, at 88－89.

滥用案情先悉程序的技巧多种多样。规避对方或让对方疲惫的常见技巧包括：

- 过度使用证言存录程序和询问程序；
- 滥用日程安排，例如为了带来最大的不便和费用来安排证言存录，为了拖延时间拒绝同意合理的要求；
- 会导致异议的询问技巧，例如就令人尴尬但又不必要的信息进行询问，就合理的询问提出异议，或者不适当地教导证人或告诉他们避而不答；
- 规避策略，例如承诺日后答复；重复性地表达模棱两可的不满或者回答；重新调整文件材料使得对方当事人无从知晓文档是如何保存的以及相关的材料放在哪里；破坏或者在根本不可能的地方埋藏"确凿证据"（smoking pistol）["垃圾车式的案情先悉"（dump truck discovery）]。[24]

这些做法是经济、社会和心理等因素复杂作用的结果。通过延长程序，某些委托人能够继续从事在法律上令人怀疑但经济上有利可图的活动，避免不利的事实大白于天下，或是购得时间来避免像企业并购那样的不利事件的发生。通过把诉讼转换成一个代价高昂的争端，双方可能都能够迫使对方达成一个有利的和解，抑制其他潜在对手提起诉讼，或就感知到的滥用活动而进行报复。

律师们自己的动机也促成了程序问题的出现。那些寻求最大化收费小时的律师在让秒表嗒嗒作响方面显然有其利益，诉讼律师经常说他们经历过这种事，尽管他们并不承认干过这种事。[25] 可以理解的是，许多诉讼律师是要逃避风险的，并且"如果有利可图"，他们的不遗余力显然有好处。[26] 某些类型的诉讼除了具有法律价值之外，还具有"要挟"价值，这给了原告以和解的空间。延长审前程序以促成和解也能够避免可能带来的败诉风险和名誉损害。最后，律师和委托人很容易习惯这种斗争方法，这简直是种豆得瓜。

然而，这会产生很多负面效果。从短期看，这种泛滥的行为如果挑起了报复和制裁，并削弱了为建设性地解决问题所付出的努力，结果只会适得其反。从长远看，这种行为会危及律师正直和理性的名誉。结果不但可能使工作氛围更加紧张，而且可能使其更加不被信任，介绍来的案件更少。[27] 律师与委托人的关系也会恶化。许多人认识到当诉讼变成了军备竞赛时，最大的赢家常常是律师们；当事人为怨愤、刻薄和法律费用支付了不合理的费用。此外，程序泛滥的代价不仅仅由诉讼参与人承担。法律成本以高昂的价格的形式转嫁到了消费者身上，要由纳税人通过缴纳法院公共基金和公司法律费用的税收扣减来提供资助。如何修正这种由激励机制导致的战术的滥用不但关系到职业利益，而且关系到公共利益。

处罚：《联邦民事程序规则》第 11 条和律师协会的惩戒

律师惩戒机构很少对不正当诉讼行为进行处罚。而且，规制不正当程序行为

---

[24]　Beckerman，supra note 22，at 525；Rhode，supra note 7，at 83-85.

[25]　Rhode，supra note 7，at 84.

[26]　Id.，at 61，84.

[27]　Rhode，supra note 7，at 85；Allen K. Harris，"Increasing Ethics, Professionalism and Civility: Key to Preserving the American Common Law and Adversarial System," Professional Lawyer 92 (2005).

的原则性方法已经在《联邦民事程序规则》的第 11 条中和州法院的类似规则中有所规定。该条规则规定，律师在任何提交的文件上签名都意味着："竭尽（签名者的）知识、信息和信念，在当时情形下进行合理的调查后形成的"；该提交的文件有"证据证明"或者可能在"有合理机会进一步调查"后被证明；该提交的文件"有实在法依据或者有一个善意的论点来扩大、修改现有法律，或者推翻现有法律，或者制定新的法律"；该提交的文件"不是因不合理的目的而提出的，比如搅扰或者导致不必要的迟延或者非必需的诉讼成本的增加"。当当事人就违反第 11 条的行为申请处罚时，对方享有 21 天的"安全期"，在这期间，他们能收回违法文件而免受处罚。法院发现律师违反了第 11 条的，可以作出"适当的处罚"，这些处罚包括金钱上的和非金钱上的补救措施。无特殊情况下，律师事务所会因为其合伙人、非合伙律师和雇员的违规行为承担连带责任。

62

这个规则的条款和各州法院的相似规定已经成为了经久不衰的辩论话题。在 1983 年对其修正之前，第 11 条规则下的制裁是由法院来自由裁量而不是强制进行的。这个规则没有要求律师进行合理调查。实际上，这个较早的版本的违反标准仅仅为被认定有主观恶意，这个标准几乎从未达到。1983 年的修正案要求进行合理调查，如果违反了该规定则进行强制性的制裁，同时允许向对方当事人判付罚款。结果，第 11 条规则的适用迅速上升。处罚的动议变成了诉辩者武器的标准组成部分，产生了一些骚扰性的起诉，这些起诉是为了拖延时间。这个问题被模棱两可的"合理调查"、"善意"和"充分的事实基础"等标准恶化了。根据某些研究，法院也过度地行使了它们的自由裁量权来处罚公民权利原告。[28]

人们的这些关注，促使了进一步的修正，这些修正案再次使得处罚变成了自由裁量性的处罚，设定了一个安全港选项，并使得经济处罚通常情况下要支付给法院，除非支付给对方为阻却目的所支持。对规则第 26 条的案情先悉规定的修正也创造了一个选择性的"核心案情先悉"制度，这于 2000 年在联邦地区具有强制性。根据该制度，当事人必须自动披露某些信息。对《联邦刑事程序规则》第 30 条和第 31 条的修正，也限制了未经法院明确批准而进行的证言存录和询问的次数。

这个历史在几个方面具有启迪性。首先，它有助于解释为什么律师协会道德标准在回应程序滥用时在很大程度上是无力的。尽管美国律师协会《示范守则》和《示范规则》都禁止律师坚持毫无意义的立场，或者仅仅是为了搅扰而持某立场。这些条款在实践中被证明严重缺乏执行力。不仅证明违反这些规定的负担不切实际地高，而且如果诉讼参与人将案件提交律师协会惩戒机构的话，即使他能获得什么也是极少的。这些机构通常在诉讼尚未终结的情况下不会采取什么行动，不会判定罚款来补偿投诉者，而且，不会将稀缺的资源用在可以选择获得司法救济的案件上，除非是最为恶劣的案件。

63

此外，法官通常不愿意施加制裁，除非是最严重的诉讼不端行为。弄清楚在审判前的争议中谁有过错，是一个费时的事情，并且常常费力不讨好。它通常要求法官具有更多的学识，而不堪负担的法官就此还需要去学习，尤其是对于一些

---

    [28] Mark Spiegel, "The Rule 11 Studies and Civil Rights Cases: An Inquiry into the Neutrality of Procedural Rules," 32 Conn. L. Rev. 155（1999）; David B Wilkins, "Who Should Regulate Lawyers?," 105 Harv. L. Rev. 799, 869, n. 308（1992）.

不可能要求审判的事务，或者并没有涉及清晰的坏人和被害人的事务。[29] 大多数法官也不喜欢通过施以制裁来与律师对抗，因为那会妨碍便宜地解决案件，会冒在上诉中被推翻原判的危险，或者使程序甚至更加具有争斗性。如果律师不能礼貌地对待彼此，传统的司法反应会让他们付出代价。

礼仪守则

针对挥之不去的滥权行为，以及执行机制的局限性，一百多个律师协会制定了自愿性的礼仪守则。这些守则的内容五花八门，但是许多主要是由一般性的劝诫构成的，例如避免"过度热忱"，"在日程安排上合作"，"将适正性放在第一位"[30]。这些守则是追求性的，但是少数法院将其采纳为具有可执行性的程序规则，或者援引它们来支持处罚。这些守则具有的吸引力是显而易见的：它们是以微小的代价作出的具体回应。那些反对此种追求性标准的律师可以直接忽略它们。然而没有了执行机制，礼仪标准的有效性也将难以确定。律师界对这些标准的现有热情是基于这样一个事实，即没有证据证明它们将大大影响到律师的行为。有些司法辖区要求律师进行礼仪宣誓，或者证明他们已经阅读了相关的礼仪守则；但是没有一个司法辖区试图去评估对这些要求的信守，或甚至试图去测度对这些要求的认知。然而，就自愿性守则将足以应付那些最可能违反它们的律师而言，这似乎是值得怀疑的。

对于对抗式的滥用的有效回应需要多重战略。一个显而易见的优先选择是要加强处罚，越来越多的法院在严重不端行为案件中采用了这一方法。其他意见包括将处罚公之于众，改善惩戒机构的回应，以及要求受处罚律师的雇主在其组织中建立起教育方案与监督方案。更多资源还可以被用于监督，不仅可以通过审判法院进行监督，还可以通过治安法官、特别主事官以及地方律师协会中的志愿裁判者来进行监督。[31] 其他被普遍推崇的对程序滥用的回应包括律师事务所内部方针与培训方案，针对整个律师事务所的更多的惩戒措施，用固定律师费率代替小时计费制以消除过度案情先悉的诱因，以及这样的命令，即当事人一方提出繁重的案情先悉要求时，应当为其对手遵从这些要求的行为提供资金。

然而，对于许多律师而言，最有效的影响来自于互惠与报复这一非正式标准，而不是正式的处罚制度。[32] 程序滥用的被害人可以拒绝与行为不端的对手合作，利用他们本可以宽免的错误，坚持繁文缛节，向有影响力的第三方诋毁他们的声望。相反，律师可以在礼仪和公平行事上礼尚往来。出于显而易见的原因，这些非正式的标准在持续互动的律师之间运作最佳。小的社群、业务专业团体和律师协会能成为有力的社交力量。其他更大的职业组织也可以试图通过奖励、选举或者任命来制度化地支持适当行为。对于大多数律师而言，同僚的尊重是维持服务于更广泛的社会利益的行为标准最有力的力量。

---

[29] Stempel, supra note 22, at 209-10; Arthur R. Miller, "The Adversary System: Dinosaur or Phoenix," 69 Minn. L. Rev. 1 (1984).

[30] Rhode, supra note 7, at 91-92; Robert E. Huie, "Uneasy Bedfellows," National L. J., March 6, 2006, at 23.

[31] Rhode, supra note 7, at 95; Wilkins, supra note 28, at 835-39; Stempel, supra note 22, at 239-41.

[32] Geoffrey C. Hazard, Jr., "The Lawyer for the Situation," 39 Val. L. Rev. 377, 382 (2004).

三、坦诚和保密

　　规范律师与委托人之间坦诚和保密关系的规则必须平衡几个（有时是相互竞争的）问题。第一个问题是要对秘密交流提供充分的保护，以确保律师与委托人关系中的坦诚和信任。第二个问题是要防止律师从事帮助犯罪或欺诈的行为，或者防止律师扣压为保护无辜第三方以及促进法律的遵守而必需的信息。第三个问题是要保留各方充分准备己方案件的动力，而不坐享其成。

　　这些关注已经形成了律师职业道德义务和规范律师—委托人特免权的证据法规则。律师—委托人特免权保护委托人的秘密交流在法律程序中免受披露。律师职业道德守则中规定的律师保密义务，其在两个主要方面比特免权的范围更宽。这一职责包含任何来源的信息，包括但不限于来自委托人的信息。职业道德义务也适用于所有的情境，不单单适用于在法律程序，还适用于非诉讼业务。与律师—委托人特免权——这是法院和立法机构制订的证据法规则——不同的是，保密的道德职责是律师自己制定的自我规制制度的组成部分，首先是律师协会制定，然后经法院批准的。

律师—委托人特免权

　　律师—委托人特免权作为一般原则（披露其他人的秘密是不光彩的事情）的产物，产生于17世纪。[33] 起初，特免权归律师享有。在18世纪、19世纪期间，该特免权的理论根据逐渐转变为法律制度适当运作的需要，而主张或者放弃特免权的权利转归了委托人。在传统模式中，特免权法律主张：

> 当从职业的法律顾问（以律师的职业身份）那里寻求任何形式的法律意见时，由委托人秘密作出的与该目的有关的交流，是……永远受到保护而免遭（委托人）自己或者法律顾问披露的，除非这种保护被放弃。[34]

　　目前所理解的律师—委托人特免权也包括律师对委托人的交流，如果他们明确说明或者隐含提及源于委托人的交流的话。一个附属性的规则将保护延伸至保护律师的"工作成果"免遭披露，律师的工作成果即为预期诉讼准备的信息以及律师对该信息所进行的分析。[35]

　　特免权的适用已经形成了大量的判例法以及一些重要的例外，其中一个例外涉及弃权。当交流是在第三方在场情况下进行的时，如果委托人向第三方透露交流内容，或者如果委托人或者他的代理人明示或者暗示同意披露，则该特免权就被放弃了。特免权也不适用于被联合代理的委托人在任何随后他们之间的争端中

---

[33]　Geoffrey C. Hazard, Jr., "An Historical Perspective on the Attorney-Client Privilege," 66 Cal. L. Rev. 1061, 1069-73 (1978); John H. Wigmore, A Treatise on the Anglo-American System of Evidence in Trials at Common Law § 2290 (John T. McNaughton ed., Rev. ed., 1961).

[34]　Wigmore, supra note 33, § 2292.

[35]　该特免权的雏形源于 Hickman v. Taylor, 329 U.S. 495 (1947) 案件。该特免权的例外包括当事人或者独立的证人对对方的调查人员所作的陈述，以及对被视为证人的专家所作的陈述。See Fed. R. Civ. P. 26 (b) (3).

所作的披露。这些情况下的弃权并不总是具有通常的自愿性含义。某些弃权是疏忽造成的，例如因误投文件造成的弃权。㊱ 其他的弃权则是政府公诉人作为避免某些刑事指控的条件而要求作出的，这种做法在律师业内存在高度的争议性。㊲

其他重要的特免权的例外涉及委托人的身份、未来犯罪以及持续性欺诈。这些例外背后的理论是，特免权的目的是鼓励委托人寻求建议，以帮助他们遵守法律义务，或者维护其合法权利。而使委托人能够遮蔽其身份或者违反法律规定，是有违该目的的。

保密的道德职责

律师协会职业道德守则也对律师的保密义务作了界定。与律师—委托人特免权相比，这些义务更新。它们通常可以追溯至 David Dudley Field 的 1849 年《民事程序法典》，该法典后来被并入了律师协会职业道德守则中。美国律师协会《职业责任示范守则》以及《职业行为示范规则》都不仅禁止律师就受特免权保护的委托人秘密交流提供证据，而且禁止律师在法庭内外的任何背景下披露源自任何渠道的秘密信息。《职业行为示范规则》第 1.6 条（a）仅仅规定，"律师不得披露与代理委托人有关的信息"㊳。

这一职业责任也有例外。如果委托人同意或者"为了执行代理进行了默示授权，则律师可以披露秘密"［《示范规则》第 1.6 条（a）]。这是一个代理法原则，并且认识到法律服务的诸多方面要就为委托人办理的事务与他人——包括对方律师——进行交流。大多数典据也认为法律所要求的披露也是这样的授权。㊴ 律师也可以在特定情况下披露信息来保护他们自己或者第三方的利益。《示范规则》第 1.6 条（b）允许律师在与委托人的争议中为了自身利益起诉或者辩护时，或者在涉及其对委托人的代理的程序中，披露必需的信息。《示范规则》允许但是并不要求律师披露律师认为"为了防止合理确定的死亡或者重大身体伤害"而"合理必需"的信息。律师也可以披露秘密来防止律师的服务已经被利用的、会导致合理确定的严重伤害的犯罪或者欺诈，或者来防止、减轻或者纠正这些不法行为所造成的伤害。㊵

事实上，这些例外允许律师在帮助委托人处理事务时就某些不法行为"告

㊱ 美国律师协会《示范规则》第 4.4 条（b）要求收到误投秘密文件的律师通知发件人，但是让律师自由裁量是否退回该文件而不加阅读。就州和全国性的道德意见在这个问题上的冲突，参见 Deborah L. Rhode & David Luban, Legal Ethics 141-46（4th ed.，2004）。

㊲ 就政府日益普遍的要求弃权的做法，参见 Jonathan D. Glater, The Squeezing of the Lawyer-Client Privilege, N. Y. Times，Sept. 7，2005，at C6；Association of Corporate Counsel, The Decline of the Attorney-Client Privilege in the Corporate Context（2006）。关于律师业的担心，参见 ABA Task Force on the Attorney-Client Privilege, "Report of the American Bar Association Task Force on the Attorney-Client Privilege," 60 Bus. Law. 1029（2005）；Bruce Green & David C. Clifton, "Feeling a Chill," ABA J., Dec. 2005, at 61.

㊳ 《示范守则》的惩戒规则 4-101 既保护"绝密"［confidence（s）]——这包括所有受律师—委托人特免权所保护的信息，也保护"秘密"［secret（s）]——这包括"在职业关系中知悉的委托人要求不得泄露或者对之加以披露将会令人尴尬或者有可能损害委托人的其他信息"。

㊴ 与此类似，《示范守则》的惩戒规则 4-101 允许律师在法律要求或者法院命令的情况下披露秘密信息。

㊵ 《示范守则》的惩戒规则 4-101（C）（3）允许但是并不要求律师披露"其委托人实施犯罪的意图，进而防止犯罪所必需的信息"。惩戒规则 7-102（B）的一个说法是，律师有义务就代理过程中实施的欺诈采取补救措施。

密"。根据《示范规则》第 1.2 条（b），对于明显涉及犯罪或者欺诈的事务，律师首先不应当牵涉其中。然而，决定某事务是否具有欺诈性是困难的，因为委托人在这种情况下通常会竭尽全力对其律师隐瞒这一特征。当律师设法发现该不端行为时，在从该事务中退出或者披露保密信息之前，他们应该试图劝阻委托人或者以其他方式阻止该事务。可以预见的是，就该事件直面委托人，可能是不愉快的，甚至是令人窘迫的。律师们不喜欢讨论这种情况，很多人甚至不愿意考虑它。专业的讨论是以委婉的形式进行的。在律师未能披露，或者仍然有意无视不法行为的情况下，事情会变得更糟。有着巨额财富的律师的角色大白于天下的时候，他们往往面临着民事责任诉讼。[41]

此外，《示范规则》像其前身《示范守则》一样，规定了律师对裁判庭的坦诚义务。《示范规则》第 3.3 条规定：

> 律师不得故意从事下列行为：
>
> （1）就事实或者法律向裁判庭作虚假陈述，或者没有就律师以前向裁判庭作出的关于重要事实或者法律的虚假陈述作出修正；
>
> （2）明知在有管辖权的司法辖区存在直接不利于其委托人并且对方律师没有发现的法律根据，而不向裁判庭公开该法律根据；或者
>
> （3）提交律师明知虚假的证据。如果律师、律师的委托人或者该律师所传唤的证人在提供某重要证据后，律师进而发现该证据是虚假的，则该律师应当采取合理的补救措施，包括必要情况下就此向裁判庭予以披露。除了刑事案件中被告人的证言以外，律师可以拒绝提交律师合理认为是虚假的证据。

《示范规则》第 3.4 条也禁止律师非法阻挠对方取得证据，或者非法破坏或者隐匿具有证据价值的材料。[42]

很多法律职业道德专家指责律师协会的保密义务过于宽泛。正如他们所指出的那样，《示范规则》第 1.6 条（b）并不要求在所有情况下披露保密信息，除非这些信息涉嫌对裁判庭的欺骗，它也不允许披露保密信息来防止经济损害（身体损害除外），除非律师的服务已经被利用。在这些情况下，律师的唯一出路就是退出代理。（规则 1.6 的注释）

代理组织时的保密

在代理组织时，律师可以——在某些情况下必须——在组织内部就违法行为进行报告。在大批公司丑闻之后，国会于 2002 年制定了《Sarbanes-Oxley 法》，对于代理需要遵守联邦证券法的组织的律师，强制要求进行报告。在国会采取这一行动之后，美国律师协会修正了《示范规则》第 1.13 条，强化了律师在所有组织背景下的内部披露义务。《示范规则》第 1.13 条（b）规定，知道可能归责

---

[41]　For examples, see Rhode & Luban, supra note 34, at 284—97. See also Emma Schwartz, "Sharp Rise in Big Suits Against Firms: Study Shows Increased Costs, Prompting Insurance Fears," Legal Times, May 9, 2005, at 1.

[42]　关于《示范守则》关于对裁判庭的坦诚性规定，参见 DR 7-102 and 7-106。《律师法重述（第三次）》第 66 条和第 67 条允许律师披露秘密信息，以防止合理确定的死亡或者严重身体伤害，或者在律师的服务被利用的事务中纠正可能造成重大经济损失的委托人犯罪或者欺诈行为。

于组织的违法行为的律师，应当采取为"维护该组织的最大利益所合理必需"的行动，包括将此提交给该组织的最高权力机构。如果该权力机构未能及时、适当地解决该问题，而律师合理地认为该违法行为将对该组织造成合理、确定的重大损害，则他们可以披露有关信息，除非律师是被聘请来就这些违法行为进行调查或者为该组织进行辩护的。

证券和交易委员会根据《Sarbanes-Oxley 法》制定的规章要求律师就严重违反证券法的证据报告给组织的首席法律官员、法律官员或者 CEO，或者适当的守法委员会。如果该官员未能在合理的时间内作出适当的回应，律师必须将该事项报告给最高权力机构。这些规章还允许代理证券发行人的律师披露委托人的秘密，以防止或者纠正利用了律师的服务的欺诈。证券和交易委员会还考虑了——但是没有批准——律师协会所反对的规章，这些规章要求就其报告没有得到适当回应的律师退出代理，并就该退出行为告知证券和交易委员会以及继任的律师。[43]

律师披露义务的范围是一个重大争议事项。州职业道德规则各式各样。一些比《示范守则》还宽，一些要求——而不仅仅是允许——就某些不法行为进行披露。其他的州制定的标准则比《示范规则》窄，甚至不允许通过披露来防止经济上的损害，而在该背景下《示范守则》和《Sarbanes-Oxley 法》都是允许披露的。州和联邦规定之间的冲突，以及特定背景下对律师责任和潜在不当职业责任的解释，仍可能是一个会持续争论并进行进一步改革的事项。[44]

保密保护的理论根据

进行广泛的保密保护的理论根据与对抗制的理论根据是紧密相关的。一个理由所依据的是个人法律权利的价值和在保护它们时保密的重要性。第二个理由关注的是，在促进合理解决法律问题和鼓励遵守法律义务时，保密的工具性价值。

支持保密义务的以权利为基础的论点，建立在几个关于社会价值和委托人行为的假设基础之上。首先，法律制度的首要目标是保护个人权利，而这经常需要得到法律帮助。除非委托人感觉能够自由地交流相关的信息，否则，律师不可能提供充分的帮助。很多人在没有确定他们的信息日后不会被用于反对他们的情况下，不愿意咨询律师，或者不愿意披露重要的事实。保密义务不仅可以总体保护法律权利，还可以保护某些特定的权利，例如隐私权、获得律师有效帮助的权利以及不得被迫自证其罪的权利。在缺乏保密保护的情况下，那些不知道法律辩护的委托人可能会对有用的信息秘而不宣。

进行广泛的保密保护的第二个理论根据是，它们能够促进公正的结果。通过鼓励个人寻求法律意见并披露所有的相关信息，律师—委托人特免权和相关的职

----

[43] See "Federal Lawmakers Get Earful on SEC's Proposed 'Noisy Withdrawal' Rule," BNA Litigation Feb. 11, 2004.

[44] For an overview, see Roger C. Cramton, George M. Cohen, & Susan P. Koniak, "Legal and Ethical Duties of Lawyers After Sarbanes-Oxley," 49 Vi. L. Rev. 725, 783 (2004); Fred C. Zacharias, "Coercing Clients: Can Lawyer Gatekeeper Rules Work?," 47 Boston College L. Rev. 455 (2006).

业道德规则促进了对法律的遵守。充分了解案情的律师能够就人们的法律义务提供咨询，鼓励他们妥善解决法律纠纷。为履行这一职责，律师需要一定程度的信任，而这与揭发、举报的义务是不相容的。[45]

对当前保密规则的批判

这些论点是否能够为当前保密保护的范围提供正当性，备受争议。广泛的保密规则的批评者指出，对刑事被告的宪法权利的关注，并不能够扩展用于民事领域。这也并非是不证自明的，即委托人的权利为何总是优先于其他人的权利，特别是在委托人是组织，而牵涉的是他人的健康、安全利益的时候。[46] 同样，批评者还质疑当前律师守则暗含的层级：它要求进行披露以阻止对法庭的欺诈，但却仅允许（而不是要去）进行披露以挽救生命；它允许进行披露以使律师能够收取律师费，却不允许进行披露来防止他人受到经济上的损害。根据一般原则，与第三方受害人相比，更加偏爱律师是难以自圆其说的，因为在防止错误或者减轻其影响方面，律师很可能比其他人处于更有利的地位。

一些论者还质疑广泛的保密保护在维护法律权利方面的有效性。正如他们所指出的那样，无论保密规则如何，很多人都不愿意向律师吐露信息（律师可能有着相互竞逐的忠诚）。其他人，特别是公司的官员，除了咨询律师之外别无选择，无论规则是如何规定的，因为不这么做将使其失去重要的建议，在刑事案件失去"律师建议"这一辩护，或者在民事案件中失去"商业判断"这一辩护。[47] 此外，这些规则充满几乎没有委托人能够理解的例外和不确定性。在组织背景下，那些向律师提供信息的人不能认为信息将被保密，因为保密特免权属于组织，并且在服务于组织利益的时候，会被放弃。

关于对现行规则进行的某些限制是否会明显地改变委托人的行为的问题，现有的研究表示怀疑。最系统的研究表明，保密规则和委托人向其律师披露敏感信息的意愿之间的联系微弱。[48] 例如，就纽约律师与委托人进行的一项研究表明，律师几乎从来不会就相关的保密职责告知他们的委托人；委托人大大误解了保密的范围；并且只有大约1/3的前委托人说，没有保密保证他们不会向律师提供信息。[49] 历史的、跨文化的以及跨职业的研究也都表明，即使与许多州职业道德守则的现行规定相比，保密措施受到了更多的限制，律师仍能够提供有效的法律帮助。[50] 随后的章节将讨论在特定的背景下（如谈判和咨询），改变保密规则是否将服务于职业或者公共利益。就目前的目的而言，关于一般保密标准的几个最具争议的问题值得进一步讨论：委托人伪证、委托人欺诈、保密条款和告密保护。

---

[45] For an overview, see Rosemary Pattenden, The Law of Professional-Client Confidentiality: Regulating the Disclosure of Confidential Personal Information, §§ 1.17, 1.19 (2003).

[46] See sources cited in Rhode, supra note 7, at 110-12.

[47] William Simon, "The Confidentiality Fetish," Atlantic Monthly, Dec. 2004, at 1134.

[48] Rhode & Luban, supra note 33, at 190-91; Fred C. Zacharias, "Rethinking Confidentiality," 74 Iowa L. Rev. 351, 382-83 (1989).

[49] Zacharias, supra note 48, at 379-86.

[50] Rhode, supra note 7, at 111.

委托人的伪证

律师应当如何回应委托人作伪证引发了极大的争议，特别是在刑事辩护背景下。Monroe Freedman 在其极富影响的对该问题的论述中，分析了他所称的相互冲突的职业道德义务导致的"伪证三难问题"[51]。为了提供有效的辩护，刑事辩护律师必须掌握所有重要的事实。同时，律师需要对委托人负有保密义务，对法院负有坦诚义务。如果委托人表露出在证人席上作伪证的意图，"三难"问题便会发生。尽管律师常常主张他们从不能确切地知道委托人在审判时的证言是不是真实的，但是在某些情况下，他们当然会在一般意义上"知道"。

根据 Freedman 的观点，面对委托人作伪证的律师，最多可能履行律师三个义务中的两个。如果他们已经获得了所有的相关信息，他们会知悉证言是虚假的，于是他们要么违反保密义务，要么违反坦诚义务。只有律师坚持选择性无知，才能调和这些义务，而这会损害他们提供有效辩护的能力。Freedman 主张，在发生冲突的情况下，对法庭坦诚的义务应该让步。根据他的观点，保密义务和热忱辩护在刑事案件中具有首要的宪法性和伦理性意义，因为它们对于宪法第五修正案（规定的）不能自证其罪特免权和宪法第六修正案（规定的）获得代理的权利而言至关重要。全国刑事辩护律师协会 1992 年的职业道德意见基于同样的推理得出了类似的结论。[52]

相反，《示范规则》第 3.3 条最初的注释将美国律师协会对委托人伪证问题的传统回应总结如下：

> 虽然人们一直认为，律师应该试图说服委托人不要作伪证，但是在说服失败（并且退出代理不可能）的情况下，关于律师的职责存在争论……
>
> 对于这种两难问题，人们提出了三种解决方法。一种方法是在没有律师提问引导的情况下，允许被告以叙述方式作证。这种方案折中处理了两种冲突的原则；它免除了律师披露虚假证据的职责，而是让委托人默示地披露已经告知律师的信息。另一种方案提出的时间相对来讲比较晚近，即如果是委托人作伪证，完全免除律师披露伪证的职责。这是一种条理清晰的解决方案，但却使得诉辩者成为知悉伪证的工具。
>
> 这种两难的另一种解决方案是，如果有必要纠正这种情况，律师必须披露委托人的伪证。刑事被告人有获得律师帮助的权利、作证的权利和与律师秘密交流的权利。然而，被告不应该拥有作伪证时获得律师帮助的权利。此外，不论是根据职业道德还是根据法律，律师都有义务避免卷入伪证或者其他就证据弄虚作假的行为……

该注释支持最后一种方法，这允许法院自由裁量来如何处理这个问题，以及是否宣布审判无效。然而，该注释还指出，某些司法辖区将正当程序和获得律师

---

[51]　Monroe H. Freedman, Lawyers' Ethics in an Adversary System 27–41 (1975). See also Monroe H. Freedman & Abbe Smith, Understanding Lawyers' Ethics (2d ed. 2002).

[52]　The Ethics Advisory Committee of NACDL, Formal Op. 92–2, reprinted in The Champion, March 1993, at 23.

帮助的权利这些宪法要求解释为要求律师允许被告作证，或者允许被告以叙述方式提供描述。在这些司法辖区，律师的义务将"遵从这样的宪法要求"。

2002 年，美国律师协会在修改《示范规则》时，删除了其对委托人作伪证的各种回应所进行的讨论，仅仅指出刑事辩护律师要遵守规则 3.3，但是在某些司法辖区，这样的宪法要求可能高于律师道德义务。美国律师协会还就规则和注释增加了新的言词，明确规定律师拒绝提交他们"合理认为"虚假的证据的一般自由裁量权并不适用于刑事被告的证言；他们必须尊重被告作证的权利，除非他们"知道"该证言是虚假的。

在 Nix v. Whiteside，475 U. S. 157（1986）案件中，美国联邦最高法院就如何回应委托人作伪证的问题提出了一些指南。在该案中，美国联邦最高法院判定，律师制止他的委托人提交他认为是虚假的证言，并不是提供了无效的律师帮助。然而，Nix 一案的判决并没有直接推翻下级法院的判决，即披露伪证侵害了委托人的正当程序权利。Nix 一案的判决也没有明确阐明触发披露义务需要何种程度的明知。根据《示范规则》的颇有些循环定义的标准，"明知"意味着"对有关事实的实际了解……这可以从有关情况中推断出"。以前的美国律师协会《刑事辩护标准》4-7.7 的注释，将"明知"解释为要求被告向其律师承认犯罪事实，并且该事实已经为律师自己的调查所补强。[53] 一些司法辖区对律师的明知问题规定了类似的标准，而其他法院贯彻了不是那么严格的要求。[54] 至少，在律师判断其委托人的证言是虚假的情况下，审判法院就该判断的基础进行一些事实调查，看起来是合适的。

然而，大多数情况是，解决疑虑时有利于委托人，避免可能明确地证明伪证的信息，才符合律师自身的利益。对虚假证言的主要制衡并不是出于对惩戒责罚的恐惧（这通常会异常困难，如果不是不可能证明的话），而是对有效性的关注。换言之，如果被告辩护律师确信证言是虚假的，那么法官和陪审员也很可能这么确信，至少在他们像律师那样获悉了同样的信息的情况下。有效的代理将包括就此向委托人提出建议。

委托人的欺诈

一系列相关的问题涉及委托人欺诈。正如先前提到的那样，很多州允许至少在某些情况下披露委托人欺诈，一小部分州要求披露。无论是美国律师协会《示范规则》（2002 年修正），还是《律师法重述》第 67 条，都允许披露以阻止或者补救委托人利用律师的服务进行的会造成"重大财产损失"的犯罪或者欺诈。

更强有力的披露要求的反对者担心，这些要求将鼓励对未能阻止委托人的不端行为的律师提起诉讼。这一反对意见背后的假设是，绝对的保密要求将保护律师免遭这种诉讼。然而，正如法律职业道德专家所指出的那样，这种保护经常是虚幻的：第三方可能主张律师帮助和教唆欺诈，陪审员经常会同情这类主张，而

---

[53] 该标准在 1979 年被废除，因为它会被美国律师协会《职业行为示范规则》、《关于刑事司法管理的标准》4.94-4.95（2d ed.，1980）(Editorial Note to deleted Standard 4-7.7) 取代。

[54] Compare cases discussed in Development，"Client Perjury and the Duty of Candor,"6 Geo. J. Legal Ethics 1003，1008-1009（1993），and Rhode & Luban，supra note 36，at 330-32.

不论它们是否得到了直接证据的支持。即使律师最终能够证明他们之间没有串通，并说服裁决者道德守则要求保密，诉讼中的经济和名誉损失也很可能是巨大的。甚至在第三方没有主张时，其服务被牵涉到欺诈中的律师可能遭受可信性损失，这种损失来自法院、进行规制的官员、同事和更广泛的法律职业共同体。审慎的律师通常希望起初有能力阻却欺诈，对于该目的而言，必须有允许披露的规则。值得注意的是，不当执业保险公司的损失防范专家通常支持自由裁量性的披露规则。[55]

从社会的角度来看，也存在要求强制披露涉及重大经济损失的欺诈的有力情况，特别是那些律师的服务被利用的案件。诚实的委托人无须害怕这般要求；不诚实的委托人没有保密的权利，无辜的第三方能够从早期的警告中受益。虽然缺少系统的数据，但是没有证据表明强制披露规则在那些已经采用它们的司法辖区不起作用。

无论关于披露的正式道德规则如何规定，律师都对于制定防范措施以防止卷入委托人的欺诈感兴趣。工作场所的制度对于抵消经济上的诱惑、同行的逼迫、责任的分散以及鼓励对委托人的不端行为视而不见、听而不闻的心理倾向而言，经常是必要的。个人一般倾向于减少"认知不协"；他们尤其可能登记和保留那些与已经确立的信念和先前的决定相一致的信息，并压制或者重新解释那些对这些决定质疑的信息。[56] 律师一旦决定代理某特定的委托人，他们会对该选择所生的职业道德问题变得不那么敏感。制定能够解决这一偏见的内部报告制度和外部监管制度，对整个职业和公众而言，是一个持续的挑战。

保密条款

关于保密义务的另一个问题是，在起草包含保密条款——这禁止当事人讨论或者公布关于诉讼的证据——的诉讼和解协议中，律师所发挥的作用。这样的条款对于诉讼参与人而言，显然是有好处的：它们减少了对被告在法律上的曝光和不利宣传，并增加了原告谈判的力度。但是这些好处会给其他原告和第三方带来成本。如果对这种保密条款存在更多的立法上或者道德上的禁止，很多不安全或者不合法的做法不久就会大白于天下。最近大肆曝光的例子包括有缺陷的轮胎、会爆炸的汽车油箱、天主教牧师的性侵犯等案件。[57]

很多法律职业道德教授提出了一个禁止律师促进此类秘密协议的提案，负责考虑修正《示范守则》的道德 2000 委员会就该提案进行了辩论。该建议是就《示范规则》第 3.2 条增加下列内容：

> 无论是关于诉讼还是其他事项，律师均不得参与提出或者制作和解协

---

[55] Geoffrey C. Hazard, Jr., "Lawyer as Whistleblower," National L. J., March 5, 2001, at A19.

[56] Deborah L. Rhode, "Moral Counseling," Fordham L. Rev. (forthcoming); Donald C. Langevoort, "Where Were the Lawyers? A Behavioral Inquiry Into Lawyers 'Responsibility for Clients' Fraud," 46 Vand. L. Rev. 75 (1993).

[57] See Elizabeth Spainhour, "Unsealing Settlements: Recent Efforts to Expose Settlement Agreements that Conceal Public Hazards," 82 N. C. L. Rev. 2155 (2004); Richard Zitrin, "The Fault Lies in the Ethics Rules," National L. J., July 8, 2001, at A25; Adam Liptak, "A Case that Grew in the Shadows," N. Y. Times, March 24, 2002, at D3.

议，来防止或者限制公众获悉律师合理地认为与对公众健康或者安全，或者对任何特定个人的健康或者安全造成的重大危险直接相关的信息。[58]

道德 2000 委员会驳回了该提案，理由是这些规定的适当性是一个政策决策，不应该由道德守则加以解决。[59]

几个州已经通过"阳光诉讼"立法来解决该政策问题，一个联邦地区法院对秘密协议进行了得到广泛宣传的禁止。其他立法机关、法院和律师协会正在考虑这样的改革。制定法禁止法院在涉及公共危害的案件中发出保密命令，例如涉及产品缺陷、医疗事故或环境危害的案件。南卡罗来纳地区法院对其地方规则（禁止秘密和解，除非"证明有正当理由"）进行了修改。[60] 一些司法判决也在特定案件中限制保密协议的适用。[61]

相反，美国律师协会诉讼部提出了一个《诉讼和解谈判指南》，其中明确认可了保密规定的合法性，包括提交案情先悉成果（如可归责的文件）的规定。[62] 反对者通常宣称：保密限制是不必要且不明智的；公共风险最终会显露出来，尽管和解会包括保密规定；这些规定对于保护商业秘密和其他财产性信息是至关重要的；禁止保密条款会阻碍和解，鼓励冗长的案情先悉争斗，鼓励无价值的照猫画虎式的诉讼。[63] 支持者则回应说，这些不利后果在拥有立法禁止的各州并没有显现出来；重大的危害往往发生在特定的风险成为公共风险之前；保密规定加重了法律程序的负担，因为这必然使得重复性的诉讼要进行重复性的案情先悉程序。[64] 律师业是否就这些规定表明态度，仍可能是一个持续讨论的职业问题。

告密保护

最后一个争议问题是，如何保护因为就非法行为进行告密而被解雇的内部律师。在律师是否可以就不法解雇，以及他们是否可以使用秘密信息来支持其主张问题上，法院存在分歧。大约半数的司法辖区就雇主针对道德上的抵制而任意解雇的权利，规定了公共政策的例外。12 个司法辖区将该保护适用于律师；6 个司法辖区禁止不法解雇诉讼，其他的则没有涉及该问题。现行保护的范围也并没有完全确定。它们通常保护因为拒绝从事不法行为而被解雇的雇员，但是并不必然

---

[58]　Richard A. Zitrin, "The Case Against Secret Settlements (Or, What You Don't Know *Can* Hurt You)," 2 J. Inst. for the Study of Legal Ethics 115，116 (1999).

[59]　Kevin Livingston, Open Secrets, The San Francisco Recorder, May 8，2001, at 1 (quoting Nancy Moore, reporter for the Commission).

[60]　Joseph Anderson, Jr., "Hidden From the Public by Order of the Court: The Case Against Government-Enforced Secrecy," 55 S. C. L. Rev. 711，720 (2002).

[61]　See Martha Neil, "Confidential Settlements Scrutinized," ABA J. July 2002, at 20−21; Eric Frazier, "Judges Veto Sealed Deals," Nat'l L. J., Aug. 12, 2002, at A1; David Luban, "Settlements and the Public Realm," 83 Geo. L. J. 2619，2651 n.126−29，2652−59 (1995).

[62]　See ABA/BNA Lawyers' Manual, June 5，2001, at 346.

[63]　Frazier, supra note 61, at A11; David Hechler, "Secrecy in Settlements as a Public Safety Issue," Nat'l L. J., Jan. 12, 2004, at 1, 33.

[64]　Frazier, supra note 61, at A11; Diana Digges, Confidential Settlements Under Fire in 13 States, 2 Ann. 2001 ATLA-CLE 2769 (2001); Luban, supra note 61, at 2652−59.

保护那些因为积极举报不法行为而遭到报复的人。[65]　在是否允许律师披露对于证明其主张而言至关重要的委托人的秘密信息问题上，法院也存在分歧。该问题是很复杂的，因为律师的利益与辩论双方都是一致的。反对披露者担心，这会使委托人寒心。这些人担心的是，如果人们担心其秘密随后会被心怀不满的内部律师披露，就不会那么坦诚。相反，支持不法保护的人强调的是这会使律师寒心。他们的担心是，如果内部律师不能就报复获得保护，他们更不可能会坚持道德立场。法院和律师协会会如何权衡这些相互冲突的关注，有可能仍会是一个持续存在争议的问题。

四、替代性纠纷解决程序

　　律师一直在参与替代性纠纷解决程序。绝大多数的法律争端最后都是和解的，而不是进行了审判。因此，就庭外和解进行谈判，是每个诉讼律师工作的一个重要部分。当代法律服务的重要特点是，"替代性纠纷解决程序"的正规化以及调解和仲裁专家的出现。这些程序的利益在过去 25 年里快速增长。很多因素推动了该利益的增长：对司法裁判的成本、迟延和争斗性的不满；对滥诉和诉诸司法的不平等性的关注；对增加委托人的参与度、社群权力和救济灵活性的渴望；在探究案件的根源和问题的法律征兆的同时，对维护关系的兴趣在增强；人们感受到了其他家庭、宗教和社群机构在调解争端上的不足。[66]

　　支持"替代性纠纷解决程序"的律师通常主张"对症下药"[67]。他们的方法认为，不同类型的纠纷和纠纷解决程序拥有与众不同的特征，并因此要相匹配。Lon Fuller 是该框架的主要设计师，他主张法院判决对于涉及基本权利或者未决的法律原则的案件是合适的，但是对于常规事项、具有持续关系的各方、涉及很多人的苦情或者不想置身于原则上或输或赢的判决中的人，其他的程序可能会更加适宜。[68]

　　现在已经出现了很多程序。一些替代性纠纷解决程序已经通过私人的倡议得到发展，而另外一些程序是根据联邦、州立法或者司法判决发展壮大的。例如，《1990 年联邦司法改进法案》（即《民事司法改革法案》）要求每个联邦地方法院研究它的案件量，并制订计划来"促进……根据是非曲直来裁决民事案件……并确保公正、迅速、低成本地解决民事纠纷"[69]。要求法院采取的策略之一，就是

[65]　Rhode & Luban, supra note 41, at 407; John Gibeaut, "Telling Secrets," ABA J. (Nov. 2004) at 39, 41.

[66]　See Carrie Menkel-Meadow, "From Legal Disputes to Conflict Resolution and Human Problem Solving: Legal Dispute Resolution in a Multidisciplinary Context," 54 J. Legal Education 7 (2004); Carrie Menkel-Meadow, "Many Doors? Closing Doors? Alternative Dispute Resolution and Adjudication," 10 Ohio St. J. on Dispute Resolution 211 (1995); David D. Hechler, "ADR Finds True Believers," Nat'l L. J., July 2, 2001, at A1. For a review of issues surrounding ADR, see Rhode & Luban, supra note 36, at 871–82.

[67]　Frank E. A. Sander and Stephen B. Goldberg, "Fitting the Forum to the Fuss: A User-Friendly Guide to Selecting an ADR Procedure," 10 Negotiation J. 49, 67 (1994) (crediting the phrase to Maurice Rosenberg).

[68]　Lon L. Fuller, "The Forms and Limits of Adjudication," 92 Harv. L. Rev. 353 (1978); Lon L. Fuller, "Mediation-Its Forms and Functions," 44 S. Cal. L. Rev. 305 (1971).

[69]　28 U.S.C. § 471. See Federal Judicial Center, Guide to Judicial Management of Cases in ADR (2001).

将适当的案件提交替代性纠纷解决程序。

替代性纠纷解决程序在几个维度上有所不同：

● 决策者或者促进者的作用。谁遴选此人及依据何种标准？需要什么专业知识？

● 结果的可执行性。结果是咨询性的（调解）吗？或者它具有约束力（仲裁）吗？如果是后者，它是否要受到审查呢？

● 同意。该程序是自愿性的还是强制性的？

● 与司法判决制度的关系。该程序是否与州或者联邦法院系统有关？如果有关，它是否依靠那些经过训练并受该系统资助的内部员工或者外部专家？

● 与社群的关系。该程序是不是宗教或者族裔社群解决争端的传统方法的一部分？

● 正式性。程序是由固定的规则正式规定的，还是依据当事人各方的同意正式制定的？或者它相对不正式和具有灵活性吗？

最常见的替代性纠纷解决程序的形式如下：

仲裁。在仲裁中，各方将他们的纠纷提交给一个中立的裁定者，其通常是争议事项的专家。通常情况下，仲裁者是由争议各方从一系列专家中共同合意挑选的。一些消费者保护机构和实业组织如 Better Business Bureau 也拥有仲裁申请系统。大多数州都以《统一仲裁法》[7 U. L. A. 5（1985）] 为范本制定了法律，来调整仲裁协议的执行。执行所依据的法律也可以是《联邦仲裁法》和《1947年劳资关系法》。仲裁者的裁决通常是终局性的；只能在很有限的范围内适用审查，通常涉及程序违法。很多联邦法院和州法院要求将某些案件提交附属于法院的仲裁，虽然各方通常有要求重新审判的权利。

私人裁决。一些制定法和法院的规则允许将案件移交给私人挑选和付费的裁判者，他们经常是退休的法官。这种移送项目，有时被称为"租聘法官"，授权私人裁判者的决定具有法院判决的效力。与仲裁员的裁决不同的是，这种裁判通常要受到上诉审查。

简易陪审团审判。根据这种程序，律师将其法庭论辩的摘要提交陪审团，通常没有证人或证据开示。陪审团据此作出裁决，该裁决不具有约束力，虽然陪审员在作出其裁决前并不被告知这一事实。这一裁判能够帮助各方评价他们的主张，并就合理的和解进行谈判。

迷你审判。迷你审判，或称"制度性和解"谈判，为律师向裁决组展示其案件的简略说法提供机会。通常，小组包括一名中立的顾问和对立当事人的执行人。该程序的目的是，作出强有力的展示，使各方能够了解他们对手的情况。如果案件正在诉讼中，该顾问会预测将发生什么，然后委托人试图通过谈判和解。在一些迷你审判中，只有在当事人各方开始未能达成一致的情况下，中立的顾问才会发出一份咨询意见。

早期中立评估或专家评估。这种方法在私人纠纷解决和法院附属机构中都得到了应用，这要依赖对评估案件具有相关经验或专业知识的中立第三方。在律师和当事人各方作完简要陈述后，评估者要评估争议的问题，以促进和解谈判。

调解。调解是一种非正式程序，由一个中立的第三方帮着当事人各方解决纠

纷，或者促成交易。通常，该中立第三方只是促进，并非强加一个解决办法，各方自愿选择调解员。然而，对于特定类型的案件，如儿童的监护权纠纷，一些法院要求进行调解并且为这些案件提供调解员。

监察员。 监察员是为防止、调查和非正式解决纠纷而由组织正式任命的官员。在私营领域，调查官员主要在雇主/雇员关系上发挥作用，但在公共领域，他们的作用常常更加广泛。

邻里司法中心。 邻里司法中心、公民投诉局和其他社区中心作为独立的机构 *81* 或者法院的下属机构展开工作。这些组织通常从法院、公诉人、警察或其他公共机构以及未经预约的委托人那里获得转介。职业调解员和经过调解训练的社区志愿者处理大量的纠纷，包括房东和承租人、家庭以及邻里关系。

在线争端解决。 一种新出现的形式是在线谈判或者调解。尽管这些程序最初是针对在线发生的争端的，它们现在涵盖了各种其他形式的争议。其中一些做法是帮助当事人快速识别和解点的直接谈判技术；根据当事人在线提交的证据和论点而进行裁判的审裁组；促进和解的在线调解。

在最抽象的层面，替代性纠纷解决程序的支持者有某些共同的目标。他们加入了被大法官 Burger 总结为法律职业的真正目标："争取为委托人在最短的时间、最少的压力、以最低的成本获得可接受的结果。"[70] 然而，在具体的层面，什么是"可接受的"，仍然是一个没有达成一致的问题，替代性纠纷解决程序的目标也不总是一致的。在成本和质量之间、提高诉诸司法和降低司法负荷与法院迟延之间、促进当事人目标实现和服务于社会利益之间，会产生冲突。

这些折中已经引起了一些批评。替代性纠纷解决程序被批评为要么过于容易得到，要么还不足够。一些论者抱怨说，像租用法官或者迷你审判等选择仅能由富人作出。在他们看来，这种以市场为基础的结构使得"法律隔离"制度化——富人能得到方便、迅捷的正义，而对穷人而言，则程序烦琐、低效。双轨制的存在可以减少使替代性程序成为必要的司法系统改革的压力。

相反，另一组批评者指责替代性纠纷解决程序过于容易得到：它过于经常地将中低收入委托人的"简易"案件或合同义务归为仲裁纠纷，它过于经常提供二等正义。从这个角度看，非正式的、简化的程序似乎剥夺了对较弱一方的重要保 *82* 护。例如，根据一项研究，在替代性纠纷解决程序中获胜的可能性，雇主与雇员之间是 5 比 1。只有作为反复参加者的雇主方有动机来调查以往的记录和表面上中立的决策者的倾向，这些决策者也有动机来取悦未来的业务来源。[71] 同样，权力不平衡的当事人之间的调解会加重他们之间的不平等，鼓励就不能谈判的权利进行谈判。涉及家庭暴力的案件具有清清楚楚的风险。[72]

虽然一些调解人试图减小当事人各方商讨能力方面的悬殊，或者拒绝批准看

---

[70] Commission on Professionalism，American Bar Association，In the Spirit of Public Service：A Blueprint for the Rekindling of Lawyer Professionalism 41 （1986）（quoting Chief Justice Warren Burger）.

[71] Richard C. Reuben，"Lawyers Turns Peacemaker，"ABA J.，Aug. 1996，at 61；Richard C. Reuben，"The Bias Factor，"California Lawyer，Nov. 1999，at 25；See Jeffrey W. Stempel，"Reflections on Judicial ADR and the Multidoor Courthouse at Twenty：Fait Accompli，Failed Overture or Fledgling Adulthood，"11 Ohio State J. in Disp. Resol. 297，319，339，351 （1996）.

[72] Leigh Goodmark，"Alternative Dispute Resolution and the Potential for Gender Bias，"Judges Journal，Spring 2000，at 21.

起来显失公平的和解，但这种不中立的行为会使其自身陷入道德困境。表面中立的调解人的积极干涉会损害他们解决问题的可信性和能力，并且它会使得参与者因不公开的标准和缺乏问责机制的非制度性程序而受到操纵。

一个相关的问题是，以私人和解为导向的非正式程序会低估由向公众负责的法官解释和执行为公众所接受的规范所具有的社会利益。导向妥协的程序，对不法行为的威慑作用也会不足。当替代性纠纷解决程序决定者和促进者不需要遵守正式的规则，或者不需要对其裁判说明理由时，该程序在一定意义上会看起来武断，而司法判决则不然。[73]

但是正如替代性纠纷解决程序的支持者指出的那样，这些批评经常是在将替代性程序和理想化的法院判决形象进行对比的过程中进行。在将这些程序谴责为二等正义之前，探寻一等正义是否能够实际得到以及对谁适用的问题是重要的。对替代性纠纷解决程序的批评中隐含的人们所青睐的审判程序，是运作良好的对抗制：每一方当事人都能得到称职的律师代理，在称职、超然的法官面前进行陈述。这种模式非常昂贵，因为它涉及都有可观收入期待的至少三方职业人员。隐含在"公正的"对抗制程序中的还有根据《联邦民事程序规则》进行的案情先悉程序，相对于很多替代性纠纷解决程序的听证来说，案情先悉本身是一种高代价的程序。如果陪审团也计算在内，召集和提供陪审团还需额外的费用。除了一小部分纠纷外，对所有案件适用这种程序太过昂贵。即使对于这些纠纷，就能够使得富裕当事人为解决其争端而进行他们认为物有所值的花费的制度而言，这样的制度是否能够充分服务于社会，也是不清楚的。

还有值得注意的是，可得的有限经验证据表明，在一些背景下，与目前的选择相比，当事人各方更倾向于非正式的纠纷解决方法。[74] 尽管当事人的满意度不应作为评价的唯一标准，但它肯定具有相关性，特别是考虑到特定背景下确定哪个程序能够形成"最佳"结果时存在的困难。我们不仅缺少经验数据，在衡量什么使得结果"最佳"或者"最公平"方面，我们也没有普遍接受的尺度。[75]

在评估对替代性纠纷解决程序的批评和辩护时，最安全的归纳可能是，在所有的情况下，在完成解决所有纠纷的目标时，没有一个程序必然是完美的。这些目标包括：确保相关事实的完整披露、提交充分的可接受的救济、为未来案件提供原则性指导、鼓励守法、促进当事人之间的信赖和良好关系。现有的研究并没有证明审判或者替代性纠纷解决程序在实现所有这些目标时，总是更加有效。[76] 研究也没有表明替代性纠纷解决程序和审判之间在成本、速度和当事人的满意度方面存在始终如一的差别。[77]

鉴于并不是每个程序在任何背景下都是显然可取的，很多专家主张当事人各方应该有广泛的纠纷解决选择和必要的信息以作出决定。公众也应该有办法确保

---

[73] Owen M. Fiss, "Against Settlement," 93 Yale L. J. 1073, 1085–87 (1984).

[74] Lisa Brenner, "What Lawyers Like: Mediation," National Law Journal, July 2, 2001; Robert J. MacCoun, E. Allan Lind, & Tom R. Tyler, "Alternative Dispute Resolution in Trial and Appellate Courts," in Handbook of Psychology and Law 95, 99–100 (D. K. Kagehiro & W. S. Laufer eds., 1992).

[75] Menkel-Meadow, "From Legal Disputes," supra note 66, at 23.

[76] Marc Galanter & Mia Cahill, "Most Cases Settle: Judicial Promotion and Regulation of Settlement," 46 Stan. L. Rev. 1339, 1388 (1994).

[77] Id.; Rhode, supra note 7, at 132–34.

当事人各方的程序选择受制于依相关的社会价值而确立的合理限制。例如，很多论者支持越来越多的司法辖区建立的"多门法院"（multidoor courthouses）。这些法院系统根据几个重要的标准，将不同类型的案件分配给"适当的纠纷解决"程序：争议的性质；当事人各方之间的关系；参与者认为纠纷解决程序的哪些特征应当处于优先地位；相关的公共利益。那些涉及金额比较小的经济损失和已经确定的先例的案件，不值得进行全面的法院审判。在其他背景下，当事人各方之间的关系可能要求适用替代性纠纷解决程序，因为这最适合于解决权力不平等问题，或者促进长期工作关系，并使众多利益相关者富有成效地参与问题解决活动。[78] 某些案件，例如涉及家庭暴力的一些案件，可能需要专业化的"完整的"法院来解决纠纷的各方面问题，为当事人提供各种服务。[79]

对于替代性纠纷解决程序的执业者而言，更全面的职业道德规则也是必要的。这些人并不都是律师，并且他们的业务在诸如公平、保密和利益冲突等问题上有很大不同。由不同的职业组织起草的职业道德守则也存在类似的不同，这些组织如美国仲裁员协会、争端解决职业人员协会及替代性纠纷解决程序职业道德和标准 CPR-Georgetown 委员会。[80] 依然存在这样的问题，即所有的替代性纠纷解决程序职业人员是否应该适用某些统一的标准，如果是这样，如何界定和执行它们。

然而，很多论者通常同意，律师们应该与他们的委托人探讨替代性纠纷解决程序选项，而且，当律师作为第三方中立者时，他们应该遵守在其他情况下适用的类似的职业道德示范规则。因此，例如，律师作为中立的第三方，应该行使独立判断，并披露所有可能被认为构成利益冲突或损害他们的公正性的情况。[81] 美国律师协会最近修改了它的《职业行为示范规则》，规定了规制中立者的条款。（参见《示范规则》第 2.4 条）其他道德规则草案要求律师"在程序的一开始就讨论保密规则和要求，并就任何单方交流或者做法获得当事人同意"[82]。无论律师是否会受制于关于替代性纠纷解决程序问题的更为正式的道德规则，该领域的执业者在支持广泛共享的公平和适正性标准方面，都有显而易见的经济上和名誉上的利益。而且整个法律职业都有责任来面对针对目前的纠纷解决程序提出的合理批评。

---

[78] Rhode，supra note 7，at 133-34.

[79] See Deborah L. Rhode，Access to Justice 85-86（2004）.

[80] See CPR-Georgetown Commission on Ethics and Standards in ADR，Proposed Model Rule of Professional Conduct for the Lawyer as Third Party Neutral（Discussion Draft，April 1999），and sources cited. See also "Symposium on ADR and the Professional Responsibility of Lawyers," 28 Fordham Urban L. J. 991（2001）.

[81] CPR-Georgetown Commission，supra note 66（Proposed Model Rule 4.5.3）.

[82] Id.，Proposed Model Rule 4.5.2.

第七章

交易业务

■ 一、导言
■ 二、文件的起草、保留和销毁
■ 三、咨询
■ 四、家长作风
■ 五、谈判
■ 六、游说

▊ 一、导言_____

虽然美国律师的文化形象是法庭的诉辩者，但是在现实中，很多法律业务发 *86*
生在交易背景下。律师的日常工作通常涉及起草文件、咨询、谈判和游说。即使
是诉讼案件，也很少是完全通过诉讼解决的；大概所有民事和刑事案件的90％以
上会在庭前和解。

律师的很多工作发生在法院程序之外，这一事实具有明显的职业道德意义。
半个世纪以前，美国律师协会和美国法学院协会作出的一份出类拔萃的《职业责
任联席会议报告》强调了这一点。正如该报告所指出的：

> 对法律目标最有效的实现往往发生在律师办公室，其中诉讼因预计到了
> 其结果而被阻止，在这里，律师的静静劝告取代了公共力量。与人们普遍认
> 知的相反，这带来的对法律的遵守并不是一般的口惠性的和狭隘的，因为通
> 过就长远的成本对其进行提醒，律师经常阻止他的委托人从事从技术上讲现
> 行法律允许的行为，虽然该行为与其背后的精神和目的不一致。

> 尽管无论是作为诉辩者还是作为律师事务所内的顾问，律师都不可或缺
> 地服务于司法，必须就这两个角色为律师设定的要求进行明确区分。被传唤
> 到法院对其个人行为进行答辩的人，有权获得公平审判。当事人性律师在这
> 样的庭审中发挥着重要作用，为委托人诉辩的律师可以从最有利于其委托人
> 的角度来提出其案件。当律师作为顾问时，从一个角度来类似地解决疑问变
> 得不太合适。支持甚至要求在审判中进行当事人性的诉辩的理由，并不允许
> 律师作为法律顾问参与一些不道德、不公平或者合法性令人怀疑的行为。为
> 了避免自己卷进不值得的事务，律师不能仅仅以轻率的内心善意感觉为指
> 南；他必须努力超脱于其委托人的利益，以便他仍然有能力对委托人想要做 *87*
> 的事情作出合理和客观的评价。①

就律师在多大程度上提供了这种"合理和客观的评价"，并没有系统的数据，
这样的数据如何编纂也不清楚。然而，律师协会道德守则和评论长期以来认可这
种责任，律师界的大多数成员原则上接受它。在实践中实现它所面临的挑战，是
以下讨论所关注的问题。

▊ 二、文件的起草、保留和销毁_____

律师在交易中的两个最关键的作用都涉及文件：制作文件来规制交易，就文
件的保留制订方针和操作规程。文件在法律关系中至关重要，因为它们具有创
制、修改或者消灭法律义务的形式和特征。文件一经创制，不像口头交流，就是
其内容的永久证据，当然，除非文件被破坏。这就是所谓"确凿证据"。就像第

---

① 　Lon L. Fuller & John D. Randall, "Professional Responsibility: Report to the Joint Conference," 44 ABA J.
1159, 1161 (1958).

六章所指出的那样，在诉讼中规制律师的大多数道德义务来自于其他法律，特别是证据规则和程序规则。关于律师交易工作的职业道德义务也是如此。关于这些行为的律师协会惩戒规则，遵循的都是刑事和民事的禁止性规定。

就起草文件或者提供与文件相关的建议而言，"如果律师明知委托人的行为构成犯罪或者欺诈，则律师不得为委托人从事上述行为提供咨询或者帮助"〔示范规则 1.2（d）。另参见《示范守则》DR 7-102（A）（7）〕。律师也不得故意从事下列行为，即"就重要的事实或者法律向第三人作虚假陈述"，或者"当公开某重要事实为避免帮助委托人从事犯罪或者欺诈行为所必需时，没有向第三人披露该事实，除非这种披露为（关于委托人秘密的规则）所禁止"（《示范规则》第4.1条。另参见《示范守则》DR 7-102）。从本质上看，规制文件的规则仅仅吸收了关于欺诈性不实陈述的相关法律。就制作法律文件而言，律师也可能要遵守与道德相关的制定法义务。②

88　　关于文件的制作和保留，《示范规则》第3.4条规定，律师不得"非法妨害对方当事人取得证据，或者非法变造、破坏、隐藏书证或者其他具有潜在证据价值的材料"（另参见《示范守则》DR 7-109）。《示范规则》还禁止"有损于司法"的行为，这包括非法毁灭文件。〔《示范规则》第8.4条。另参见《示范守则》DR 1-102（A）〕

虽然这些规则意图明确，但是在实践中很难解释。部分问题是在适用于特定的交易时，有关欺诈的法律的不确定性。关于是否存在重大误导性陈述，或者为防止第三方对重要事实的误解，是否有必要进行披露，经常存在争议。同样，虽然很多州、地区和联邦关于文件的保留的法律都是不明确的，但是其他地方为其在特定背景下的适用留下了主张余地。通常，只有在一个人认为官方的程序未决或者即将开始的情况下，这些规定才禁止毁坏或隐瞒文件。③ 少数州就法律程序中旨在阻止提供证据的行为规定了责任，无论诉讼是否已经开始。因此，律师的道德责任取决于相关制定法、旨在进行的行为的时机，以及程序的未决性或者开始的可能性。如果律师发现了能够证明委托人对第三方承担法律责任的文件，但不确定该方是否会提起诉讼，则就该文件是否应当保留存在争议。关于律师在"知道"委托人从事欺诈行为之前要求具有的事实确定程度，也存在类似的不明确性。

在解决这些不明确的时候，审慎的律师通常既注重实用性因素，也注重道德上的因素。在许多交易背景下，律师的一个重要作用是确保有关事项遵守了所有的法律要求。在某些情况下，这种保证必须包括一个声明，即律师已经进行了适当的探寻或者调查，例如就特定的合同目前是否仍然有效进行了探寻或者调查。这种探寻通常被称为"尽职"（due diligence）调查。履行这一职能常常需要"守*89*　门"，即继续进行交易需要得到律师的批准。在其他情况下，第三方的合理信赖会产生类似的义务。那些没有对其"守门"作用尽责的律师，存在被政府监管部

---

② 主要的例子涉及证券和报税。就证券而言，参见第六章关于《Sarbanes-Oxley 法》的讨论。就避税问题，参见 31 C. F. R. §10.35（2005）；and Tanina Rostain，"Sheltering Lawyers: The Organized Tax Bar and the Tax Shelter Industry," 23 Yale J. Reg. 77（2006）。

③ See e. g., Model Penal Code §241.7（1962）. 其他的司法辖区禁止毁坏或者隐瞒，如果材料与未决的刑事诉讼或者所有正在进行的调查有关。很多的联邦、州和地方法律要求保留具体阶段的特定记录。See Deborah L. Rhode & David Luban, Legal Ethics 342-43，347（4th ed.，2004）.

门或受骗当事人追究责任的风险。即使律师最终设法逃脱了法律责任，其辩护的经济、心理和名誉成本也可能会是巨大的。

同样，委托人非法行为的风险可能比他们预期的还要大，律师在就这些风险进行说服性沟通时发挥着重要的作用。例如，如果一项法律诉讼是明确可预见的，而相关文件被毁坏了，则法官和陪审团可以就它们的内容进行不利推论。在很多情况下，这些推论会比文件内容本身更具有损害性。就无意地毁坏文件有时可以进行解释；蓄意破坏文件则没有这种可能性。故意不遵守案情先悉义务，也会支持大笔惩罚性赔偿。此外，在影印和电子传输广泛应用的时代，人们很难毁掉所有归罪性材料的副本。这样的未遂行为很可能极大地损害所有各方，包括律师。一种至关重要的咨询作用，就是帮助委托人建立适当的文件保留方针，确保遵守有关法律，同时避免不必要的文件存贮。

在 Enron 公司丑闻中，Arthur Anderson 会计师事务所因毁灭文件而受到起诉的事件，充分说明了这些问题的复杂性。有关行为涉及的是内部律师 Nancy Temple 于 2002 年 10 月 12 日发给监督合伙人的备忘录，该备忘录说，就 Anderson 会计师事务所的文件和保留方针提醒为 Enron 公司工作的 Anderson 会计师事务所雇员"可能是有益的"。相关文档涉及对 Enron 公司有问题的投资工具的审计，以及公司执照上潜存的具有误导性的财务声明。Anderson 会计师事务所有着标准的文件保留方针，要求销毁所有与审计相关的不重要的文件草稿或者相互冲突的文件。④ 2002 年国会就 Temple 的行为进行了听证，她将自己的行为说成是常规性的内务整理行为。在该听证中，她承认在起草该备忘录之前，她知道了对不当会计程序的指摘，以及外部律师在对这些指摘进行调查。此外，Temple 在 10 月 8 日召开的会议上的笔记记录道："证券与交易委员会极有可能进行某些调查。"⑤ 10 月 19 日，证券与交易委员会通知 Enron 公司正在对它进行调查，并抄送了 Anderson 会计师事务所。10 月 23 日，Anderson 会计师事务所监督合伙人就对 Enron 公司的审计问题，命令其团队遵行 Anderson 会计师事务所的方针。结果就是几个星期内大量文件被销毁，直到证券与交易委员会在 11 月 9 日就与 Enron 公司有关的文件向 Anderson 会计师事务所发出传证令才停止。

司法部随后根据联邦制定法起诉了 Anderson 会计师事务所，该制定法规定，"非法说服他人"销毁文件，以便"官方程序"不能得到这些文件，要承担刑事责任。⑥ 陪审团根据一项指示判定 Anderson 会计师事务所有罪，该指示说"不法"意味着"出于不当目的……意图颠覆、破坏或者妨害官方程序的事实认定能力"。在上诉时，美国联邦最高法院推翻了该判决，同意该会计师事务所的意见，即该制定法要求认定其雇员知道他们的行为是非法的。该法院还说，管理人员指示其雇员遵守"通常情况下的"合法文件保留方针并非"不法"，即使该方针旨在使政府得不到某些材料。⑦

---

④　A complete copy of the Anderson policy，Client Engagement Information—Organization，Retention and De-struction，Feb. 1，2000，is reprinted in Destruction of Enron-Related Documents by Anderson Personnel：Hearing Be-fore the House of Representatives Committee on Energy，107 th Cong. 1（Jan. 24，2002），at 79－103. http：//www. access. gpo. gov/vongress/house.

⑤　April Witt & Peter Behr，"Losses，Conflicts Threaten Survival，"Washington Post，July 31，2002，at A1.

⑥　18 U. S. C. § 1512.

⑦　Arthur Anderson v. United States，544 U. S. 696（2005）.

　　然而，这一裁决并没有彻底挽回 Anderson 会计师事务所的声誉。在 Enron 公司的诉讼进行过程中，该会计师事务所解散了。这也没有使律师和委托人在随后的类似案件中免遭定罪，因为国会 2002 年《Sarbanes-Oxley 法》修正了该法律。修正后，该法删除了"不法"一词，对那些"明知"而销毁或者篡改"与任何（联邦）事务或者案件或者预期的（联邦）事务或者案件有关"的记录的人规定了刑事责任。如果其他司法辖区和律师惩戒委员会沿袭了该趋势，则就像某位论者所指出的那样，审慎的律师或者管理人员最好连"恋恋不舍地看着删除键"也要避免。⑧

■■■ 三、咨询

　　关于建议的律师协会职业道德规则再次反映了更为广泛的民事和刑事禁止性规定。"如果律师明知委托人的行为构成犯罪或者欺诈，则律师不得为委托人从事上述行为提供咨询或者帮助。但是，律师可以就委托人意图进行的行为的法律后果同其进行探讨……"〔示范规则 2（d）。另参见《示范守则》DR 7-102（A）（7）。〕如果律师发现委托人正在从事犯罪或者欺诈行为，他们必须避免任何帮助并撤回代理。注释还补充说："在某些情况下，仅仅退出代理还是不够的。律师可能有必要就退出代理这一事实进行通知，以及否定诸如此类的意见、文件、确认。"〔示范规则 1.2 的注释。另参见规则 1.16（a）和规则 4.1。〕在提供法律建议的时候，"律师不仅可以以法律为依据，而且可以以诸如道德、经济、社会和政治因素等可能与委托人的处境有关的因素为依据"（示范规则 2.4）。

　　一些证据表明，与律师经常设想的相比，委托人更加欢迎非法律意见。这些意见以实用的而不是明确的伦理术语来表述时，最具有效性。⑨ 私人执业者很少报告说作出的建议明确援用了"公共利益"⑩。然而，哪怕是最实用主义的"底线"咨询活动，也常常充满对公共福祉的关注。通过探讨道德上令人狐疑的行为的全部成本，律师们经常能够说明"正确的"行为也是经济上最明智的行为。⑪

　　当这种形式的说服缺乏时，或者律师认为这种说服将会无效时，就会出现咨询中最棘手的两难问题。这种"两难"需要在两个层面进行分析。第一，当涉及相互竞争的价值时，律师像其他决策者一样，如何决定特定性为是否适当？第二，在什么情况下，律师应当拒绝帮助委托人从事他们认为伦理上令人厌恶的合法行为？抽象的道德理念几乎没有为这些问题提供具体的指引。当然，人们就一

---

　　⑧　18 U. S. C. § 1519. David G. Savage, "Of Motives and Memos," ABA J., April 2005, 34 (quoting James Dabney Miller).

　　⑨　9：Milton C. Regan, Jr., "Professional Responsibility and the Corporate Lawyer," 13 Geo. J. Legal Ethics 197, 202 (2000) (指出了内部律师非法律建议的重要性)；Edward A. Dauer, "Attorneys Underestimate Clients' Desire for Business Involvement, Survey Shows," Preventive Law Reporter, Dec. 1988, at 19 (发现与律师相比，委托人更可能认为非法律建议一般是适当的)；Robert Jackall, Moral Mazes：The World of Corporate Managers 108-24 (1988) (指出公司决策者不愿意从伦理角度提出问题)；Rhode & Luban, Legal Ethics, supra note 3, at 434-35 (指出了偏爱实用性咨询而不是明确的道德咨询的原因)。

　　⑩　Robert L. Nelson, "Ideology, Practice and Professional Autonomy：Social Values and Client Relationships in the Large Law Firm," 37 Stan. L. Rev. 503, 533 (1985).

　　⑪　See e. g. Lynn Sharp Paine, "Moral Thinking in Management：An Essential Capability," in Ethics in Practice 59 (Deborah L. Rhode ed., 2000).

般性原则存在共识：不诚实和偷盗是错误的，对第三方的不必要伤害应该被避免。但是，借用 Oliver Wendell Holmes 法官的著名论断，"一般的原则不能决定具体案件"。在这方面，职业活动中的道德与日常生活的道德并无不同；在两个背景下，"做正确的事情"通常取决于环境。

棘手案件

鉴于咨询问题在抽象层面无法解决，考虑一些具体事实背景是有帮助的。例如，如果律师认为其公司委托人正在销售产品、允许使用工作场所或者释放工业污染物的做法没有明确违法，但是构成过度的安全隐患，律师应如何对待呢？[12] 如果管理层决定允许从事违反规制性规定的行为，这些行为不太可能被发觉或者受到严重制裁，律师应当怎么做呢？[13] 如果交易并不是显然违法，但是会就公司的经济健康状况误导投资者，律师是否应当帮助进行该交易？[14] 这些问题最容易出现在下列情况中，即：法律标准很含混；由于信息的缺失和政治影响，法律标准制定得过低；由于监管资源不足或者监督遵守情况很困难，执法过少。

这些案例源自公司业务，但是类似的问题也存在于代理个人和政府实体的案件中。例如，如果委托人想要卖掉有问题的房产，而买方不知情或者无法发现，律师的责任是什么？[15] 如果在离婚案件中，一方配偶想要威胁进行监护权争夺战，以迫使对方接受不对等的经济和解，而这会给孩子和行使监护权的配偶造成严重困难，律师应当怎么做？[16] 对于行政机关的律师来说，如果高级官员想要对关于拷讯的联邦制定法和国际公约进行狭窄解释，以允许进行律师认为与广泛认可的人权原则不一致的讯问，律师应当怎么做？[17] 这些问题的关注点各有不同，但是提出的问题却是一样的：律师是不是应该拒绝帮助符合法律的字面规定但却违背其目标的交易呢？

伦理咨询案件

证券和交易委员会主席 Harvey L. Pitt 最近在委员会会议的一次广为流传的

[12] See Rhode & Luban, supra note 3, at 504—06; Stephen L. Pepper, "Counseling at the Edge of the Law: An Exercise in the Jurisprudence and Ethics of Lawyering," 104 Yale L. J. 1545 (1995).

[13] Stephen Pepper, supra note 12, at 1570—75.

[14] Compare Robert Gordon, "A New Role for Lawyers?: The Corporate Counselor after Enron," 35 Conn. L. Rev. 1185 (2003) and William Simon, "After Confidentiality: Rethinking the Professional Responsibilities of the Business Lawyers," Ford. L. Rev. (2006); with Steven L. Schwarcz, "The Limits of Lawyering: Legal Opinions in Structured Finance," 84 Tex. L. Rev. 1 (2005).

[15] Rhode and Luban, supra note 3, at 469.

[16] For the classic account, see Richard Neely, "The Primary Caretaker Parent Rules: Child Custody and the Dynamics of Greed," 3 Yale Law & Pol'y Rev. 168 (1984). See also Eleanor Macoby and Robert Mnookin, Dividing the Child 154—59 (1992).

[17] David Luban, "Liberalism, Torture, and the Ticking Bomb," in The Torture Debate in America 35 (Karen J. Greenberg ed. , 2006); Robett K. Vischer, "Legal Advice as Moral Perspective," 19 Geo. J. Legal Ethics 225 (2006); W. Brandley Wendel, Legal Ethics and the Separation of Law and Morals, 91 Cornell L. Rev. 67 (2006); 以及第八章关于政府律师角色的讨论。

讲话中，谈到了一些这些咨询问题。他的讲话支持这样的观点，即律师的职业道德义务与早前引用的美国律师协会—美国法学院协会报告是一致的。根据 Pitt 的说法：

> 律师收取了费用，并且有职业上的义务，来主张其委托人的合法观点和利益，这里的重点在于"合法"……经验表明，公司律师协助委托人设法逃避法律规定，或者危害公共利益，都是不合适的，即使这些后果根据法律的字面规定可以实现。⑱

这一说法立即引起争论。批评者想知道：Pitt 先生所指的"经验"是什么，"危害公共利益"是什么意思，以及律师如何才会知道？如果存在怀疑，他们应该问谁？"他们的拉比（rabbi）"是谁？是"Harvey Pitt"吗？⑲ 在批评者看来，委托人有权被告知法律条文并决定自己是否超越其界限。如果律师认为这一行为会是不明智的，他们可以"自由交换该意见"。但是如果委托人仅仅遵守法律条文却侵害了公众，那么批评者认为"答案是修改法律条文，而不是改变律师执业活动的职业责任基础"⑳。

当然，一个严重的困难是，修改法律会需要信息和政治影响力，而这两者不太可能及时出现以避免严重的损害。在律师认为委托人或者为委托人代言的管理人员并不能作出适当的道德判断时，就会产生相关的困难。那么问题就变成了这样，即在什么情况下（如果存在的话）律师有责任作出自己的道德评估，以说服委托人或者退出代理。

当法律争端与紧张、剑拔弩张、经济压力相伴，破坏了委托人明确其长远利益或者自利行为的道德含义的能力时，就会产生一系列问题。㉑ 就像 Elihu Root 的著名论断所说的那样，"正派律师会在大约半数的业务中告诉潜在的委托人，他们是个十足的傻瓜蛋，应当停下来"㉒。至少，对于那些其判断为自身利益或者认知偏见被扭曲的人而言，律师可以提供有益的、现实的制衡。其中一个偏见是认知不协：人们倾向于压制或者重新解释对其以前的信念或者行为提出质疑的信息。㉓ 这些倾向可能导致委托人轻视或者低估其行为造成的伤害或者其责任程度。在被害人远在天边、不具体可见——如股东、消费者，而不是具体的人——的情况下，这种扭曲的评估特别可能发生。㉔ 自利性的偏见使得问题复杂化了。社会心理学研究证实了常识和通常经验所表明的事项。人们有着

---

⑱ Harvey L. Pitt, Remarks at SEC Speaker Conference (Feb. 22, 2002). See also Harvey L. Pitt, Remarks before the American Bar Association, Aug. 12, 2002.

⑲ Lawrence J. Fox, "The Fallout from Enron: Media Frenzy and Misguided Nations of Public Relations Are No Reason to Abandon Our Commitment to Our Clients," 2003 U. Ill. L. Rev. 1243, 1250 (2003).

⑳ Id., p. 1250.

㉑ For examples, see Rhode & Luban, supra note 3, at 515-21, 553-37, 539-41, 708-27; and Deborah L. Rhode, "Moral Counseling," Ford. L. Rev. (2006).

㉒ Philip C. Jessup, 1 Elihu Root 133 (1930).

㉓ 经典描述见 Leon Festinger, Theory of Cognitive Dissonance 128-34 (1957). See generally, Cognitive Dissonance: Progress on a Pivotal Theory in Social Psychology (Eddie Harmon-Jones and Judson Mills eds., 1999).

㉔ Sung Hui Kim, "The Banality of Fraud: Re-Situating the Inside Counsel as Gatekeeper," 74 Ford. L. Rev. 983, 1033 (2005); Don A. Moore & George Lowenstein, "Self-Interest, Automaticity, and the Psychology of Conflict of Interest," 17 Social Just. Res. 89, 197 (2004).

将对个人有利的事项与具有社会正当性和道德正当性的事项合二为一的自然倾向。㉕

组织结构也会损害伦理判断。数不胜数的研究表明，有权势的人、同行压力和群体忠诚，会影响一个人作出在其他情况下不可接受的行为。㉖ 一些相关的问题来自于"委托人—代理人"冲突。这些情况发生在这样的组织背景下，即管理人员希望最大化其收入、权力或者地位，因而鼓励与所有人或者其他利益相关者的利益不一致的决策。在报酬和进步与短期利润过于密切的情况下，这一问题尤其明显。㉗ 这种扭曲的回报制度，有助于解释 Enron 公司及其前任在 20 世纪 90 年代的储蓄与贷款危机中所表现出的伦理崩溃。㉘

律师协会职业道德规则，反映了基本的公司法规定，它针对委托人—代理人难题，明确规定律师代理的是实体而不是其组成人员。正如在第八章的讨论那样，在公司人员存在非法行为的情况下，该义务有时可能要求（律师）寻求组织的最高权力机关就管理决定再次考虑。（参见《示范规则》第 1.13 条和《2002 年 Sarbanes-Oxley 法》）然而，在该行为并不明显违法或者当律师认为最高权力机关的行为方式会损害重要的社会利益或者第三方利益时，职业道德规则和法律要求为律师留下了相当大的自由裁量权。

识别公共利益：成本/安全折中的案例研究

在思考这一问题时，第一个问题是，在特定的背景下，就公共利益事实上要求什么，除了法律要求外，律师是否能够就什么是对其他人或者关切点是公平的，找到令人满意的答案。这又往往取决于可用信息的明确性与处于争议中的价值的性质和重要性。例如，就委托人产品、工作条件或工业污染物的适当安全性水平，律师该如何进行评估？能够增加安全性的修改方案是普遍存在的，但是代价巨大。分析该问题的一个传统方法是从功利主义的角度，对各种选项的全部成本和收益进行权衡。虽然在原则上很明确，但是鉴于评价和估算收益与风险时具有的固有的不确定性，这种方法在实践中一般是不确定的。例如，汽车的安全性是应该根据特别的风险特征来评估，还是要将其总体性能与其竞争者进行比较呢？在一些涉及汽车油箱在低速碰撞中爆炸的著名案件中，与同价位的其他汽车相比，相关微型汽车通常具有良好的安全性记录，但是在尾部碰撞等相对少见的

㉕ Kim, supra note 24, at 1030 – 31; Ziva Kunda, "The Case for Motivated Reasoning," 108 Psychol. Bull. 480, 485 (1990); Michael B. Metzger, "Bridging the Gaps: Cognitive Constraints on Corporate Control and Ethics Education," 16 U. Fla. J. Law & Pub. Pol'y 435, 499 (2005).

㉖ For examples, see Rhode, "Moral Counseling," supra note 18.

㉗ Deborah L. Rhode, "Where Is the Leadership in Moral Leadership?," in Moral Leadership: The Theory and Practice of Power, Judgment and Policy (2006); David Skeel, Icarus in the Boardroom: The Fundamental Flaws in Corporate America and Where They Came From 152–155 (2005).

㉘ Ronald R. Sims and Johannes Brinkmann, "Enron Ethics (Or: Culture Matters More than Codes)," 45 J. Bus. Ethics 243, 247 (2003); John R. Kroger, "Enron, Fraud, and Securities Reform: An Enron Prosecutor's Perspective," 76 Col. L. Rev. 57 (2003); See also Langevoort, The Organizational Psychology of Hyper-Competition. 关于储蓄与贷款危机的讨论，参见 sources cited in Rhode & Luban, supra note 3, at 287–97. 关于总体的讨论，参见 Donald C. Langevoort, "Where Were the Lawyers? A Behavioral Inquiry into Lawyers 'Responsibility for Clients' Fraud," 46 Vanderbilt L. Rev. 75 (1993).

情况下，则表现得更为糟糕。[29]

　　一个相关的问题是定量结果。例如，如果特定安全决策使得死亡的风险增加了，人的生命应该是什么价格呢？联邦机构操作的数字跨度很大，从 10 万到 1 亿不等。[30] 陪审团的裁决也表现出了很大的变化，这在一定程度上取决于年龄、性别、种族和受害者的收入能力。一个非常不同的测度方法是，这些人为他们自身的生命所确定的价值，是根据他们就危险的工作条件所要求的薪水来评估的。[31]

　　进一步的不确定性，体现在不安全的产品、工作条件或工业污染物所可能导致的其他成本的量化问题上，例如，因诉讼高度受人关注而损害的声望，或者工人和社区居民生活质量的下降。同样，安全改进的长期代价可能同样难以预计。该代价需要考虑的不仅仅是改进的直接成本，还有与更低的利润和更高的代价相关的间接成本，例如，销售、工作和股票价值方面的损失。这些结果可能会有进一步的，甚至更难以评估的连锁反应，例如，养老金储蓄的损失和工厂倒闭风险的增加，以及工人、他们的家庭和他们的社群所要承担的附带成本。

97　　应用成本—效益分析的另一个困难，涉及作出计算者和其福利处于危险中的人之间的距离。这种计算的责任始终在于掌握权力的人，通常是商业管理人员或者政府官员。那些福利处于危险中的人通常在这种社会经济层次结构中处于非常下层的地位。公众和职业观点的差距，经常反映在公共官员极端不愿意明确地解决这些问题上。那些人包括由普通公民选举产生、供职于政府机关但经常从商界领袖那里获得大量竞选捐助的人，以及在直面成本/安全折中时常常看不到能够从中获利的人。该结果是高度抽象的，或者是对"适当"保护的委婉表达。

　　鉴于成本—效益评估的不确定性，许多进行了这种折中的情形并不会产生什么完全"正确"的答案。但是某些答案会比其他答案好些，因为这些答案更尊重现有的证据，对所有的有关价值都回应得更充分。律师曾帮助委托人采取了某些行动，而许多超然的决策者认为，这很难与人们所接受的道德原则或者条理清晰的公共利益观念相调和。通常引用的例子中，律师是诸如下列行为的积极的，有的时候甚至是"兴高采烈的教唆者"：销售置人于危险的 Dalkon 宫内节育器；隐瞒与烟草和石棉健康风险有关的信息；对国际囚犯滥用讯问技术；许多储蓄与贷款机构和 Enron 这样的巨头公司不负责任的经济交易。[32] 这些案件提出的问题是，发现这些行为存在令人厌恶的或者令人生疑的伦理问题的律师，是否有某些义务拒绝给予他们帮助。

㉙　Gary T. Schwartz，"The Myth of the Ford Pinto Case，" 43 Rutgers L. Rev. 1013，1032（1992）.

㉚　Marianne Lavalle，"Placing a Price on Human Life，" Nat'l L. J.，Oct. 10，1988，at 26—28（就消费者保护安全委员会关于供暖设备的决定与食品药品管理局的一项农药禁令进行了比较）。

㉛　See Rhode & Luban，supra note 3，at 396—99.

㉜　See Deborah L. Rhode，In the Interests of Justice 57（2002）；Bruce A. Green，"Thoughts About Corporate Lawyers After Reading the Cigarette Papers：The Wise Counsel or Gives Way to the Hired Gun，" 51 DePaul L. Rev. 407（2001）；Robert Gordon，"Portrait of a Profession in Paralysis，" 54 Stan. L. Rev. 1425（2002）；Rhode，Moral Counseling，supra note 21；See also Vischer，supra note 17（讨论了天主教神父未能披露儿童性侵犯问题）。

谢绝和退出代理

律师协会职业道德规则承认律师的下列权利，即就"令人厌恶"或者"（他们）就此有根本性分歧"的案件，他们可以拒绝代理或者退出代理。[《示范规则》第 1.16 条及注释；参见《示范守则》DR 1-110（c）。]他们是否有伦理上的义务这样做是更加困难的问题，对此，法律职业长期存在分歧。美国法律道德论者在 19 世纪的前半叶指出，至少在特定的环境下，律师有义务办理不正当的案件。[33] 一些当代的论者持类似立场。[34] 在办理"遵守法律的咨询"案件时，Robert Gordon 教授指出：

> 假设法律规则是明确的，但是发现违法的可能性降低，就不法行为的获利而言惩罚很小，或者用铺天盖地的文件来迫使监管部门达成和解是很容易的。在这种情况下，那些建议并帮助委托人不守法的大量律师，在极力追求委托人的利益的同时，有效地废止了法律。他们这样做的唯一的正当理由，是他们相信制度是自我平衡的，这样一些抵消的力量会发挥作用来抵消他们的做法。但是这种信心是没有根据的……

> 批评者会说：好吧，律师在（鼓励遵守法律方面）发挥了合理的作用，（但是他们）没有权利强加他们的观点、他们的影响和政治价值。他们既非民选的官员，也不是他们的代理人；律师没有权力去四处宣讲，告诉人们他们应当如何行事。

> 对此，传统的回应是简单的：律师确实作为得到许可的公共利益受托人，具有官方地位，承担着鼓励守法的职责。在咨询这样的背景下，没有像法官这样的官方第三方来监督委托人和州之间的互动，律师不仅被认为能预示特定行为的经验结果，还要对委托人表达法律制度的观点。律师不得强迫任何人；他们只能建议和劝说，有时仅能以辞职相威胁而不能以披露相威胁。当然，律师有权通过说服鼓励遵守法律的目的，这至少与委托人有权要求律师帮助来利用法律的模糊和程序性机会，以及从事旨在规避法律的战略行为一样，都是明确的。对批评的另一个甚至更好的回应是，甚至承认律师没有特别的权力来指导他们的委托人，同样，对他们帮助其委托人从事的事情，他们也不能免除任何责任……[35]

这些讨论常常忽视在对委托人毫无疑问的帮助和为抗议而退出代理之间存在的过渡。对于有良知的律师来说，在伦理上令人厌恶的情形常常至少在法律上是存在争议的，在这样的案件中律师有义务给出虑及这种争议维度的建议。另外，许多在伦理上不确定的情形也在委托人的"合理商业判断"范围内，例如，对于法律规定没有要求的安全措施，要投入多少钱。

---

[33] David Hoffman, Fifty Resolution in Regard to Professional Deportment in A Course of Legal Study (2d ed., 1836). George Sharswood, Essay on Professional Ethics (1854).

[34] David Luban, Lawyers and Justice: An Ethical Study (1988); William H. Simon, The Practice of Justice: A Theory of Lawyers' Ethics (1998); Rhode, supra note 32.

[35] Robert W. Gordon, "The Independence of Lawyers," 68 B. U. L. Rev. 1, 72-73 (1988). Robert W. Gordon, "Why Lawyers Can't Just be Hired Guns," in Ethics in Practice, supra note 11, at 42.

道德义务的一个极端版本是，要求律师拒绝帮助在合法性之外、任何与其个人伦理价值不一致的事务。在大多数论者看来，这种对权力的僭越是没有理由的。如果律师在他们的道德建议未被采纳时威胁退出代理，"其结果是颠倒了行为责任制度的基本制度。建议者最终会变成权威，而委托人则成为附属"[36]。并且如果律师确实退出了代理，则总是存在这样的风险，即他们继任者的处境会更加糟糕。正如第六章所指出的那样，除非律师是城镇里唯一的律师，否则其意见不可能取代委托人的行为。它可能仅仅是要求委托人再次评估有关行为，或者承担另觅律师的经济和心理成本。此外，正如哲学家所指出的那样，道德上的替代较少这一风险可能具有相关性，但肯定不会是个人自我伦理评估的决定因素。例如，我们不会以其继任者可能会更糟为由，宽免那些帮助纳粹进行大屠杀的人或者最近的恐怖袭击者。

当然，退出代理对所有有关人员而言，是令人无法接受的做法。这并不令人惊讶，律师很少报告说基于道德原因而拒绝了某事务。[37] 其中一个原因是，据此大张旗鼓地退出代理常常可能损害保密职责。此外，律师通常选择有可能最小化伦理冲突的委托人和执业环境。经济上和心理上的压力，也会鼓励执业人员评估有关信息和观点，以避免此类冲突。正如社会科学研究所表明的那样，被分配到一个特定立场的人，会更容易相信该立场的合法性，而那些就特定的业务活动拥有自身利益的人，会更可能解释和回想有关事实，以支持其立场。[38] 然而基于同样的缘故，那些在特定的决策中与其委托人相比拥有较少的个人利害关系的律师，能够从一个更加中立的视角评价它的道德含义。并且在就重要的价值存在争议时，律师有权利——并且很多人主张有责任——按照他们自己的信念来行事。

■ 四、家长作风

咨询工作中某些最困难的道德难题涉及家长作风问题。在这里，道德问题之所以发生，并不是因为律师的价值与委托人的利益不一致，而是因为律师认为委托人误解了他们自己的利益。当委托人的决策能力似乎受到了严重削弱，或者其决策似乎很不明智时，律师应当如何回应？显然，律师可以并且应当就委托人准备执行的决定是否明智提出自己的观点。难题在于，这种意见在什么时候会变得具有不可接受的家长式作风，即存在不适当的操纵或者逼迫。这可能取决于委托

---

[36] Geoffrey C. Hazard, Jr., Ethics in the Practice of Law, 136, 143-45 (1978). 类似的观点，参见 Lee A. Casey & David B. Rivkin, Jr., "Devil's Advocate: The Danger of Judging Lawyers by their Clients," Policy Rev., Feb. -March 2002, at 15; Ted Schneyer, "Reforming Law Practice in the Pursuit of Justice: The Perils of Privileging 'Public' Over Professional Values," 70 Fordham L. Rev. 1831 (2002); Monroe H. Freedman, "How Lawyers Act in the Interests of Justice," 70 Fordham. L. Rev. 1717 (2002).

[37] Nelson, supra note 10, at 535-37.

[38] See sources cited in Rhode, supra note 21; Thomas Gilovich, How We Know What Isn't So: The Fallibility of Reason in Everyday Life 80 (1991). 就律师的认知偏见如何会将他们牵连进不道德行为的讨论，参见 David Luban, "The Ethics of Wrongful Obedience," in Ethics in Practice, supra note 11, at 95; and Douglas C. Langevoort, "Where Were the Lawyers? A Behavioral Inquiry into Lawyers' Responsibility for Client Fraud," 46 Vand. L. Rev. 75 (1993).

人的决策在多大程度上受到了削弱，这可能也很难来确定。

某些时候，如果律师认为委托人准备进行的行为是不可接受的，律师可以退出代理。最初起草的《示范规则》第1.16条中，使用了"草率的"一词来支持据此进行的退出代理；但是修改后的版本采用了"根本分歧"这一术语。然而，措辞的准确性并不比在特定的环境里进行解释更为重要。相关的事实不仅包括经济上的含义，还包括伦理和心理问题，包括委托人的态度和律师的态度。常见的例子是，委托人想要拒绝一个慷慨的和解，而不现实地期待着大获全胜；律师则不想发生时间上的成本，以及陷入无望的案件而在可信性上的损失。在委托人不承担任何代理成本的情况下，例如在典型的风险代理案件中，问题会更为复杂。

律师协会职业道德守则包含许多涉及该问题的条款。某些规则旨在保护委托人，避免作出可能有害的或者受到律师不当影响的决定。例如，委托人不能预先放弃就律师不当执业行为起诉的权利，除非他们得到了独立代理。律师也不得起草某些文件来不当地促进自身的利益。［示范规则1.8（h）、（c）］正如第八章关于利益冲突的讨论所指出的那样，这些规则的目的不仅在于保护委托人，还在于维护公众对法律职业的信任。

当委托人的能力减损时，另一个道德规则（《示范规则》第1.14条）提供了保护和指导。根据它的规定：

（a）无论由于年幼、精神耗弱还是其他原因，如果委托人就代理事项作出经充分斟酌的决定的能力遭到了减损，律师应当尽可能地同该委托人保持一种正常的委托人—律师关系。

（b）当律师合理地认为，除非采取措施，否则能力减损的委托人将处于受到重大身体、经济或者其他的伤害的风险中，并且该委托人不能为其自身利益而充分行动时，律师可以采取合理、必要的保护措施，包括同有能力采取措施来保护委托人的个人或者实体进行磋商，在适当的情况下，可以寻求为委托人指定诉讼监护人（guardian ad litem）、保护人或者监护人。

然而，什么构成"充分斟酌的决定"或者适当的"保护措施"，常常是不确定的。由于这些问题不能在抽象层面解决，所以考虑一些具体的例子会有帮助。律师如何处理如下情况呢？

● 在一个死刑案件中，被宣布具有受审能力的被告想要放弃有效的上诉，因为他认为他应该为其早年的另一犯罪赎罪，并认为他会在被处决后转世。

● 一名身患不可治愈的癌症的老人想要重新修改他的遗嘱，将其所有财产留给一名信仰治疗师（faith healer），该治疗师支持这一点，但是看上去没有施加什么"不当影响"。

● 一名患有严重间歇性精神健康疾病的雇员，不接受伤残休假或者保险赔偿，因为他认为那会意味着他是"疯子"。

● 一个16岁的女孩想要留在受虐待的家庭环境，因为她认为她能够应对继父的虐待，并且如果她揭露这件事，她的妈妈不会相信她，也会破坏家庭，并且把她强制送去可能更加恶劣的机构或者寄养环境。

● 一名情绪严重低落的16岁男孩的父母拒绝了医生让孩子服药并接受家庭疗法的建议，因为他们认为让他参与教会某青年团体是解决其"态度"

问题的更佳方式。㊴

关于家长作风的文献，提出了很多方法来解决这些问题。伦理理论家 Dennis Thompson 就正当地干预个人选择的问题，提出了由三部分组成的标准："第一，将要受到限制的人的决策能力必须受到了损害……第二，限制要尽可能地有限……最后，该限制旨在阻止严重的和不可挽回的伤害。"㊵ 然而每一个加了着重号的术语（受到了损害的决策、有限的限制和严重的不可挽回的伤害），显然在各种情况下都会存在争议。此外，即使个人作出决定的能力大体上没有受到损害，他们是否有作出特定选择的能力也会是不清楚的。在委托人已经心智成熟但是年龄不足，或者某个家庭成员作出的决策令人生疑，可能不利影响到在法律上不能作出同意的儿童、老人或者残障配偶的情况下，还会产生其他的困难。

处理这些特定情形下无行为能力问题的另一种方法，有时被理论家描述为"假想同意"。

既然我们都知道我们的非理性倾向、认知和情感能力的不足以及能够避免的和不能够避免的无知，对我们来说实际办理"社会保险保单"是理性而审慎的。我们可以从完全理性人会接受什么样的保护角度，来支持和反对准备采取的家长式措施。㊶

换言之，我们要问的是，如果人们是完全理性的，他们会同意什么。按照这种方法，假设同意成了合理的家长作风的试金石。当然，这里的困难在于，我们不能确切地知道"完全理性人"会同意什么。毕竟，我们没有人在任何情况下都是完全理性的。㊷

因此，一些理论家提出了第三种方法，一种情境性的、临时性的家长作风，以确定特定的选择是否与个人的核心忠信和关注相一致。例如，David Luban 教授主张，家长作风在这种情况下就是正当的，即用来保护委托人的长远价值或者客观利益（例如金钱和自由），防止其临时起意或者一时兴起。然而，如果表面上违背委托人客观利益的选择根植于他们所深信的价值观，则家长作风便没有正当性。㊸ 当然，这种方法仍然要求律师作出不可避免地受他们自身价值和生活经历的影响的决定。这也要求律师要知道委托人的价值。显然，除了有关决定可以

㊴ 所有这些假设都是以实际案件为基础的。Gary Gilmore 在其律师不顾其异议提起上诉后，他试图解雇他的律师。关于该案的讨论，参见 Norman Mailer, The Executioner's Song 482, 505-06 (1979). See also State v. Berry, 706 N. E. 2d 1273 (Ohio 1999)(驳回了辩护律师的动议，该动议要求审查想要放弃所有上诉权利的死刑犯的受审能力)。关于其他例子，参见 Rhode & Luban, supra note 3, at 673-75, and Jan C. Costello, "'The Trouble is They're Growing, The Trouble is They're Grown': Therapeutic Jurisprudence and Adolescents' Participation in Mental Health Care Decisions," 29 Ohio Northern U. L. Rev. 607, 609-611 (2003).

㊵ Dennis Thompson, "Paternalism in Modern Law and Public Policy," in Ethics Teaching in Higher Education 246, 250-51 (Dennis Callahan & Sissela Bok eds., 1980).

㊶ Gerald Dworkin, "Paternalism," in Morality and the Law 120 (Richard A. Wasserstrom ed., 1971).

㊷ 就对假想同意的批判，参见 David Luban, "Paternalism and the Legal Profession," 1981 Wis. L. Rev. 454, 463-67。就对反映在律师协会职业道德规则上的家长作风的讨论，参见 Fred C. Zacharias, "Limits on Client Autonomy in Legal Ethics Regulation," 81 Boston U. L. Rev. 198 (2001)。就关于鼓励人们就其自己的情况和能力进行过于乐观的估计的认知偏见的讨论，参见 Jeffrey J. Rachlinski, "The Uncertain Psychological Case for Paternalism," 97 N. W. L. Rev. 1165, 1772, 1192 (2003).

㊸ Luban, supra note 42, at 467-74.

感知价值外，律师还需要一些评估决策能力的标准。否则，调查将会变得循环进行：一个作出表面上"不理性的"决定的委托人会被认为没有能力，一个没有能力的委托人会被认为不能作出理性决定。㊹

与具有某些残障的委托人一起工作的执业者，已经确定了很多标准，来评估他们的决策能力，以及家长作风介入的需要。例如，代理老年患者的律师应该考虑的因素有：委托人表达决定背后的原因的能力；他们的精神状态变化；他们对某一特定结果的理解；结果的实质性公平；与其生活忠信的一致性。㊺ 代理青少年的律师应该同样考虑这些问题，例如，"错误"决定的风险，未成年人的年龄、精神能力、心理稳定性、喜好的力度，以及作出理智的、一贯的、没有受到他人不当影响的判断的能力。㊻

某些因素比另一些因素可能更加重要，这取决于特定的情境。1996 年《美国律师协会在虐待和疏忽儿童案件中代理儿童的律师的执业标准》也承认这一点。标准 B-4 规定，律师一般应该"在诉讼的整个过程中，尊重孩子表达的喜好，遵照孩子的指示"。然而，标准 B-4（3）又说道：

> 如果儿童的律师认为孩子所表达的喜好会严重伤害到儿童（而不仅仅是与律师对什么符合儿童的利益的观点相左），律师可以请求任命独立的诉讼监护人，继续代理儿童所表达的偏好……儿童律师不得披露会损害儿童立场的请求任命独立诉讼监护人的根据。

对这一规定的注释指出，"代理儿童的律师最困难的问题"之一"发生在儿童有能力表达一种立场……而这会造成严重的伤害的时候"。当儿童宁可"生活在危险的环境里……也不愿意在未知的寄养家庭或者其他家庭以外的安置地方冒险"的时候，这是非常可能的。如果儿童选择不披露危险情况，任命独立诉讼监护人的也不能解决这种困难。在这种情况下，有良知的律师可能会利用《示范规则》第 1.14 条规定的裁量权，并寻求其他合理、必需的"保护措施"来保护受虐待环境里面的儿童及其兄弟姐妹。

正如这些例子表明的那样，为有残障的委托人进行有效咨询，有时可能需要治疗技巧和对委托人的了解，这超出了许多律师所能提供的范围。㊼ 有良知的辩护律师最重要的特征之一，便是他们了解自己的局限性，并愿意从他人（例如能

㊹ Rhode & Luban, supra note 3, at 601; Thompson, supra note 40, at 252; Paul R. Tremblay, "On Persuasion and Paternalism: Lawyer Decisionmaking and the Questionably Competent Client," 3 Utah L. Rev. 515, 533–38 (1987).

㊺ Peter Margulies, "Assess, Connection and Voice: A Contextual Approach to Representing Senior Citizens of Questionable Capacity," 62 Fordham L. Rev. 1073, 1084–85 (1994). See also Jan Ellen Rein, "Clients With Destructive and Socially Harmful Choices-What's an Attorney To Do? Within and Beyond the Competency Construct," 62 Fordham L. Rev. 1101, 1108 (1994).

㊻ Peter Margulies, "The Lawyer as Caregiver: Child Clients' Competence in Context," 64 Fordham L. Rev. 1473, 1487–93 (1996); David R. Katner, "Coming to Praise, Not to Bury, the New ABA Standards of Practice for Lawyers Who Represent Children in Abuse and Neglect Cases," 14 Geo. J. Legal Ethics 103, 113 (2000); Jean Koh Peters, Representing Children in Child Protective Proceedings: Ethical and Practical Dimensions (2d ed., 2001).

㊼ See Jean Koh Peters, "The Roles and Content of Best Interests in Client-Directed Lawyering for Children in Child Protective Proceedings," 64 Fordham L. Rev. 1505 (1996); Bruce A. Green and Bernadine Dohrn, "Foreword: Children and the Ethical Practice of Law," 64 Fordham L. Rev. 1281 (1996).

够促进法律制度诊疗功能的家庭成员、朋友、同事、精神健康专业人员、社会工作者）那里寻求帮助。[48] 这种帮助对于保护律师自己的利益也是重要的：如果律师试图挑战委托人的决定的话，总是有事后翻脸的风险，有时甚至发生诉讼。代理能力减损的个人的律师有特殊的义务，来确保他们有足够的专业知识，或者他们与其他能够提供该指示的专业人士结合在一起。

五、谈判

在法律服务中，很少有什么比谈判更为重要。讨价还价是支柱性的工作，不仅在解决争议和代表委托人进行交易策划时是这样，在律师自己的工作场所关系中也是如此。法律服务不仅要求与对方律师进行谈判，还要求与委托人、同事、监管者、辅助人员和法院人员进行谈判。由于大量的谈判发生在缺乏正式责任制度的情境下，律师自身的道德标准发挥着关键的作用。

这些标准因人、因执业背景而异。下列因素尤其相关。

- 参与者之间的关系

当事各方是否存在正在进行的买卖或者个人关系，或者谈判仅仅是一次性交易？律师们是否有持续的关系呢？特殊的谈判策略会如何影响他们的声望和未来的交易？

- 法律和社会背景

规范交易的法律和社区准则是什么？它们就公正建立起了任何实体标准了吗？法院或者中立的第三方会重新审查结果吗？对于谈判滥行，如何获得救济？相关法律文化的准则和期待是什么？

- 相对商谈强度

从时间、金钱、信息和专业知识来说，当事人和他们的律师的来源是什么？

- 问题与约束

影响其决定的关键问题和因素是什么？这些在多大程度上涉及固定的经济折中？其他不太可见但是"具有潜在威力"的因素——例如"控制、势力范围自我和声望"——有哪些？[49]

- 个人性格

当事人及其律师的道德价值、商谈的风格和对风险的容忍如何？

举一个明显的例子，离婚谈判中坦诚和合作的程度，会受到下列因素的影响：当事人和他们的律师将来进行有意义的交往的可能性；遵守特定的抚养儿童指南与就和解获得司法批准的需要；涉及的经济和非经济风险；委托人对冗长的诉讼的承受能力；当事人之间的怨恨程度和风险厌恶程度；律师自己的角色定位（他们把自己视为"投弹手"还是"问题解决人"）。

---

[48] 关于"治疗法学"——法律在改善委托人精神福祉方面的作用——的讨论，参见 Law in a Therapeutic Key: Developments in Therapeutic Jurisprudence（David B. Wexler and Bruce J. Winick eds., 1996）。

[49] G. Richard Shell, Bargaining for Advantage: Negotiation Strategies for Reasonable People 30（1999）.

　　不仅在谈判背景下存在重大差别，在谈判的原则上也存在重大差别。就像后面的讨论所表明的那样，对律师的调查和对法律职业道德专家的调查，都表明就诸如披露重要信息和对其他当事人的公平性等问题，存在尖锐的分歧。这些分歧反过来有助于解释为什么关于谈判的职业道德规则通常并不超出关于犯罪和欺诈的民事法律禁止性规定。

　　《职业行为示范规则》第4.1条规定了主要的标准。它禁止律师故意"就事实和法律作出虚假陈述"，禁止律师"当公开某重要事实为避免帮助委托人从事犯罪或者欺诈行为所必需时，（故意）没有向第三人披露该事实"，除非披露为关于保密的规则所禁止。〔另参见《示范守则》DR 7-102（A）(5)。〕表面上看，该规则显然禁止在谈判中向对方撒谎。然而，对规则4.1的注释补充道：

　　　　一个特定的陈述是否应被视为关于事实的陈述，取决于有关情况。在谈判中，根据普遍接受的惯例，某些类型的陈述通常并不被视为关于重要事实的陈述。对交易事项的价格或者价值的评估、当事人关于可接受某和解方案的意图表示就属于这一类……

　　美国律师协会道德和职业责任常设委员会正式意见06-439（2006）得出了类似的结论，即根据规则4.1，关于和解事项的"虚价"和"作态"，以及当事人的立场的力度，"通常"并不被认为是对方当事人可以合理依据的事实陈述。

　　规则4.1的更早版本规定了更加苛刻的标准，其增加了下列要求："在进行谈判时，律师应该公平对待其他参与者"；律师必须披露为"纠正因律师的先前表述或者律师知道是委托人的先前表述所造成的对事实或者法律的明显误解所必需的"重要事实。⑤ 这一披露要求草案与《合同法重述（第二次）》和《代理法重述（第二次）》中的规定别无二致，这些规定允许根据特定情况下就有关情况没有进行披露，而宣布交易无效，或者判定代理人承担民事责任。早先的《示范规则》的规定也禁止律师达成含有被判定非法或者显失公平的条款的协议。这一规定后来被吸收在美国律师协会诉讼部2002年《和解谈判道德指南》（第4～25条）中。

　　面对律师协会的压倒性的反对声音，上述建议的《示范规则》的增加条款被撤回。这些反对声音背后存在一些担心。一些律师似乎不愿意接受对他们的谈判行为的任何规制，至少对律师协会的惩戒规则是这样。⑤ 其他人反对草案中体现的关于公平和披露的一般准则。在他们看来，规定被定位得"太过高于一般水平"，未能认识到谈判方式在不同地方、不同实体领域和不同执业环境中的广泛不同。⑤

　　关于《示范规则》的辩论表明，不仅就坦诚和披露存在不同的惯例，而且就当事各方的实体专门知识和技术上的老练程度也有着不同期望。很多律师担心，"以法律职业具有同质性为前提的规则……将使得在技术上很老练的律师在与不老练的对方律师打交道时，陷入一种无望的两难之中"。⑤ 如果老练的律师充分利用他的

---

　　⑤　ABA Model Rule Of Professional Conduct Rule 4.2, Discussion Draft（January 30, 1980）.

　　⑤　Geoffrey C. Hazard, Jr., "The Lawyer's Obligation to be Trustworthy When Dealing With Opposing Parties," 33 S. C. L. Rev. 181, 191-96 (1981).

　　⑤　James J. White, "Machiavelli at the Bar: Ethical Limitations on Lying in Negotiations," 1980 A. B. Found. Res. J. 926, 927 (1980). See also Hazard, supra not 51, at 192-96. 关于对虚价和其他竞争性讨价策略的道德态度所进行的研究总结，参见 Roy J. Lewicki, Joseph A. Litterer, John W. Minton, and David M. Saunders Negotiation 392-98 (2d ed., 1994).

　　⑤　Hazard, supra note 51, at 195.

专业知识，或者隐瞒其对手忽视的信息，交易会无效，律师也会受到惩戒。相反，如果律师提供了信息，或者努力平衡竞技场，他的委托人最终是在为交易的双方出资，对手将会不劳而获他人的工作成果。根据一些法律和经济学理论，这一规则的长期影响可能是有悖常理的，因为没有哪一方有充分动力去进行准备。[54] 老练的当事人不愿意在他们不能从中获利的事情上投入精力；不老练的当事人可能依赖其对手的披露义务，而不投入必要的精力来重复他们的工作。

主张在谈判中有更多的诚实和公平的支持者，对该论点从实践和道德两个层面作出回应。作为一个实践问题，他们援引了令人对强硬态度策略的效率产生怀疑的研究。根据这项研究，具有竞争框架的范例涉及一种"零和"情况，即当事人缺乏持续的关系，并且不可能发现欺骗。这些情况与通常的设想相比，更缺乏典型意义。大多数交易的环境在输—赢"价值主张"机会之外，还有着互利性的"价值创造"机会。误导性的或者利用性的方法，可能会导致共同的问题，而不是（产生）互利性的解决方案。经典的博弈理论也证实了常识，即反复遇到对方的谈判者会惩罚进攻性的讨价者。从长远看，合作会更好。[55]

其他论者根据道德理由主张合作、坦诚和公平。他们宣称，个人在维护他们的诚实、正直和公平声望方面具有利益，这使得这些利益在评价谈判行为时具有中心作用。从这一角度看，为欺诈或者操纵战术提供的常见借口是没有说服力的。依赖某种合理化做法，例如"每个人都这么做"或者"对方正在这么做"，是以一个贫困的伦理的观点——在其他情境下这被普遍反对——为先决条件的。此外，当律师知道他们的对手在进行欺诈时，报复性欺诈并不是矫正性的正义；相反，这是试图强加某种律师自己通过发现欺骗所要加以避免的伤害。

走道德捷径也可能涉及对结果进行选择性评价。自觉或者不自觉地，很多人高估不道德战术的短期利益，而不顾长期的个人和系统成本。欺诈对委托人和进程都有不利影响。当不实陈述被怀疑或者被发现时，它会损害律师的可信性，激起报复或者防御性反应。欺骗生欺骗。这一格言的核心是，说谎话容易，但是只说一次谎话是困难的。[56] 其结果常常是降低委托人的可信度、达成公平协议的能力、交换可信承诺的能力和他们的个人正直感。诚实和公平在一定程度上是集体产品。律师越是试图"搭便车"，律师职业维持信任、诚信和公平交易的氛围的困难就越大。

同样，利用对手的无知或错误的绝对意愿，会产生更广泛的成本。在才干、资源和信息上的差距，会不可避免地扭曲谈判结果。期望各方当事人放弃所有源于这些不平等的优势是不现实的，期望谈判者放弃其中一些可能是合理的。特别是在当事人缺乏平等获得相关事实的途径的时候，规定合理的披露义务往往公平、合理且符合效率要求。

在一定程度上，这就是为什么合同法和侵权法要求当事人各方纠正重大误解。《合同法重述（第二次）》第161条总结了主要的判例法的要求，在有必要纠正以前

---

[54] Alan Strudler, "Moral Complexity in the Law of Nondisclosure," 45 UCLA L. Rev. 337, 374-75 (1997).

[55] See What's Fair: Ethics for Negotiators (Carrie Menkel-Meadow & Michael Wheeler eds., 2004); Roger Fisher & William Ury, Getting to Yes: Negotiations Agreement Without Giving In (1981).

[56] Sissela Bok, Lying: Moral Choice in Public and Private Life (1978); Peter C. Cramton & J. Gregory Dees, "Promoting Honesty in Negotiation," in What's Fair, supra note 55, at 108, 111; Reed Elizabeth Loder, "Moral Truth-seeking and the Virtuous Negotiator," 8 Geo. J. Legal Ethics 45 (1994).

错误的主张时，或者当争议的事实涉及谈判的基本假设，且未能披露会违反"善意和……公平交易的合理标准"而有披露必要时，应当进行强制性披露。《侵权法重述（第二次）》第527条和第529条概括的原则是，遭受损害的一方可以要求赔偿主要因误导性的不实陈述造成的损失，包括对它们将如何被解释作出的轻率的、漠不关心的模糊表述。部分真实的陈述如果未能说明受限定的信息，会造成重大误解。《侵权法重述（第二次）》第551条同样指出，当未披露的事实是交易的基础，当一方当事人"因与另一方当事人的关系、贸易惯例或者其他客观环境会合理期待该披露……"时，不进行披露可能导致责任。与《示范规则》第4.1条不同的是，《侵权法重述（第二次）》并没有明显对下列诸项作出区分：谎言、"通常可接受的虚价"、半真半假和真实但却具有误导性的陈述。如果其他当事人因信赖它们而造成对他们的损害，则所有这些都是侵权性欺诈。一些司法辖区会判决律师对在这种情况下被称为欺诈的陈述承担民事责任。[57]

Donald Langevoort 教授为这种"半真半假学说"提出了一个经济上的理由。

> 有关欺诈的法律是讲效率的。它允许知情较少的一方放弃昂贵的、复杂的事实调查和信息先悉过程，从而降低交易的成本。法律为知情一方作出的事实陈述的可靠性提供了可信性约束。同样的逻辑扩展至半真半假学说一点也不困难……语言具有固有的不准确性；它并不能够强迫人们停下来分析陈述，思考是否存在一些必须加以澄清的微妙的限制或者模糊……[58]

在评估这些或多或少规制谈判道德的主张时，再次思考具体的案例是有帮助的。不仅考虑律师应当做什么是有益的，考虑被认定不道德的行为的后果也是有益的。可能的后果包括：搁置协议；根据程序规则处罚当事人和/或律师；判定当事人和/或律师承担民事责任；对律师进行惩戒。

- 在一个关于一家酒店违反在此举办某组织的会议的合同争议中，被告酒店的律师最初提出出价5万美元的和解方案。原告组织的法律顾问主张，其委托人的职员绝不会接受这样一个出价，违约所带来的损失很可能会更大，任何陪审团的裁决会更为可观。实际上法律顾问认为，如果案件进入法院，他的委托人得到的赔偿要少得多。基于这种意见，原告的主席早些时候曾授权法律顾问以高于3万美元的数额和解即可。

  在回应最初的出价时，原告律师也表示，对他的委托人来说在短时间内找到另一家合适的酒店是不可能的。当律师后来联系他的委托人，报告出价时，他得知另一家酒店已经口头答应举办该会议。于是当他打电话给被告律师要接受这一协议时，律师的开场白是："为减轻正在发生的损害采取了哪些措施？"原告律师回答说，"仍然没有确定"。于是和解金额最终是5万美元。[59]

- 在一个无争议离婚的财产协议书谈判中，丈夫和妻子对某些资产，包括房地产和家族公司的股票的价值产生分歧。审查妻子提出的协议书时，丈夫的

111

㊗ See Restatement (Third) of the Law Governing Lawyers § 98; ABA Section of Litigation, Ethical Guidelines for Settlement Negotiation 4.1.1 (2002).

㊘ Donald C. Langevoort, "Half-Truths: Protecting Mistaken Inferences by Investors and Others," 52 Stan. L. Rev. 87 (1999).

㊙ The case is described in Monroe Freedman, "Lying: Is it Ethical?," Legal Times, Dec. 12, 1994, at 20; see also Monroe Freedman, "Acceptable Lies," Legal Times, Feb. 20, 1995, at 24.

112

律师发现对方律师作出的 5 万美元的计算错误，低估了她在共同拥有的房地产中的利益。律师将此问题告知委托人，委托人认为低估的数字更加精确地反映了财产的真实价值。因此，律师准备了还价，重复了这个错误，以减少发现该错误的可能性。由于错误地相信这位丈夫已经放弃了他对房地产价值的质疑，妻子也放弃了她对股票的价值和所有权的质疑。双方最终接受接受了丈夫提出的还价，并签订了最终协议，即列举对财产的处置，而没有具体列举它们的价值。⑩

● 在一个涉及银行不当取消贷款协议的案件中，原告借款人形容他们自己非常"乐观"。虽然他们声称他们的事业"遭受损失"，但是他们否认遇到任何严重的精神不快。在和解谈判中，他们的律师仍然表述说，由于取消协议，他们遭到很大打击。在讨论中，银行的律师清晰地说，他认为原告已经停业。原告律师并没有作出该主张。事实上，业务正在继续，也正在酝酿一些重要的合同。律师最终达成了和解，而没有改正其对手的错误印象。⑪

● 在购物中心某空间的租赁谈判中，所有者的律师并没有披露该中心终止回赎期限即将届满，承租者的律师也没有发现这一点。在装修了该空间，发生了费用后，承租者被在回赎拍卖中购得该地产的公司扫地出门。⑫

在一项对法律职业道德专家的调查中，参与者考虑了与这些案件类似的假想事实情况。就与第一个例子类似的案件，大部分专家认为，就委托人是否授权就特定数额进行和解，律师直接进行不实陈述是不能允许的。大多数其他人则表示，这是可以被允许的，但是他们不会这么做。一名专家认为，撒谎是可以被接受的，因为对手没有"获得有关信息的权利"⑬。那些认为该行为不道德的人指出，有经验的谈判者通常通过诸如"你们能够出价更高些？"或者"我被授权争取最好的结果"等答复来回避关于和解授权的直接询问。⑭

113

关于酒店例子的真实案件发生在 20 世纪 60 年代。当时华盛顿特区的 Mattachine 协会计划举办一次被宣称为第一次全国性关注男女性同性恋权利的会议。酒店知道它的主题后答应承办此次会议。事件发生的两星期前，宣传工作已经开始，请柬已经发出，但是酒店连锁的总公司的管理部门下令取消协议。Monroe Freedman 教授（该协会的律师）后来就其没有披露其委托人成功找到了一个新的酒店进行了辩解。

> 在这个时候，就减轻损失而言，有什么是板上钉钉的吗？在生活中什么是板上钉钉的呢？毕竟，Mattachine 协会已经认为与经理的交易是板上钉钉的，但是证明中不是那么回事……关于减轻损失的陈述并不是完全地否认：这是模棱两可的——仔细的听者会领悟到这是一个借口。他可能会问："你说'没有什么是板上钉钉的'是什么意思？"……⑮

按照 Freedman 的说法，关于新的酒店地点的提议是保密信息，根据《示范

---

⑩　See Stare v. Tate，98 Cal. Rptr. 264（App. 1971）.

⑪　Larry Lempert，"In Settlement Talks, Does Telling the Truth Have its Limits?，" 2 Inside Litigation 1（1988）.

⑫　Davin v. Daham，746 A. 2d 1034（N. J. Super. A. D. 2000）.

⑬　See Lempert，supra note 61，at 16.

⑭　White，supra note 52，at 933（建议作出回避性答复）；Gerald Wetlaufer，"The Ethics of Lying in Negotiations，" 75 Iowa L. Rev. 1219，1237（1990）（建议律师可以质疑问题是不适当的，或者就其认为合适的数字提出理由）.

⑮　Freedman，"Lying：Is It Ethical?，" supra note 59，at 20.

规则》第 4.1 条的规定，只要他没有就重要事实作出虚假陈述，他就不需要披露该信息。

就银行贷款协议的案件而言，大约三分之二的受访谈判专家认为，关于原告精神不快的主张是不道德的。就其他人而言，一个人说，"一些精神不快显然已经发生"。如果委托人"一点儿都不关心，这就不会有法律问题……律师只是渲染了这个问题"[66]。另一个人认为夸张是可以被接受的，这类似于就汽车销售讨价还价。对他来说，根本的问题是："作为对立的谈判双方，你的和我的合理期望是什么?"[67] Ronald Rotunda 教授援引同样的类比，得出了不同的结论。在他看来："如果律师想要成为二手车推销员，这是一个很好的起点。"[68]

那些认为"虚价"可接受的人通常假设其他人会认可就此进行的夸张。但是如果那总是真实的，那么虚价也就不会有效。这种做法继续存在，是因为有时它起作用，一些对手被欺骗了。对于 Rotunda 教授和联邦法官 Alvin Rubin 这样的论者而言，与律师打交道的当事人，实在不需要像他们在远东市场买东西那样同等地小心谨慎。[69] *114*

离婚案件中"文书错误"的例子是基于 Stare v. Tate，98 Cal. Rptr. 264 (App. 1971) 案件。在该案中，法院指出：

> 如果丈夫不想说出最后那句微妙的话，这个错误可能永远不会大白于天下。离婚后没几天，他寄给妻子一份包含错误计算的出价的副本。在页面顶部，他显然洋洋自得地写道：**"请注意……你的数字错误。"**

（98Cal. Rptr. at 266.）

此后妻子提起诉讼，要求更改协议，法院根据《加利福尼亚州法典》第3399条之规定批准了该动议。与其他司法辖区关于谈判的判例法类似，《加利福尼亚州法典》规定："如果因欺诈或者当事人的共同错误，或者因一方当事人当时知道或者怀疑的另一方当事人的错误，书面合同并没有真实地表达当事人的意图，根据受到侵害一方的申请可以对该合同进行修正……"

法院并没有考虑律师的义务，但是其他律师协会道德委员会已经这么做了。在 1986 年 2 月 9 日 86-1518 号非正式意见中，美国律师协会职业道德常务委员会审查了这样一种情况，即律师发现由对方律师事务所准备的合同的最后稿错误地遗漏了重要的规定。在委员会看来，《示范规则》和《示范守则》都没有要求律师在纠正该错误之前，需要获得委托人的批准。虽然委托人有权知悉对作出"明智决定"有必要的事实，但是一旦他接受了该规定，则不需要作出进一步的决定。人们可以将美国律师协会该非正式意见视为适当的"家长作风"的反映，或者可能是律师之间的相互保护，以掩盖法律服务过程中注定会发生的错误。

与此类似，在购物中心案件中，法院判定双方的律师可能都有责任。承租方的律师应当进行更为彻底的调查；出租方的律师应当建议其委托人披露终止回赎权即将发生，如果委托人拒绝，则律师应当退出代理。在法院看来，律师"有有

---

[66] See Lempert，supra note 59，at 18（quoting Charles Craver）.

[67] Id.（quoting James White）.

[68] Id.（quoting Ronald Rotunda）.

[69] Alvin B. Rubin，"A Causerie on Lawyers' Ethics in Negotiations，" 35 La. L. Rev. 577，589（1975）.

115　效、热忱代理其委托人的职责"，但是也要"公平、善意行事"。购物中心的律师处于"很困难的境地中"，但是法院说，"执业不易"[70]。

对于面临这些问题的谈判者来说，道德的困境往往类似于博弈论中的囚徒困境。正如 Robert Condlin 教授指出的：

> 当交易双方合作时，他们得到联合行动的好处，产生的结果也有益于双方。当一方合作而另一方对抗时，对抗方通常能利用合作方，做得更好。当双方均对抗时，他们将资源浪费在自我斗争上，把钱扔在桌子上而精疲力竭、分离对抗，并且经常以平庸的结果告终。在任何一个谈判中，选择之所以会呈现囚徒困境，是因为每一个单独的交易方的合理选择经常会导致互恶的结果。在重复谈判中，有能够摆脱这种困境的出路……但是在每一个独立的谈判中，如果没有对未来交易的展望，一方交易者合作行事通常是不合理的，这是交易者的困境。[71]

在重复谈判的情况下，"出路"就是"以牙还牙"的策略。最成功的谈判者会以合作开始；如果对方从事不合作或者不道德的行为，则进行报复；如果对方终止令人反感的行为，再回到合作的姿态；并且明确表明其做法的意图。[72] 当事方逃避囚徒困境的另一个方法，是聘用那些承诺保持合作、公平和坦诚之声望的律师。[73]

通过正式的规则和不正式的声望惩罚，来提高谈判中坦诚和合作的可能性，也是可能的。在一次大型的全国性的律师调查中，约40％的人认为修改法典化的规则是改善谈判行为的有效的方法。[74] Alvin Rubin 法官建议进行这样的修改：

116
> 进行职业自我规制，遵循一种精神，即制定比仅仅守法更高的标准，是职业化概念的固有性质。委托人的贪婪和敌意既不能控制律师的良知，也不能衡量他的道德。当然，如果从业人员是有原则性的，在我们这个以法律为定向的社会中主导法律进程的职业，如果它要求其成员在作为职业人士进行谈判的时候遵守两个简单的原则，并不会期望太多：诚实、善意地谈判；不能不公正地利用另一方——无论他相对的专业知识或者老练程度如何。[75]

即使在法典化的规则缺失的情况下，很多律师也是根据这些原则执业的。从长远来看，如果这些准则更加广泛地在实践中强化，律师和职业都会受益。坦诚和公平行事的声望真的具有"市场价值"。就像一家律师事务所的合伙人告诉我们的："我们律师事务所在与政府机关打交道中诚实、准确的名声，是我们代表

---

[70]　Davin v. Daham, 746 A. 2d 1034 (N. J. Super. A. D. 2000).

[71]　Robert J. Condlin, "Bargaining in the Dark: The Normative Incoherence of Lawyer's Dispute Bargaining Role," 51 Md. L. Rev. 1, 12 (1992).

[72]　See Fisher & Ury, supra note 55; What's Fair, supra note 55.

[73]　Ronald J. Gilson & Robert H. Mnookin, "Disputing Through Agents: Cooperation and Conflict Between Lawyers in Litigation," 94 Colum. L. Rev. 509 (1994).

[74]　Stephen Pepe, "Standards of Legal Negotiation," Interim Report for ABA Commission on Evaluation of Professional Standards and ABA House of Delegates (1983).

[75]　Rubin, supra note 69, at 593.

委托人时出售的最有价值的财产之一。有很多次，证明一些事实或者其他事项很困难，这些机构会采纳我方的证言，就是因为这个原因。"据说另一位合伙人基于类似的意思劝告初级律师："如果你的财务文件上的误导性文字不立即加以更正，你将不能再待在律师事务所，你也不能在这个城镇的其他律师事务所里执业。"当然，这些评论假定律师会是重复参与者，这是"声望"的基础。在某些执业背景下，所有的律师都是重复参与者。并且对大多数执业者来说，声望是他们最重要、最市场化的财产之一。

六、游说

在过去的半个世纪，游说的重要性迅猛增加，并且也有了律师说客这一角色。在 20 世纪 50 年代之前，只有一些公司或者公益组织以及几千个工会和商会在国家的首都设有办公室。今天，超过 500 家公司、2 000 家公益组织和 85 000 个工会和商会拥有这样的办公室。[76] 各群体在规模和重要性上跨度很大，从美国律师协会（约 40 万名会员），到全国冷冻披萨协会不等。游说活动在州和地方的层面有类似的增加，在整体上可能超过了华盛顿特区的游说活动。

帮助这些群体的律师人数也在相应攀升。"政府关系"工作涉及各种各样的活动，例如，提供关于政治和立法发展的建议；为立法和行政听证准备证言；起草立场文件，起草法律、规章和注释；就政府合同进行谈判；就委托人的立场与政府官员和政治机构进行沟通；协调州、地区和全国层面的法律、政治和公共关系策略。[77] 有效地履行这些职能需要相当广泛的能力，包括实体性知识、技术专长、个人联系与可信性以及合理的政治判断。与公众形象相反，律师游说远不是"阿谀逢迎"之举，而是要进行"一丝不苟的准备"[78]。律师有助于构建公共利益和私人利益之间的桥梁，他们的游说力量经常对政府政策有重大影响。

这种影响的程度也带来了相应的义务。律师协会的领导一直强调说，在非对抗的情况下，当律师们就公共政策问题提出建议时，他们有特别的义务来考虑公共福利。正如法学教授 Paul Freund 曾经指出的那样，在这种情况下，律师有"更广泛的范围和义务，去发现那些未被其委托人过于狭隘的眼界发现的问题，并相应提出建议"[79]。律师自身的名誉利益也起到类似的推进作用。很多专门从事政府关系的执业者，已经将他们的职业生涯很大一部分投入到公共机构中，或

---

[76] Ronald G. Shaiko, "Lobbying in Washington: A Contemporary Perspective," in The Interest Group Connection: Electioneering, Lobbying, and Policymaking in Washington 3, 7 - 8 (Paul S. Hernson, Ronald G. Shaiko, & Clyde Wilcox eds., 1998). For an overview, see Congressional Research Service, Lobbyist and Interest Groups: Sources of Information (June 10, 2005).

[77] Id., at 9. 关于游说活动的扩大问题，参见 Congressional Research Service, Lobbying Reform: Background and Legislative Proposals, 109 th Congress (March 23, 2006)；关于这一角色的演进，参见 Mark J. Green, The Other Government: The Unseen Power of Washington Lawyers (1975)；Edward O. Laumann, et al., "Washington Lawyers and Others: The Structure of Washington Representation," 37 Stan. L. Rev. 465 (1985).

[78] Laumann, et al., supra note 77, at 495; Barbara Rabinovitz, "Another View of Lobbying Puts Emphasis on Public Interest and Legal Expertise," Kansas City Daily Record, May 3, 2006.

[79] Green, supra note 77, at 12 (quoting Paul Freund).

118

者用于与那些人建立良好的工作关系。他们的效用通常取决于在那些他们可能继续与之交往的人们当中保持坦诚、公正、正直和合理的名誉。[80] 同样，出入于公共和私人执业旋转门的政府律师，也有声望上的利益。由此，通常情况下，政府性工作中"对抗与冲突较少，合作与妥协较多"[81]。

然而，一些问题涉及利益团体的紧张冲突，以及那些团体与政府监管部门之间的利益冲突。在这种情况下，现有的有限研究表明，与其他背景下的诉辩者相比，律师/说客的当事人性并无二致。[82] 最近著名的例子包括烟草业的律师，以及现在的破产公司与失败的储蓄和贷款协会的律师。[83] 一个华盛顿律师的阻挠能力堪称传奇：该人是 Covington & Burling 律师事务所的一名合伙人，他与美国食品药品管理局对花生酱的花生含量的监管进行了抗争。花生酱产业的立场是，公众并不完全关注花生酱里有什么，只要尝起来像花生就行。虽然政府最终获胜，却花费了 12 年的时间，形成了 2.4 万页的听证记录，以及接近 7.5 万页的文件。[84] 这些例子是造成公众对律师/说客广泛不信任的重要原因。按照一位为某个律师——他在竞选公职之前曾从事政府关系工作——工作的媒体策略工作者的说法，就公共形象而言，没有什么比"律师/说客"更糟糕。[85]

在最近的职业道德丑闻后，该形象更是江河日下。著名的华盛顿说客 Jack Abramoff 就欺诈、逃税和贿赂指控进行了有罪答辩，再加上其他相关的调查和国会听证，这对公众的不信任是火上浇油。被调查的美国人中，近乎 90% 的人认为国会山的政治腐败问题是严重的，或者是很严重的。[86]

119

并不令人惊讶的是，律师们试图远离游说这一标签，而是选择将自己塑造为"策略工作者"或者"政府关系"专家。[87] 但是某些这样的专家认为，律师改善公共印象的最好的方式，是在其政策工作中更多地考虑公共利益。很多非常成功的政府关系律师都这样做，并在委托人采取他们认为不可接受的立场时退出代理。一个著名的案例是，华盛顿特区的一家律师事务所拒绝帮助一家长期的烟草公司委托人来抵制在其产品上粘贴警告标识的要求。

当然，就什么是公共利益，常常存在争议。就许多涉及金融、安全和环境监管的当代问题而言，并不存在一致意见。律师/说客经常从这一事实中寻求安慰，并以个人同情为其工作的指导。因此，说客们在宣称他们的立场反映了公共利益时，经常是发自心底的。

---

[80] Laumann, et al., supra note 77, at 490—95.

[81] Id., at 490.

[82] Id..

[83] See Rhode & Luban, supra note 3, at 258—61, 289—91；Ralph Nader & Wesley J. Smith, No Contest: Corporate Lawyers and the Perversion of Justice (Random House: 1998)；Richard Zitrin & Carlo Langford, "The Moral Compass of American Lawyers," in Truth, Justice, Power, and Greed (1999)；William H. Simon, "The Kaye-Scholer Affair: The Lawyer's Duty of Candor and the Bar's Temptations of Evasion and Apology," 23 Law & Soc. Inquiry 243, 269 (1998).

[84] Green, supra note 75, at 133—39 (describing efforts of Thomas Austern).

[85] Mike Soraghan, "Strickland Changes Tack on 'Lawyer Lobbyist' Label," Denver Post, Sep. 4, 2001, at A10 (quoting Bob Klein).

[86] Edward Alden, "Abramoff Adds to Pressure For Clean-Up in Washington," The Financial Times (London), January 5, 2006, at 5 (citing AP-Ipos poll).

[87] Rabinovitz, supra note 78.

对于律师/说客而言，另一个有点与众不同的道德问题是利益冲突。为了防止在事实上和表面上的不适当，各种联邦、州和地方法律要求详细披露游说活动，它们也限制说客可能提供给政府官员的礼物、餐饮和娱乐活动。[88] 相关的法律规制着公职和私人执业之间的旋转门。一个潜在的问题是，希望最大限度地增加其未来就业选择的政府律师，会避免采取可能疏远未来委托人或者雇主的立场。进一步的问题是，当前政府律师变成说客时，他们会不适当地利用他们早先的经验和关系，即有效获取和利用秘密信息。

为解决这些问题，联邦、州和地方法律规制着前政府官员的活动。例如，《政府道德法》（18 U.S.C. § 207）永久禁止前行政机关雇员（包括律师）在他们在职时"亲自并实质"参与过的事务中代理任何人。该法也规定了一个 2 年的"冷却"期，禁止前行政机关雇员在联邦机构或者法院进行意在影响该前雇员的雇佣合同终止前一年内事实上未决的事务的交流（或者出庭）。《职业行为示范规则》第1.11 条与《职业责任示范守则》DR 9-101（B）一样，类似地禁止前政府律师就其在政府工作期间亲自并实质参与过的事务代理私人委托人，除非适当的机关作出了明智书面同意。但是，《示范规则》允许同一家律师事务所中的其他律师提供这样的代理，只要前政府律师被屏蔽，不参与该事务，不就该事务取得经济利益。这些规则意在平衡两种需要，即阻止政府官员不适当行为的需要，和保留政府对那些后来可能愿意在私人领域执业的有才华的职业人士的吸引力的需要。[89] *120*

另一个涉及律师/说客利益冲突的常见问题出现在对行业协会的代理中。这里的主要问题是，代理协会的律师和律师事务所能否从事不利于其会员的工作。实际上，公布的判例和律师协会的道德意见通常得出的是这样的结论，即律师或者律师事务所可以接受该工作，只要他们不被认为是既代理各个会员又代理协会。[90] 这是一个事实问题，这既取决于会员的合理期待，也取决于律师在代理期间获得会员秘密信息的可能性。

更广泛的一个问题是，代理那些试图掩盖其会员身份的特殊利益协会和联合会时的道德问题。在这样的协会发起"秘密运动"来影响公共政策而不承担公共责任时，就会产生问题。[91] 在律师/说客主张律师—委托人特免权来掩盖其行动，使得公民、政策制定者、新闻记者更难以知道谁在资助该团体的活动时，问题会变得复杂。

律师—委托人特免权是否适用于律师的游说活动，本身就是一个日益引起关注的问题。在相对罕见的案件中，就这个问题发生了诉讼，法院通常判定这样的政治活动不受保护，不能免于披露。[92] 然而，当该活动具有法律意义，就某事项的建议 *121*

---

[88]　See Wright H. Andrews Jr., et al., New Federal Lobbying Disclosure, Gift, and Political Fund Raising Law and Rules: What You Need to Know to do Business in Washington in 1996 (1996); Shaiko, supra note 76, at 13-15.

[89]　For an overview, see Rhode & Luban, supra note 3, at 612-20; Geoffrey C. Hazard, Jr., Susan P. Koniak, Roger C. Cramton, and George C. Mohen, The Law and Ethics of Lawyering 510 (4th ed., 2005).

[90]　D. C. Ethics Op. 305 (2001); Ernest T. Lindberg, "Representation of Trade Association," Wash. Lawyer, Feb. 2002, at 10; Westinghouse Electric Corp. v. Kerr-McGee Corp., 580 F. 2d 1311 (7th Cir. 1978).

[91]　Congressional Research Service, Lobbying Reform, supra note 77, at 3; Darrell M. West & Burdett A. Loomis, The Sound of Money: How Political Interests Get What They Want 69-70 (1998).

[92]　Edna Selan Epstein, The Attorney-Client Privilege and the Work-Product Doctrine 231 (ABA Section on Litigation 2001).

是由律师事务所（有别于公共关系事务所）的律师提供的时，与委托人的交流通常受到该特免权的保护。如果律师从事或者担任了公共关系顾问，则问题会变得进一步复杂，尽管所有律师在工作时假定其所有工作都实际上受到特免权的保护。[93]

然而，这一假定因为两个广泛报道的裁决而出现了问题。一个是纽约南部地区的联邦地方法官作出的判决，该判决认为律师—委托人特权和工作成果特权都不保护与总统赦免请求相关的文件和证言。[94] 该案涉及一名潜逃的美国商业执行人员 Mark Rich，他在克林顿总统在任的最后日子获得了赦免。在地区法院看来，Rich 的律师们"主要担当的是说客，而非律师"[95]。争取获得豁免的首席律师被雇佣是因为他的政治技能，而不是法律技能，并且他的团队"主要是披上法律的外衣，实际上从事游说和政治活动"[96]。与该活动相关的交流和材料因此不受保护，不能免受政府传证令管辖。在一个类似的裁决中，哥伦比亚地区法官允许联邦储备保险公司就 Patton Boggs 律师事务所的律师的记录发出传证令。他们的工作既涉及政治活动也涉及法律活动，是代表 Houston 储蓄与贷款协会破产中牵涉的 Texas 商人进行的。[97]

法院在这些案件中的分析，给那些经常被雇佣来从事法律和政治战略活动的律师/说客带来的困难，是显而易见的。一个可能的结果是，更多的律师事务所会在诉讼和游说之间建立有力的道德屏蔽措施。[98] 另一个可能的结果是，委托人将会不那么倾向于雇佣与政府有多方面工作关系的律师，或者与他们雇佣的人不那么坦诚相待。[99] 然而，在这些判决作出后的头几年里，这些可能性似乎都没有发生。[100] 一个抵消好处是，公诉人和新闻媒体在发现违法行为，以及为律师参与这种行为提供可信的阻却方面，会面对较少的阻力。然而，在这种背景下，最好的阻却是律师自身的内在化标准，并通过职业工作场所的标准和惯例来加以强化。对于其他涉及交易业务的道德问题而言，同样如此，在这些情况下，对公共信任的需要常常超过了进行有效规制的能力。

---

[93] Luke Mullins, "Open Secrets?: Some Worry About Threats to Lobbyists' Attorney-Client Privilege," Roll Call, July 27, 2005.

[94] In re Grand Jury Subpoenas dated March 9, 2001, 179 F. Supp. 2d 270 (S. D. N. Y. 2001).

[95] Id., at 289.

[96] Id., at 290.

[97] James, Grimaldi, "FDIC Case Against Texas Businessman Hurwitz Moves Forward with Approval of Subpoena," Washington Post, April 12, 2002, at E01.

[98] Louis Jacobson, "Were They Lawyers or Lobbyists?," Nat. L J., Jan. 12, 2002, at 109.

[99] Id..

[100] Mullins, supra note 93.

利益冲突

一、导言

二、同时代理多个利益

三、立场性利益冲突

四、连续性代理

五、替代性的无代理资格、屏蔽和弃权

六、代理组织

七、代理政府

八、代理集团诉讼

九、律师的个人利益

一、导言

　　委托人—律师关系的基础是忠诚职责。在律师有着其他职业和个人关系，可能损害这种忠诚时，就会产生利益冲突。这些冲突是美国法律服务业的一个常见并且争议日甚的特点。私人律师事务所及其组织性委托人在规模上的快速增长，再加上律师事务所分支机构和公司的下属公司的扩张，增加了发生实际的、薄弱的、不经意的冲突的可能性。律师事务所越来越多的委托事项是短期的、特定的事项，而不是长期的聘任，因此，律师事务所委托人的通常"构成"也在不断变化。律师横向流动的增长，也导致了人事上的相应变化，这样，律师事务所进行利益冲突查核的需要也在增长，替代性的无资格代理（vicarious disqualification）的风险也在增加。与此类似，律师事务所内部以及律师事务所之间在法律服务上的日益专业化，也使得对相互冲突的利益进行同时性或者连续性代理的可能性越来越大。有关事务在技术方面越是复杂，人们越是看重先前的经验，委托人寻求曾经办理过这类事务的律师的可能性就越大。这种先前的介入，常常造成无资格代理。

　　有着地域性、大量的或者"社会网络"性的垄断的律师事务所，最有可能遭遇来自有着——或者可能有着——不可调和的关切点的当事人提出的帮助要求。① 美国律师基金会 Susan Shapiro 最近进行的调查表明，大型律师事务所估计，因为利益冲突，它们回绝了三分之一到一半的潜在案件；小型律师事务所估计，出于该原因，它们谢绝了百分之五到百分之十的潜在业务。②

　　由于利益冲突问题变得越来越无所不在，律师事务所内部以及律师事务所之间产生的利益冲突争端也越来越多。从内部看，特别是在大型律师事务所，接办哪宗业务的问题，造成了越来越多的不和。"关于冲突的冲突"常常会引发大的争端，有的时候会造成因会侵犯同事的委托人基础而不能够接办事务的合伙人的去职。律师事务所还需要更为复杂的监督程序，来防止机会主义的律师心怀这潜在的利益冲突不会实质化、不会被发现或者不会有人提出异议的希望而接办那些有问题的事务。③ 在律师事务所的外部关系方面，利益冲突问题现在造成的争端是经常性的，这主要是因为人们通常适用这样的救济措施——使律师无资格代理。其他道德规则通常情况下是在事发后，通过律师协会的惩戒诉讼或者不当执业程序来执行的。但是违反了利益冲突规则会导致违规律师在代理之前或者之中丧失代理资格。如果法院认定律师滥用了秘密信息，它可能禁止律师将工作成果移交继任律师。这样的代理资格丧失救济是一个有力的策略武器，能够增加对手的成本，造成拖延。同样，在因为利益冲突造成的代理资格丧失或者代理不充分，给委托人造成了重大成本的情况下，他们越来越可能提起不当执业诉讼。这

---

　　① Susan P. Shapiro, "Tangled Loyalties: Conflict of Interest in Legal Practice" (Ann Arbor: University of Michigan Press, 2002).

　　② Id. .

　　③ Geoffrey C. Hazard, Jr. & Ted Schneyer, "Regulatory Controls in Large Law Firms," 44 Ariz. L. Rev. 593 (2002); Elizabeth Chambliss, "The Professionalization of Law Firm In-House Counsel," 84 N. Car. L. Rev. 1515, 563–66 (2006). 面对强有力的律师自身利益，这些程序可能不能奏效。关于这方面的例子，参见 Milton C. Regon, Eat What you Kill: The Fall of Walk Street Lawyer (2004).

些救济有助于说明为什么在利益冲突问题上有着如此多的诉讼。

各种各样的情况下都会产生利益冲突，但是通常是以下某种形式出现的：

- 多重代理：在同一事务中代理多个在利益上存在分歧的委托人。
- 连续代理：在相关事务中代理现行委托人与前委托人对抗。
- "个人"利益冲突：对委托人的代理是在这样的情境下进行的：他们的利益与律师自己的经济利益、职业利益或者其他利益（包括其紧密家庭成员的利益）相冲突。
- 立场冲突：在事实不相关的事务中，代理的委托人的法律立场对另一委托人有不利影响。
- 替代性冲突：律师所在组织的另一成员就某事务存在先前的非个人性的冲突，律师在该事务中代理了该委托人。

"境况的律师"（lawyer for the situation）这个短语是 Louis Brandeis 在 1916 *125* 年创造的。当时他在出席参议院举行的其作为美国联邦最高法院大法官的提名确认听证会。对 Brandeis 的提名引起了相当多的反对，这在一定程度上是因为说不出口的理由，即他是自由主义者，是犹太人；在一定程度上是因为这样的公开理由，即他曾代理有着冲突利益的当事人。批评者反对他的这些做法：他在某家庭的成员产生争端以后，代理该家庭的业务；他还对几个不同委托人之间的商业交易进行监督；他还就某业务的债权人与债务人之间的纠纷进行调解，以使该业务避免陷入困境。尽管委托人作出了同意，就这样的问题仍存在争议，即在存在利益冲突的情况下，Brandeis 是否能够提供足够的代理；就共同代理存在的风险，他是否向当事人提供了足够的信息。尽管承认他的披露可能不总是很充分，Brandeis 就其"境况的律师"这种做法进行了辩护。最终，这种道德上的责难偃旗息鼓了，因为其他声名卓著的律师也承认他们有着类似行为。④

Brandeis 关于律师角色的观点，激起的论证延绵不绝。批评者反对说，律师不是"境况"所聘请的，他们与其委托人可能就特定背景的要求存在完全不同的看法。⑤ 多个委托人的利益很少完全一致，如果随后发生了争端，代理"每个人"的诉辩者可能看上去是不代理任何人的诉辩者。

关于多重代理的律师协会道德规则和有关无资格代理的法律的核心概念，是利益"逆境"。这个概念既指发生利益冲突的可能性，也指可能发生的利益冲突的剧烈程度。问题不仅是当事人是否存在利益或者方向上的分歧，还包括他们在多大程度上可能来促进这种分歧。⑥ 这反过来常常需要法律建议。这有的时候使得利益冲突核查要循环进行。当事人询问律师是否可能发生问题，而律师也应当提出同样的问题。

一般而言，多重代理有利有弊。对于当事人而言，这避免了各自聘请律师所 *126*

④　Geoffrey C. Hazard, Jr., Ethics in the Practice of Law 58-62 (1978); Richard W. Painter, Contracting Around Conflicts in a Family Representation: Louis Brandies and the Warren Trust, 8 U. Chic. L. Sch. Roundtable 353 (2001).

⑤　John P. Frank, "The Legal Ethics of Louis D. Brandeis," 17 Stan. L. Rev. 683, 702 (1965); John S. Dzienkowski, "Lawyers as Intermediaries: The Representation of Multiple Clients in the Modern Legal Profession," 1992 U. Ill. L. Rev. 741, 784 (1992).

⑥　Hazard, supra note 3, at 69.

带来的成本和可能带来的对峙。对于律师而言，服务于所有的当事人，可能会带来更多的律师费、更少的拖延和不睦。然而，存在的风险是，如果发生了利益冲突，当事人会以更多的成本和拖延告终。他们将需要分别雇请律师，这些律师通常情况下将重复甚至质疑先前的法律工作。在这样的情况下，律师常常成了并非必然是他们造成的问题的替罪羊。在多重代理情况下，人们期望律师对每个人既要公平，也要貌似公平。人们还期望律师在一开始预测发生利益冲突的可能性。这是很难做的事，因为这不仅取决于（事务）的客观事实，还取决于当事人的主观态度，所有这些都会随时间发生变化。[7]

像其他职业一样，律师界处理大多数利益冲突时所青睐的方法，是披露和明智同意。同样。这一策略也有着显然的好处和成本。表面看，披露为每个人提供了某些信息。它增加了受到影响的当事人所能得到的信息，也使职业人员能够从事获利活动。[8] 然而，关于披露策略的研究表明，对于利益冲突而言，它们是高度不完美的反应。各种认知偏见，使得人们面对误导性不能进行充分的调整，即使就冲突进行了充分披露。因为有那么多的自益性偏见是在无意识情况下发生的，那些作出和接受扭曲的建议的人，都不能理解问题的程度。此外，人们还很难对信息置之不理或者加以漠视，即使他们知道这些信息是不准确的。[9] 一个进一步的问题是，明智同意策略可能会减少职业人员就潜在误导性信息的关注感，鼓励他们仅仅是披露，而不是避免有害的影响。在某些实验中，与未进行披露相比，披露实际上导致了更不准确的决策。[10] 在律师—委托人关系中，这样的研究强调了这样的需要，即除了披露外，还要有防止严重利益冲突风险的规则。

■ 二、同时代理多个利益_____

关于同时性代理利益冲突的首要道德规则是《示范规则》第 1.7 条。总的来看，它在条件上类似于它的前身 DR 5-105。规则 1.7 禁止进行直接不利于另一委托人的代理，或者因受到对另一委托人的义务的"严重限制"而有"重大风险"的代理。第一个限制是，禁止律师或者律师事务所在诉讼中或者类似的争讼性程序中代理对方当事人。这种对直接不利代理的限制不能放弃；委托人不能同意这

---

⑦ Id.，at 70-73.

⑧ Daylian M. Cain，George Loewenstein，& Don A. Moore，"The Dirt on Coming Clean：Perverse Effects of Disclosing Conflicts of Interests，" 34 J. Legal Studies 1，2（2005）；Paul M. Healy and Krishna G. Palepu，"Information Assymetry：Corporate Disclosure and the Capital Markets：A Review of the Empirical Disclosure Literature，" 31 J. Accounting & Econ. 405（2001）.

⑨ Don A. Moore & George Loewenstein，"Self-Interest，Automaticity，and the Psychology of Conflict of Interests，" 17 Social Justice Research 189（2004）；Cain，Loewenstein & Moore，"The Dirt on Coming Clean，" supra note 8，at 3.

⑩ Cain，Loewenstein & Moore，"The Dirt on Coming Clean，" supra note 8，at 3. 在他们的实验中，实验对象扮演两个角色中的一个：评估者或者建议者。评估者试图估量罐子中的硬币的数量，准确者会得到奖励。均建议者则就罐子有更好的视角，被告知要为评估者提供建议。在该实验的一个变体中，在评估者作出了更高而不是更为准确的估计的情况下，建议者将得到更多的酬报。就这一动机进行了披露。在这一实验的变体中，与建议者没有这种动机或者该动机没有被披露相比，评估者给出了更为不准确的回答。Id.，at 16-22.

种同时性代理，因为这可能对他们的自身利益和司法制度产生不利影响。[《示范规则》第 1.7 条（b）（3）。]第二个限制，既适用于诉讼关系，也适用于交易事项，在对某委托人的代理会受到对另一委托人的责任的"严重限制"的情况下，该限制禁止律师对该某委托人进行代理。这一限制可以放弃。如果律师"合理地认为"他能够为每个相关当事人提供称职和勤勉的帮助，委托人在获得了全部信息后，可以对这样的同时性代理表示同意。[《示范规则》第 1.7 条（b）（1）。]⑪

就像《律师法重述（第三次）》指出的那样，禁止律师对诉讼对立当事人进行联合代理的另一个原因，是我们需要保护"程序的适正性"⑫。如果律师试图代理争端的双方，则就可能不能提供明智裁决所必需的有力诉辩。无论是事实还是看得见的正义都会遭受风险，公布的判例也是这么认为的。

加利福尼亚州是有着显著不同道德规则的唯一的州。只要委托人作出了明智同意，它允许任何共同代理。[California Rule 3-310（B）.]然而，加州法院拒绝允许对在诉讼中有着实际（而不是潜在）利益冲突的委托人的共同代理，理由是任何所称的同意将"既不是深思熟虑的，也不是明智的"⑬。

在评估委托人是否处于能够作出明智同意的地位时，法院和论者强调了几个因素：

- 委托人利益的性质和所提供的服务；
- 律师就涉及诸如忠诚、保密和律师——委托人特免权等事项进行披露的时间、程度和可理解度（intelligibility）；
- 委托人评估其利益的性质和共同代理的后果的能力；
- 委托人行使不受胁迫的选择权的能力。

例如，在涉及很大的利益、不稳定的环境和对抗性、强迫性关系的情况下，与涉及更小利益、常规服务和合作性、持续性关系的情况相比，共同代理远不可能是适当的。在已公布的案例中经常指出的一个显然非常重要的因素是，在考虑并同意弃权时，委托人是否得到了独立的代理。独立的律师事务所寻求公司委托人弃权，而该委托人得到了其内部法律部的建议，这是最常见的情况。据此作出的利益冲突弃权，是相当适当的，很难被否定。

这些极端之间的中间地带，是最容易产生问题的。特别是与并不是那么老到的委托人交往时，审慎的律师要确保就获得独立律师的好处和成本提供一个现实的评估意见。许多身处合作性的项目中的人倾向于对其共同事业持乐观态度，漠视随后发生冲突的可能性，这是可以理解的。律师也有着最大化律师费而最小化交易成本的利益，他们可能有类似的倾向。但是就像《律师法重述（第三次）》第 202 条所指出的那样，明智的同意要求委托人"就所涉及的重要风险能得到合理、足够的信息"。如果律师要尽可能坦率地说明这些风险，则要向所有参与者充分提供这些信息。

---

⑪ 《示范守则》的规定是 DR 5-105，这一规定使用的措辞稍有差别，但是适用时含义相同。它规定，如果律师代理另一委托人的职业判断将会受到"不利影响"，或者如果他们并非"显然"可以"对每一方的利益进行足够的代理"，则律师必须谢绝代理。

⑫ Restatement（Third）of the Law Governing Lawyers，§ 201（1991）. See also Fred C. Zacharias，"Waiving Conflicts of Interest，" 108 Yale L. J. 407，413-415（1998）.

⑬ Klemm v. Superior Court，142 Cal. Rptr. 509，512（App. 1977）.

129   委托人可以放弃现在的以及未来的利益冲突。美国律师协会道德委员会在93-372正式意见（1993年4月16日）中，极力劝阻这种做法，并警告说，作出这样的弃权时必须足够清晰地说明利益冲突，使得委托人的同意是真正的明智同意。潜在的弃权，既不能确认潜在的对方当事人，也不能说明潜在的发生利益冲突的委托人群体，是不可能经得起审查的。然而，就像随后的讨论所指出的那样，此后美国律师协会和《律师法重述（第三次）》采取了更为容许性的立场，特别是在委托人老到且被充分告知的时候。企业的内部律师常常建议企业放弃当前和未来的利益冲突（有的时候以适当的屏蔽为条件），以从外界很资深的律师那里获得代理。不是那么老到的自然人委托人也有着弃权的高度可能性，这常常是基于律师的保证，即他们能够提供有效的代理。[14]

对多个诉讼原告或者被告进行共同代理，引起了特别的关切。由同一律师对诉讼参与人进行代理的主要好处是显而易见的。首先并且最明显的是，委托人能节约金钱。通过汇集资源，当事人常常能够获得本来请不起的专家律师的服务。在某些民事和白领犯罪案件中，雇主可能愿意出钱获得一个统一的辩护，而不愿意就所有雇员和组织分别雇请律师而付费，除非赔偿协议要求这么做。从个人和其雇主的立场来看，共同代理能够促成彼此有利的"防守"，即律师能够协调多个诉讼参与人或者被调查对象组成"统一战线"。

然而，共同代理的这些好处也相应地各有弊端。最明显的是，律师可能放弃以某个委托人为代价去帮助另一委托人的机会。在统一战线策略是雇主（或者有组织犯罪的共谋者）所资助的情况下，律师可能不愿意就这样的和解或者辩诉交易进行谈判：以不利于他人的合作来换取对某个委托人的好处。

130   即使律师试图善意地促进多个委托人各自的利益，共同代理也会是一个很有风险的主张。如果统一战线没有形成，后见之明可能表明某个委托人如果得到单独代理本会使得处境更好。Kenneth Mann教授对白领犯罪辩护的研究描述了这一事实模式：每个委托人都对其他人提出归罪性证据，检控方恰好有了足够的证据来考虑对每个人起诉，但是证据还不足以驳回这样的选项，即对某个委托人予以豁免，以获得反对其他人的决定性证据。Mann的结论是，"律师很难在不损害某个委托人利益的情况下行事。如果他建议任何人都不要进行交易，因为他认为他能够为所有人赢得案件，他就是在牺牲某些人的某些成功性。显然，他不能建议某个人作出不利于他人的交易"[15]。

这一事实模式反映了众所周知的博弈论中的"囚徒困境"，我们在第七章讨论过。如果两个当事人都拒绝合作，与双方都试图进行交易而公诉人仅仅会豁免其中一个相比，每个人可能都有更多的机会逃脱起诉。但是，从另一个角度看，每个人都试图获得豁免，无论对方如何，这对他来说要好得多。如果他的共同被告拒绝合作，进行了交易的委托人获得了豁免，而"进行防守"的合作者进了监狱。相反，如果其共同被告进行了交易，委托人拒绝合作，则可能被定罪。囚徒困境决定了每个委托人寻求豁免是合理的，即使双方都能预测到对方也会这么做，并且他们一同防守会处境更好。就像两个博弈论

---

⑭　Leonard E. Gross，"Are Differences Among the Attorney Conflict of Interest Rules Consistent with Principles of Behavioral Economics?" 19 Geo. J. Legal Ethics 111，136（2006）.

⑮　Kenneth Mann, Defending White Collar Crime：A Portrait of Attorneys at Work 170（1985）.

学家所指出的那样："确实，博弈者会发现他们完全无可奈何；但是他们别无选择。"⑯

在这种情况下为委托人提供咨询的律师会遇到类似的困境。那些提出建立统一战线的人，是在要求委托人彼此信赖，即使每个委托人都知道对方有着与检控方进行交易的强烈动机。但是，告诉某个委托人去信赖另一个有着强力理由来背弃该信任的人，是不是审慎？此外，每个委托人知道，另一个委托人知道该原因。因此，每个人都有理由怀疑另一个人会"先发制人"。从实践来看，在这样的背景下，律师的角色有的时候可能是使每个委托人相信另一个委托人是可以信赖的。通过破除相互怀疑，律师可能能够防止与团结战略相比更不可取的交易。但是这需要建议委托人采取具有重大风险的行动。

这些风险并非为刑事程序所独有。在民事诉讼中也常常出现类似的两难。例如，共同被告可能在反对原告的主张方面有共同的利益，但是每个人也有动机来进行和解，有动机提出将责任转移给对方的证据。然而，在刑事案件中，多重代理引起了特别的关切，这是因为牵涉到宪法利益。对于利益冲突危及了被告获得宪法第六修正案规定的律师有效帮助权的情况，最高法院的判决已经确立了判决标准。在 Holloway v. Arkansas, 435 U. S. 475（1978）案件中，最高法院判定，在律师及时提出异议后，被迫对多个被告进行代理的情况下，有罪判决将被推翻，除非审判法院认定不存在利益冲突。在 Cuyler v. Sullivan, 446 U. S. 335（1980）案件中，最高法院拒绝将该推翻原判的规则扩展到没有提出异议的情况。在这样的情况下，只有在被告能够证明利益冲突不利地影响到了律师的表现的情况下，才会推翻有罪判决。在 Mickens v. Taylor, 535 U. S. 162（2002）案件中，最高法院坚持了该规则，即使是在死刑谋杀案件中。在该案件中审判法官指定律师来代理被告，而该律师还是谋杀被害人的律师，法院没有就可能的利益冲突进行调查。

同样，最高法院维持了一个审判法院不顾被告的异议而批准了检控方取消辩护律师代理资格的申请的决定。[Wheat v. United States, 486 U. S. 153（1988）.] 检控方担心的是，被告可能在随后的程序中主张辩护律师存在利益冲突，从而证明律师的帮助是无效的。当然，在被告放弃了异议权而允许检控方主张存在利益冲突的情况下，存在这样的可能性，即检控方的真正动机是排除特别有力的对手。然而，最高法院表达了对审判法官的信任，认为他们就共同代理进行裁决时会考虑这种可能性。（Id.）基本的概念是，如果利益冲突"如此严重，（以致）理性的被告不会在明知和明智的情况下愿意得到该律师的代理"，则这样的利益冲突实际上是"不可放弃的"⑰。

多重代理在刑事案件中造成的问题，包括成功的防守辩护对司法造成的影响，导致某些国家的法律制度要求有单独的律师。⑱ 支持这一方法的人指出，多重代理的策略优势，可以通过得到单独代理的当事人之间达成共同辩护协议而获得，并且风险更少。这样的协议允许被告共享秘密信息而不用放弃律师—委托人

---

⑯　Duncan Luce & Howard Raiffa, Games and Decisions 101（1957）.

⑰　United States v. Schwarz, 283 F. 3d 76, 95（2d Cir. 2002）. See also United States v. Fulton, 5 F. 3d 605（2d Cir. 1993）.

⑱　Deborah L. Rhode & David Luban, Legal Ethics 465（3d ed., 2001）（讨论了原联邦德国禁止共同代理的问题）.

特免权。⑲ 然而，根据这种协议进行的单独代理仍然有着重复工作的经济成本，对此自然人被告和国家资助的贫穷者辩护制度有的时候不能或者不愿意承担。无论如何，只要共同代理是一个可行的选项，辩护律师就有特殊的责任来保证委托人在接受这种安排前，能充分意识到风险。

在民事诉讼中，尽管利益冲突原则禁止律师代理对方当事人，法院有的时候创制了某些例外，其中一个涉及离婚。无过错程序的兴起，和减少其经济与情感成本的公共利益，导致了更为容许性的方法。越来越多的司法辖区允许在无争议离婚的有限情况下，在律师进行了全面披露并且每个配偶都作出了独立的同意后，对配偶双方进行共同代理。其他州仍然坚持这样的立场，即利益冲突的可能性和保密问题足以禁止进行双重代理。

总之，法院的判决和专家的评论为多重代理背景下的律师提供了某些常识性规则。充分的明智同意是必要的，但是还不够。律师可能不能为双方当事人提供足够的帮助，如果他们有着严重不平等的讨价权，或一方配偶对另一方的决策有着控制权，或律师与一方的特殊关系使得中立的事实或者表现难以成立的话。⑳

在大多数民事诉讼中，如果当事人就利益冲突作出了明智同意，他们将很难相信法院以他们的代理不充分、律师不当获得了利益冲突弃权为由来取消判决的做法。然而，如果事实具有足够的说服力，法官将会认真执行律师协会的道德要求。一个相关的著名案件是 Amchem Products, Ins. v. Windsor, 521 U.S. 591 (1997)。该案件以集团诉讼律师存在利益冲突为由，撤销了对集团诉讼的批准。如果委托人能够证明不当的利益冲突破坏了对他们的代理，更常见的救济是按照第七章讨论的思路对律师作出不当执业判决。

■ 三、立场性利益冲突

当律师就某个委托人采取的立场可能对并没有直接卷入该事项的另一委托人有不利影响时，就会产生"立场性"利益冲突。一个熟悉的例子是，律师就保护借贷者提出了一个新的理论，而该律师也代理着商业贷款人，例如银行。在该理论被法院接受的情况下，会在未来对银行不利，这种情况下就会产生立场性利益冲突。

《示范守则》和《示范规则》都没有绝对性地禁止立场性利益冲突，然而两者都包括在特定情况下能涵盖这样的冲突的禁止性规定。首先，如果立场性利益冲突会破坏律师代表每个委托人的"独立职业判断"，则根据《示范规则》第2.1条及其前身《示范守则》DR 5-105 是不允许的。如果代理会直接不利于另一委托人，则根据《示范规则》第1.7条（a)(1) 是不允许的。如果立场冲突有着滥用委托人秘密信息的危险，根据《示范规则》第1.6条及其前身《示范守则》DR 4-101 是不允许的。

就对律师的判断和表现的影响而言，《示范规则》第1.7条（b) 的注释说：

通常情况下，律师在不同的裁判庭、不同的时间代理不同的委托人的情

⑲ See Amy Foote, Note, "Joint Defense Agreements in Criminal Prosecutions: Tactical and Ethical Implications," 12 Geo. J. Legal Ethics 377 (1999).

⑳ See Rhode & Luban, supra note 18, at 579.

况下，可以采取不一致的法律立场。仅仅存在这样的事实，即代表某个委托人主张某种法律立场可能会创造一个对律师在不相关事务中代理的委托人的利益不利的先例，并不产生利益冲突。然而，如果存在这样的重大风险，即律师代表委托人所采取的行动将会严重限制律师在不同案件中代理另一委托人的有效性，则会产生利益冲突，例如，在有利于某个委托人的裁决将会创造一个可能会严重削弱为另一个委托人所采取的立场的先例的时候。在确定是否应当就风险对委托人进行告知的时候，应当考虑的因素包括：案件是在何地系属的，有关争议是实体性的还是程序性的，有关事务之间的时间关系，有关争议对于有关委托人的现在和长期利益的重要性，以及委托人在聘请律师时的合理期待。如果存在产生严重限制的重大风险，则在缺乏受到影响的委托人的明智同意的情况下，律师必须拒绝其中一个代理，或者退出对一方或者双方事务的代理。[21]

按照这个框架，重要的问题是：什么会构成对有效性的限制？谁来决定这个问题？

重大立场性冲突显然会有对立委托人的风险。给委托人（例如上述例子中的银行）造成的不快并不是，也不应当等同于违反道德守则（尽管这可能导致委托人雇请其他律师）。在实践中，律师和律师事务所经常发现他们自己所采取的立场与某些委托人的关切点相悖。在律师从事公益工作的同时，还代理涉及公众的企业，在有着广泛社会影响的案件中为付费委托人工作时，尤其如此。法律观点的自由表达，及其相应的公共利益含义，为职业独立的理想带来了生命力。[22]

保护律师的独立性对于保证他们参与法律改革和相关的律师协会的活动，也是很重要的。这样的活动尽管有的时候是为付费委托人进行的，也可能反映了见多识广的法律职业人员的超然的判断，他们会支持其委托人所反对的观点。律师界长期以来支持这样的拥护行为。美国律师协会《示范守则》道德考虑8—1强调，律师"应当参与提出和支持改进司法制度的立法和项目，无须虑及委托人或者前委托人的一般性利益或者愿望"。与此类似，道德考虑7—17坚持律师"可以就公共问题采取立场，支持其所赞同的法律改革。无须虑及任何委托人的个人观点"。《示范规则》第6.5条延续了这一传统，规定律师"可以担任涉及法律改革……的组织的董事、职员或者成员，即使这种改革可能影响到律师的委托人的利益"。这样的职业独立对于民主的适当运转是很关键的，民主的运转要求那些知晓法律政策之不足的人有解决该问题的自由。

美国法律协会在《律师法重述（第三次）》中放大了这些已经稳固确立的原则。根据其关于法律的概括，律师可以就争议问题采取公共立场，尽管这与委托人的观点相悖，但是无须取得他们的同意。[23] 另一种观点将调和社会利益与职业利益。例如，"如果税务律师支持税收改革的立场，而让他有义务仅仅支持服务

---

[21] 美国法律协会《律师法重述（第三次）》第128条注释f采用了同样的立场。

[22] See Ronald D. Rotunda, "Alleged Conflicts of Interest Because of the 'Appearance of Impropriety,'" 33 Hofstra L. Rev. 1141, 1143 (2005); Norman W. Spaulding, "The Prophet and the Bureaucrat: Positional Conflicts in Service Pro Bono Publico," 50 Stan. L. Rev. 1395 (1998).

[23] Restatement, supra note 17, § 125 comment e (2000).

于其现行委托人之立场的立场，则公众就会失去最有能力的人能够对政策制定作出的客观贡献"㉔。

另一种立场冲突涉及我们常常称为"意识形态"性的冲突。律师在特定事务中的立场与另一委托人的立场相悖，尽管没有直接涉及该利益，在这种情况下就会产生这样的冲突。这些冲突有助于解释为什么某些实体法领域的专家通常仅仅代理"一偏之见"：人身伤害原告律师通常并不办理保险辩护案件，工会律师并不代理资方。

另一种类型的意识形态冲突涉及政治立场。在律师办理公益案件或者从事其他冒犯付费委托人的公共服务时，特别可能产生这种冲突。在一次全国性的调查中，大约40％的律师报告说，他们所在的组织不鼓励可能拥护与其委托人利益或者价值不一致的立场的公益工作。㉕ 然而，律师愿意承办不得人心的案件，这对于他们自己和律师职业而言，也是一种极大的骄傲。律师协会常常将其最高奖项授予那些冒着疏远其委托人或者潜在业务来源的风险的律师们。法律作为一个职业卓尔不群的原因之一，就是其成员愿意从事公益工作，原则高于利润。

四、连续性代理

与现行委托人之间的冲突相比，现行委托人和前委托人之间的冲突的关切点有所不同。就现行委托人而言，律师负有忠诚和保密义务。就前委托人而言，忠诚义务受到了相当大的限制。按照适用于现行委托人的同样标准来永久保护前委托人，实际上会破坏律师业的独立性。律师一旦为某个委托人服务，就再也不能承办对该委托人不利的事务。随着律师职业生涯的累进，他们前委托人的数量会与日俱增，他们接办新的案件的能力也会同比例下降。实际上，律师会与特定的委托人和案件永远同条共贯。

然而，尽管律师应该能够接办对其前委托人不利的事务，对这些委托人的某些义务在代理终结之后还是持续存在的。律师不能使用前委托人的秘密信息来反对他们，不能直接攻击为这些委托人所做的工作。就忠诚而言，《律师法重述（第三次）》第132条注释b解释说："在律师代理前委托人的时候，律师应当没有动机来为随后反对该委托人的代理埋下伏笔，例如所起草的合同条款在随后可以对前委托人作不利解释。"

就涉及保密的保护而言，法院和道德守则关注的是在当前代理和前代理之间是否存在实质联系。根据《示范规则》第1.9条，"如果律师以前在某事务中代理过某委托人，在同一事务或者有实质联系的事务中他人的利益与该前委托人的利益存在重大冲突，则此后该律师不得在该同一或者有实质联系的事务中代理该他人，除非该前委托人作出了经书面确认的明智同意"。如果存在这样的"重大

㉔ Id..

㉕ Deborah L. Rhode, Pro Bono in Principle and in Practice 146 (2004). See also Esther F. Lardent, "Positional Conflicts in the Pro Bono Context: Ethical Considerations and Market Forces," 67 Fordham L. Rev. 2279 (1999); Spaulding, supra note 16; John S. Dzienkowski, "Positional Conflicts of Interest," 71 Tex. L. Rev. 457 (1993).

风险，即在先前代理中通常获得的事实性秘密信息将会在随后的事务中被用来大大促进委托人的立场"，则这些事务将被认为具有"实质联系"（《示范规则》第1.9条注释）。⑳ 当先前的事务和新的事务"具有实质联系"时，就产生了这样的推定，即律师获得了相关信息，因此存在利益冲突。这一推定的理论根据是，前委托人不应当被迫去证明实际上交流了秘密信息，因为这可能要求取得或者披露恰恰旨在保密的事项。㉗

　　然而，根据《示范规则》，如果代理是由律师已经离开的律师事务所提供的，并且律师本人没有参与先前事务，则失密推定（presumption of disabling confidences）并不适用。《示范规则》第1.9条（b）规定，如果律师以前所在的律师事务所在同一事务或者有实质联系的事务中代理过某委托人，律师可以接受新的代理，除非当前委托人的利益与之相悖，且律师本人获得了相关秘密信息。与此类似，在代理涉及非具有实质联系的事务的案件中，《示范规则》第1.9条（c）仅仅是要求律师不得使用秘密信息来损害该前委托人。此外，根据《示范规则》第1.10条（b），律师已经离开的律师事务所中的律师并不被禁止承办与离开的律师的委托人的利益相悖的事务，如果这些律师本身都没有卷入先前事务的话。

　　就前政府律师而言，适用的规则更具有容许性。《示范守则》和《示范规则》反映了被大多数法院和律师职业道德委员会采取并在《联邦政府行为道德》㉘ 中被法典化的方法。《示范规则》第1.11条（a）规定，以前曾经作为政府公职人员或者雇员的律师，不得使用秘密信息来损害政府的利益，并且"如果律师作为公职人员或者雇员曾亲自并且实质参与过某事务，该律师不得代理与该事务有关的当事人，除非适当的政府机构对该代理作出了书面的明智同意"。根据《示范规则》第1.11条（b），如果政府律师没有资格进行有关代理：

> 该律师所在的律师事务所的其他律师不得在明知的情况下，代理或者继续代理该事务，除非：
>
> （1）该无资格律师被及时地屏蔽，没有对该事务进行参与，并且该律师不分享因该事务取得的律师费；并且
>
> （2）已以书面形式迅速通知了适当的政府机构，使其能够确知对本条规则的遵守情况。

　　［还可参见《示范守则》DR 9-101（B）。］

　　允许政府律师采用屏蔽措施，反映了这样的事实，即许多这样的律师并不计划永远留在公务部门。美国政治制度的规定是，政府领导层，包括高位的律师，在他们的政党败选的情况下要离职。在败选之后，这些律师通常将回到私人执业领域，并常常希望以后重回公务部门。许多低层级的律师也在相对短的时期内从事公务工作，希望获得有助于私人执业的技能和关系。这种模式通常叫作"旋转门"。如果就前政府官员设定的利益冲突规则过于严苛，旋转门将停止旋转，政府征召有着聪明才智的律师（特别是在普遍相对低廉的薪水的基础上）的能力就

---

⑳　See also Restatement, supra note 17, §132, Comment.

㉗　See T. C. Theatre Corp. v. Warner Bros. Pictures, 113 F. Supp. 265, 268（S. D. N. Y. 1953）；Analytica Inc. v. NPD Research Inc., 708 F. 2d 1263, 1266（7th Cir. 1983）.

㉘　18 U. S. C. §§201-219. See ABA Formal Op. 342（1976）.

会受到严重损害。对职业流动的不当限制，也可能剥夺公务部门获得新鲜血液的机会，也会剥夺私人执业领域的律师获得有价值的政府经验的机会。有着其他工作可能性的公务人员也有可能更能够对政府与公共利益不一致的立场提出挑战。曾经在重要政府岗位工作过的私人律师，在就守法为委托人提供咨询时，可能有更高的经验、水平和可信性。㉙

然而，对前政府官员的适正性事实和表现的关切，产生了进行某些规制的必要。屏蔽是一种选择策略。因此，就像下文所指出的那样，就前政府律师所进行的屏蔽，将防止在新的执业环境中，将该律师的利益冲突推断适用于他人。然而，这种背景下屏蔽机制的有效性提出了一个关于利益冲突规则的根本性问题：如果这样的机制对前政府雇员而言是有效的，对其他律师为什么不起作用？

五、替代性的无代理资格、屏蔽和弃权

关于利益冲突，（律师界的）传统立场是，律师事务所或者其他法律组织中某个律师无代理资格，将推断适用于所有其他成员。［《示范规则》第 1.10 条，《示范守则》DR 5-105（B）。］唯一的例外适用于政府律师，以及"建立在被禁止律师的个人利益基础上的，并且不会带来对律师事务所其他律师对委托人的代理产生严重限制的重大风险"的利益冲突。［《示范规则》第 1.10 条（a），《示范守则》DR 9-101（B）。］替代性无代理资格背后的理论是，同事之间共享收入、声望和未来，并且交换秘密信息的机会不是能轻而易举地察知。Charles Wolfram 教授总结了反对屏蔽措施的通常观点："归根结底，不过是进行屏蔽的律师这只狐狸在自利性地保证说要仔细看好受屏蔽的律师这只小鸡。"㉚ 对这一说法进行的少数检验之一发现，实际上所有接受调查的律师都认为，对方的屏蔽可以不留蛛丝马迹地被违反。㉛

然而，在一个律师事务所规模不断扩大。其成员横向流动日益增加的时代，严格的替代性无代理资格规则似乎越来越有问题。特别是在大的律师事务所，它们在多个分支机构有着成百的律师，推定他们就秘密信息进行共享，似乎是不合时宜的，可能会不当限制委托人取得有资格的律师的帮助的能力。会计师事务所发展起来的用来隔离有着利益冲突的雇员的"隔离墙"方法，也因此得到了法律职业的支持。越来越多的州规定，至少对某些利益冲突而言，屏蔽是足够的回应方法。㉜

美国律师协会道德 2000 委员会建议在无代理资格律师横向流动到新的律师事务所的时候，只要秘密信息在未来的代理中不可能很重要，则允许进行屏蔽，

139

㉙ Robert W. Gordon, "Private Career Building and Public Benefits: Reflections on 'Doing Well By Doing Good'," 41 Houston L. Rev. 113, 131-32 (2004).

㉚ Charles Wolfram, Modern Legal Ethics 402 (1986).

㉛ Lee A. Pizzimenti, "Screen Verite: Do Rules About Ethical Screens Reflect the Truth About Real-Life Law Firm Practice?" 52 U. Miami L. Rev. 305, 331-32 (1997).

㉜ 2006 年的一项调查发现，11 个州的规则允许就横向流动的律师进行屏蔽，无论被屏蔽的律师在多大程度上知晓或者参与了前律师事务所的事务。大多数司法辖区要求对前委托人进行通知，并禁止受到屏蔽的律师分享该事务所形成的律师费。其他 7 个州的规则允许在某些情况下进行屏蔽。相关因素包括律师参与前事务的程度和先前获得的信息与随后的事务相关的可能性。Attorney's Liability Assurance Society, Loss Prevention Manual (2006).

但是要通知所有受到影响的委托人。该委员会作出该建议，是因为在允许屏蔽的司法辖区实际上并没有发生任何损害投诉，一些司法辖区允许这种做法已逾 10 年。该委员会还听取了关于现行规则存在的问题的重要证据：对律师流动的不当限制，给当事人造成的过度成本；给法院带来的处理无资格代理动议的不必要负担，以及屏蔽适用于前政府律师但是不适用于其他人的不合理假设。尽管美国律师协会全国代表大会拒绝了该委员会提出的关于屏蔽的规则，但这可能仍会是持续讨论的话题，是某些州加以采纳的模板。

现在，律师事务所采用了各种方法来识别利益冲突。美国律师基金会资助的 Susan Shapiro 的研究发现了四种主要的策略。少数律师是这一群体中的"鸵鸟"，并没有特别关注该问题，对此持乐观态度。一小部分人则是"大象"，认为他们不会忘记他们所曾承办的事务，并且仅仅依赖于律师和其他人员的记忆。这很少能够完全奏效，因为人的记忆会消逝，在律师退休或者流动到其他律师事务所的时候，机构性的历史也会消失。律师事务所中的第三个群体是"松鼠"，持有尽可能多的文件，当准备承办新的案件时，就仔细地审视其记录。在某些律师事务所，律师或者其他工作人员仅仅诉诸委托人名单来确保在潜在的新案件中对方当事人不是已经代理的委托人。在其他律师事务所，律师则审查诸如邮件名单和时间、收费记录或者会计记录。第四种律师事务所是"电脑化松鼠（cyber-squirrels）"，他们开发了电子化的数据库来管理利益冲突。这些系统各有千秋，但是常常是高度复杂的，是劳动力密集型的。经验表明，即使是最为复杂的计算机利益冲突查核，也要求法律工作人员来进行监督。某些大的律师事务所雇用了多达 10 名的专业人员，其唯一的职责就是修改数据库，进行计算机化的利益冲突检索，然后再由律师进行审查。[33] 有限的经验证据表明，从收集的利益冲突信息的质量、信息的更新频率、就屏蔽为当事人提供的通知、维持屏蔽所采用的程序等角度看，许多律师事务所的程序是不尽如人意的。[34]

利益冲突问题的频率问题，导致了越来越多的事先弃权和"合同屏蔽"。后一术语指的是这样的制度，即委托人就界定好的当前或者某些未来利益冲突弃权，律师事务所同意对为不利利益服务的律师进行屏蔽。随着律师事务所变得越来越大，在接到新的业务时有更大的时间压力，合同屏蔽有可能成为标准做法。确实，某些律师事务所的服务被视为独一无二的，或者近乎独一无二，它们现在坚持广泛的利益冲突弃权，这是不消说的。

事先弃权，尽管并非不道德，也不是防止随后发生的问题完全靠得住的方法。《示范规则》第 1.7 条的注释指出："这种放弃的有效性，通常取决于委托人在多大程度上能够合理理解其弃权所带来的严重风险。对未来可能发生的代理的类型和这些代理所可能产生的实际及合理可以预见的不利结果所作的解释越是全面，委托人就越可能作出必需的理解……如果这种同意是一般性的和不确定的，则通常情况下这种同意就是无效的，因为并不存在委托人已经对有关重大风险作出了理解的合理可能性。"该注释，像美国律师协会 05-436 正式意见（2005）一样，也强调这在很大程度上可能取决于委托人的老练和先前的法律经验。如果对于未来发生的利益冲突不能根据一般性的利益冲突条款作出同意，则预先的同意

㉝　Shapiro，supra note 1，at 9.

㉞　Pizzimenti，supra note 31，at 321-24.

就不能是有效的。（《示范规则》第 1.7 条的注释）

弃权和屏蔽显然在增长，大型律师事务所在某个办事处在任何时候都可能在使用许多"屏蔽措施"。与那些仅仅允许对前政府雇员、有着"个人性"利益冲突的律师适用屏蔽措施或者对自愿贯彻屏蔽措施（这常常是作为委托人弃权的一个条件）的律师使用屏蔽措施的州相比，在那些最容许使用屏蔽措施的州，这些制度受到了更多的规制和监督。㉟ 具有足够讽刺意味的是，与大多数司法辖区的严格规定相比，关于屏蔽的自由规则似乎能为委托人提供更多的保护。

如果目前的趋势继续发展，律师界在就利益冲突制定成本—效益战略时就将面临着越来越大的挑战。许多律师事务所在管理其数据库和防止地盘之战方面，面临着令人畏惧的任务。成千上万的收费小时被用于进行屏蔽和新的业务竞争。㊱ 尽管许多成本是日益复杂和竞争日益激烈的法律环境下所必然要发生的，对于法律职业而言，就利益冲突最小化那些冲突，具有重要的优先地位。

六、代理组织

除了前委托人与现行委托人的利益冲突外，在作为委托人的组织内部也会产生冲突。一般而言，律师协会职业道德守则和关于组织的法律，指示律师代理"实体"的利益，而不是任何其特定组成人员的利益。（《示范规则》第 1.13 条的注释）然而，在问题是这些利益是什么，以及谁来就此作出决定时，这些指示的帮助可能是有限的。

法律业务的很大一部分中，特别是就交易事项而言，律师代理的是组织，而与律师交往的个人不是技术上的"委托人"。职员、董事、雇员都是组织性委托人的代理人或者受托人。组织是律师忠诚和保密职责的受益人，是公司的法律权利和律师—委托人特免权的持有人。律师要忠诚于实体，在代理时要有合理的注意，否则，他们就会被解雇并承担不当执业责任。这些后果来自于公司法、合伙法、代理法以及职业道德守则的规定。然而，从实践来看，组织仅仅能够通过其自然人代理人来讲话和行动。用物理的术语来说，这些自然人体现了该组织，但是从法律理论的角度看他们并没有。这种区别是公司业务中特殊利益冲突问题的根源。在股东、经理和董事会的利益发生分歧时，律师常常遇到这样的问题，即要确定谁在代表委托人，可以代表其行事。

这样的利益冲突呈现出多种形式，常见的例子包括：确定管理层的薪酬；在股东派生诉讼中为公司及其职员进行辩护；在第三方提起的诉讼中代理该实体及其雇员；对雇员作出的可能归咎于该组织的不端行为进行调查和起诉。

《示范规则》第 1.13 条规定了所涉及的法律关系。规则 1.13（a）规定了这样的前提，即委托人是组织而不是其"组成人员"，例如职员、董事和雇员。这一规则反映了基本的公司法：实体是一个法律构成，有聘请律师的独立能力。规则 1.13（b）和（c）接着说明了这一前提的含义。一般而言，如果律师遇到职员或者雇员从事违反对该公司的职责的行为，或者从事可能使公司承担重大责任的

㉟ Id. .

㊱ Shapiro, supra note 1, at 9—11.

行为，律师必须维护该组织的"最大利益"。一般而言，律师有义务提供意见、提出异议，在必要情况下，将该事项提交组织内的更高权力机构。

在这些情况下，与组织外的律师相比，内部律师面对更大的困难。不仅仅是因为他们个人对有关的决策者要承担更大的责任，还在于他们在职业上更处于弱势。他们仅有一个委托人，该委托人为他们提供了薪水和福利，可以无任何理由而解雇他们。此外，内部律师通常就公司运作不正式地掌握更多的信息，包括可能在法律上存在问题的信息。总之，内部律师有着最大限度的责任和最低限度的工作安全。 *143*

组织的利益会可能与其组成人员的利益相冲突。在这种情况下，《示范规则》第1.13条的注释规定："对于那些律师发现其利益与该组织的利益相冲突的组成人员，律师应当向其告知这种利益冲突或者潜在的利益冲突……律师必须谨慎地保证该人对下列事项作出理解，即存在上述利益冲突时，为该组织工作的律师不能为该组成人员个人提供法律代理，并且为该组织工作的律师和该个人之间的讨论，得不到律师—委托人特免权的保护。"然而，从实践来看，律师的警告越是明确，个人越不可能配合调查来暴露有害信息，而这可能对于组织的适当反应而言是至关重要的。认识到了这一显而易见的此消彼长后，《示范规则》第1.13条的注释拐弯抹角地规定："为某组织工作的律师是否应向该组织的组成人员个人提出上述警告，视每个案件的事实而定。"

一个相关问题是，律师是否可以对该组织及其组成人员进行共同代理，也将取决于特定案件的事实。一般的考虑因素就是前文讨论多重代理时所列的因素，以及《示范规则》第1.8条（f）就第三方支付律师费所规定的因素。这一规则禁止律师从第三方接受报偿，除非：委托人作出了明智同意；对律师的独立职业判断或者与委托人的关系不存在干预；秘密信息得到了保护。

在这些情况下，共同代理的明显优势是能够使成本最小化，能够进行团结一致的辩护，就事件形成一致的说法。这种做法的显然不利是，组织的利益与职员或者雇员的利益可能最终分道扬镳。如果双方的利益都能得到维护，则共同代理就是有益的。如果不是这样，则组织可能就会想去否认雇员的行为，可能会要求赔偿，理由是雇员单独承担责任。就雇员是否在其雇佣范围内行事或者在监督者的监督下行事，或者特定的行为是否在保单范围内，就会产生争议。在可能存在刑事责任的时候，雇员可能还有机会与检控方合作，以获得宽免，而这会产生前文所说的囚徒困境问题。

通常情况下，考虑到雇员在就共同代理作出同意时所面对的压力，以及基于律 *144* 师自身的雇佣关系所可能产生的偏见，与对组织的影响相比，共同代理的风险对于个人更大。这样的关切给公司律师设定了一个特殊的责任，即保证对共同代理作出的同意不仅是充分明智的同意，而且在相关情况下是合理的。如果有可能存在利益冲突，则律师不应等到利益冲突出现的时候才退出代理，因为这个时候个人利益可能已经被无可挽回地损害了。如果律师已经获悉了有害的秘密信息，他们可能要被迫退出对组织和个人的代理，这个结果对于内部律师而言，特别成问题。㊲

㊲　Nancy J. Moore, "Conflicts of Interest for In House Counsel: Issues Emerging From the Expanding Role of the Attorney-Employee," 39 S. Tex. L. Rev. 497, 508（1998）. 关于内部律师所面临的挑战，参见 Sung Hui Kim, "The Banality of Fraud Re-Situating the Inside Counsel as Gatekeeper," 74 Ford. L. Rev. 983（2005）.

股东派生诉讼会产生相关问题。《示范规则》第 1.13 条的注释认为对组织及其资方和职员进行共同代理是合理的：

> 大多数派生诉讼是某组织事务中的正常事件。为该组织工作的律师可以像对任何其他案件那样进行辩护。但是，如果起诉涉及对那些控制该组织的人的不法行为提起的严重指控，在律师对该组织的职责和律师与董事会的关系之间就会产生冲突。在这些情况下，由规则 1.7 调整谁应当代理董事和该组织。

相反，《律师法重述（第三次）》第 219 条根据最新的判例法，认为共同代理是无效的。除非股东的主张看起来显然没有什么价值，否则，最好是进行单独代理。[38] 因为内部律师与管理层有着密切的认同，标准做法是，由公司成立一个由外部董事组成的、不作为被告的独立委员会，由该委员会对该主张的价值进行审查，在适当情况下为该组织选择外部律师。

七、代理政府

政府律师在识别"委托人"时，会发生相关的问题。理论上，委托人可以是公众、整个政府、雇佣律师的政府的某个部门、律师工作的机关或者对律师的行动负责的官员。法院、论者和律师协会道德守则采用了不同的观点，尽管它们都主张公共职位上的律师对公众有着特殊的责任。[39] 困难在于如何确定公共利益是什么，在政府成员存在不一致意见时，它的要求是什么。

在各种各样的事实背景下都会产生这样的困难。在某些情况下，一个机关中的律师负责代理另一个机关的立场，但是发现该立场与现行的法律、政策或其他机关的立场或者社会关注点不一致。在其他背景下，律师所在机关或者中央行政机关内部的更高层可能指令他们按照他们认为存在类似问题的方式行事。例如，在诉讼系属期间，行政层的更迭可能导致这样的指令，即政府律师要"换位"，尽管律师认为新的立场得不到法律和事实的支持。在另一个层面上，立法机关和行政机关不愿意为政府机构——例如监狱、精神治疗机构——提供足够的资金，可能会导致律师处于这样的地位，即为他们认为违反了宪法标准或者个人权利的条件进行辩护。另一个常见的"两难"会发生在这样的情况下，即律师获悉了秘密信息，而他们认为这应当与其他立法机关、行政机关、司法决策者或者一般公众分享。

---

⑱　Geoffrey C. Hazard, Jr., Sysan P. Koniak, & Roger C. Cramton & George M. Cohen, The Law and Ethics of Lawyering 537-38 (4th ed., 2005).

⑲　See Model Rules of Professional Conduct 1.13; Model Code of Professional Responsibility EC 7-13 (1969); Symposium on Government Lawyering, 61 J. Law & Contemp. Probs. 1 (1998); Steven K. Berenson, "Public Lawyers, Private Values: Can, Should, and Will Government Lawyers Serve the Public Interest?" 41 B. C. L. Rev. 789 (2000); Steven K. Berenson, "The Duty Defined: Specific Obligations that Follow From Government Lawyers' Duty to Serve the Public Interests," 42 Brandeis L. J. 13 (2003); Jack B. Weinstein & Gay A. Crosthwait, "Some Reflections on Conflicts Between Government Attorneys and Clients," 1 Touro L. Rev. 1 (1985).

在这样的情况下，没有什么法律可以用来识别"委托人"[40]。论者和律师协会道德守则采用了三个主要方法。一个立场是，委托人通常是雇佣律师的政府机关。这种"代理人方法"反映在联邦律师协会《联邦律师职业行为示范规则》规则1.13中。然而，该规则包含这样一个告诫，即"与类似情形下私人组织的律师"相比，政府律师可能"有权更为强烈地质疑这样的行为"。《律师法重述（第三次）》反映的是"代理人方法"的变种。（该法）第156条的注释提出，在大多数情况下，政府律师的委托人是卷入有关争端的政府机关，但是律师的责任可能有所不同，这视具体情况而定。 *146*

"代理人方法"有几个好处。其中之一是熟悉，它以私人执业中的律师—委托人关系为模型。因此，一些论者主张说，代理人框架培育了政治上的责任感。通过限制政府律师就公共利益作出独立判断的自由裁量权，这一方法将决策权赋予了对公众负有更直接的责任的民选官员。[41]

然而，"代理人方法"并没有解决所有的模糊问题，也没有对民主制度的局限性作出足够的回应。其中涉及的一个问题是，如何确定谁有权为政府机关发声。一般情况下，由对其决策负责的官员来发声。然而，就像法院和论者所强调的那样，律师代理的是组织，而不是民选的或者政治任命的临时担任领导者的个人利益。[42] 此外，至少在某些背景下，代理人框架反映的是关于政治责任的不现实的假设，和政府律师的社会责任这贫瘠的概念。毕竟，大多数政府决策是那些并不受大多数人直接控制的官员所作出的。即使是高级机关的人员，其民主责任感也是高度有限的。高级别的联邦官员会将其任命归结为某次选举，在该次选举中没有一个候选人得到多数票，更不用说就政府律师所面临的问题达成一致意见了。[43] 更为根本的是，机关作为委托人的框架可能不当地限制律师作为政府雇员来保证 *147* 政府政策得到适当贯彻的义务。例如，高级别的官员指令律师以违反现行法律、规章或者充分确立的法律原则的方式行事，对该决定提出挑战，与民主价值是一致的。

为此，第二个方法将政府律师的委托人视为政府整体。《示范规则》采用了该观点。对规则1.13的注释指出：

> 在委托人是政府机构的情况下，精确地界定委托人的身份和规定上述律师因此承担的义务更加困难。这一事项超出了本规则的范围……虽然在某些情况下委托人可能是具体的机构，它也可以是政府的某个部门，例如行政部门，或者政府整体。例如，如果作为或者不作为涉及某机关的领导，根据本规则，该

---

[40] 关于总结性意见，参见 Hazard, Koniak, Cramton & Cohen, supra note 38, at 583–86。

[41] See, e. g., Catherine J. Lanctot, "The Duty of Zealous Advocacy and the Ethics of the Federal Government Lawyer: The Three Hardest Questions," 64 S. Cal. L. Rev. 951, 1012–17 (1991); Jonathan R. Macey & Geoffrey P. Miller, "Reflections on Professional Responsibility in a Regulatory State," 63 Geo. Wash. L. Rev. 1105, 1116 (1995); Geoffrey P. Miller, "Government Lawyers' Ethics in a System of Checks and Balances," 54 U. Chi. L. Rev. 1293, 1294–95 (1987); Michael Stockes Paulsen, "Hell, Handbaskets, and Government Lawyers: The Duty of Loyalty and Its Limits," 61 Law & Contemp. Probs., 83, 85–86 (1998).

[42] Hazard, Koniak, Cramton, & Cohen, supra note 38, at 584; Michael Paulson, "Who 'Owns' the Government's Attorney-Client Privilege?," 83 Minn. L. Rev. 473, 486–87 (1998).

[43] Note, "Rethinking the Professional Responsibilities of Federal Agency Lawyers," 115 Harv. L. Rev. 1170, 1175 (2002). See also Berenson, supra note 39, at 823.

机关所隶属的机构或者相关的政府部门可能就是本规则所说的委托人。此外，在涉及政府公务人员行为的事务中，根据有关法律，政府律师可能比类似情况中为某私人组织工作的律师更有权全面地调查该行为……

然而，这一方法引发的问题与它给出的答案一样多。确实，该规则本身充分认识到了这一点，就律师在面对错误行为时如何采取具体行动的问题，说这超出了它的范围。

最后一个方法，将公众视为委托人，这在原则上是说得通的，但是在实践中更不具有确定性。人们做了某些努力来澄清这一方法在特定背景下的含义。例如，示范规则 3.8 和《美国律师协会刑事司法标准：检控职能》将公诉人的义务解释为"寻求正义"，而不仅仅是定罪。[44] 该义务包括：

- 仅在有可能成立的理由支持下才提起指控；
- 及时披露开罪性或者减轻处罚的证据；以及
- 确保被告有合理的机会获得律师的帮助。

148 对政府律师在民事背景下的义务的界定，更为有限，更不明确。例如，《示范守则》EC-7-14 声称：

在民事诉讼或者行政程序中，政府律师有责任来寻求正义，制作全面和公平的记录，他不应使用其地位或者政府的经济权力来搅扰当事人或者取得不正当的和解或者结果。

然而，就什么是"不正当"的和解，常常存在争议。政府机关的律师常常对于政府是否应当披露不利的重要事实、主张时限、就没有律师代理的对手的自我归罪风险进行警告、就可能使得有价值的主张不能实现的程序瑕疵向对方律师提出建议等事项，常常有着不同的观点。[45] 美国副总检察长办公室的律师长期认可这样的做法，即政府"坦承错误"并要求最高法院撤销下级法院作出的有利于政府的判决，在有些时候是适当的。但是，这些律师对于哪些具体案件中应提出这样的请求，存在不同意见。[46]

关于政府律师道德义务的一个案例研究，涉及的是 9·11 恐怖袭击后联邦律师在起草"酷刑备忘录"时受到高度关注的角色。两个最有争议的备忘录来自于法律顾问办公室，其结论是日内瓦公约并不适用于基地组织或者塔利班被俘人员。这为 George Bush 总统的声明奠定了基础。该声明确认了该结论，并说这些犯人的处遇遵守了日内瓦公约的原则，是"适当的，并与军事必要性一致"[47]。

---

[44] The phrase comes from Berger v. United States, 295 U. S. 78, 88 (1935).

[45] Bruce A. Green, "Must Government Lawyers 'Seek Justice' in Civil Litigation?" 9 Widener J. Public Law 235 (2000); N. Y. State Bar Association, Committee on Professional Ethics, Op. 728 (2000)（得出的结论是，市政府律师告诉没有律师代理的对手，他面临着自我归罪的风险、得到律师的建议可能会有好处，这种做法是适当的）。

[46] David A. Strauss, "The Solicitor General and the Interests of the United States," 61 Law & Contemp. Probs. 165, 169 (1998).

[47] 关于对这些备忘录的讨论，参见 David Luban, "Liberalism, Torture, and the Ticking Bomb," in The Torture Debate in America 35, 52-53 (Karen J. Greenberg ed., 2006); Hazard, Koniak, Cramton, & Cohen, supra note 38, at 587-90; W. Bradley Wendel, "Legal Ethics and the Separation of Law and Morals," 91 Cornell L. Rev. 67 (2005); Anthony Lewis, "Making Torture Legal," New York Review of Books, July 15, 2004。

　　一个同样充满争议的备忘录，是由法律顾问办公室主任 Jay S. Bybee 签发的，其结论是各种粗暴的讯问策略并没有违反美国根据国际《反酷刑公约》及贯彻该　*149*公约的制定法所承担的义务。该备忘录的结论有：

　　　　● 只有在疼痛"如此严重，伴随着死亡、器官衰竭或者身体功能的严重损害"的情况下，使人遭受痛苦才是酷刑；

　　　　● 在反恐战争中，就总统授权的讯问适用反酷刑法律是违宪的；

　　　　● "根据目前的情况、必要性或者自卫"，违反刑法对酷刑的禁止性规定而使用的讯问方法可能是正当的。[48]

　　在遭到了广泛的批评之后，法律顾问办公室否定了 Bybee 备忘录，代之以更为慎重的反对酷刑的声明，摒弃了严重疼痛的狭隘定义，但是未能谴责最为恶劣的酷刑方法，并拒绝讨论自卫或者必要性这些正当理由。[49]

　　这些备忘录就政府律师的角色提出了许多更为广泛的问题。首先，该角色是不是要求法律顾问办公室关于最佳做法的声明要规定：律师提供的建议是"准确和诚实的"，即使它将"限制行政部门追求所希求的方针"？[50] 或者说，律师为政府领导人认为符合国家利益的事项提供似是而非的法律理由是否适当？就像 David Luban 教授所提出的问题，如果白宫想要的不是坦率的建议者，而是忠诚的"赦免者"，政府律师在道德上是否应当遵行？[51]

　　法学教授 Eric Posner 和 Adrian Vemeule 认为这些律师可以这么做。在他们看来，将法律顾问办公室的功能视为"仅仅是提供超然的建议或者作为政府的良心，是对复杂现实描绘的充满情感的、扭曲的、自私自利的图景"。起草酷刑备　*150*忘录的律师并没有被要求就其伦理学提供意见，他们也并不比其政治监督者在这个问题上更有洞察力。这些律师被问及的是"讯问的法律界限"，他们就该问题提供了"合理的法律建议"[52]。相反，Luban 教授认为这些建议并不合理，而是与稳固确立的国家和美国法以及人们所接受的伦理原则相悖。在他看来，"作为赦免者的律师"的角色，类似于"胡作非为的卖者"的角色，与职业规则和原则是不一致的。[53]

　　一个相关的争议问题是，如果政府律师的建议被拒绝，而他们的监督者坚持采取律师认为在法律上或者伦理上行不通的立场，律师应当如何做。律师可以或者应当找到哪个层级来质疑其监督者的决定？如果律师认为行政部门授权的行动是非法的，他们是不是可以或者必须报告？向谁报告？泄露起草的备忘录或者相

---

　　[48]　Office of the Legal Counsel, Department of Justice, Memorandum for Alberto R. Gonzales, Counsel to the President Re: Standards of Conduct for Interrogation, Aug. 1, 2002, reprinted in the Torture Papers, supra note 47, 72 and discussed in Luban, supra note 47, at 53, Wendell, supra note 47, at 68; and Hazard, Koniak, Cramton, & Cohen, supra note 38, at 587.

　　[49]　Memo from Daniel Levin, for James Comey, Deputy Attorney General, Re: Legal Standards Applicable Under 18 U. S. C. § § 2340–2340A, December 30, 2004, discussed in Luban, supra note 47, at 72.

　　[50]　Water E. Dellinger et al., Principles to Guide the Office of Legal Counsel (2004), quoted in Wendel, supra note 47, at 112. 该声明是该办公室的几个前主任和许多辅助人与律师顾问一道签字的。

　　[51]　See Luban, supra note 47, at 68–72.

　　[52]　Eric Posner and Adrian Vemeule, Opinion, "A Torture Memo and the Torture Critics," Wall St. J., July 6, 2004, at A22.

　　[53]　Luban, supra note 47, at 68–72.

关的保密材料，就像某些行政机关人员在酷刑辩论期间所做的那样，是不是适当？⑭ 唯一的选择就是退出？或者在极其重要的情况下，选择辞职？如果律师选择不辞职，发表一个公开声明，说明与所采取的立场存在的分歧，是不是适当？一个著名的例子是 Lawrence Wallace，他是担任代理副总检察长的职业政府律师，当时他在为国内税务局拒绝为进行种族歧视的大学免税的行为进行辩护。当案件诉至法院后，行政部门的领导发生了变化，新的领导指令办公室转换立场，支持大学。Wallace 提交了一个意见，该意见遵守了该指令，但是该意见还包括一个声明，即该意见并没有反映代理副总检察长的看法。⑮

这些案件提出了一般性的原则，即它们暗含了律师的某些义务：通过促进遵守现行法律和保证实体与程序决策的公平性，来维护政府的正当性。当准备进行的政府行动似乎与这些原则不一致时，律师有这种最低限度的职责，即寻求内部审查和重新考虑。如果这样的内部活动未能奏效，律师则要考虑这样的需要，即向他人披露该信息，例如披露给立法机关、法院或者公众。这些机构可能会，也可能不会，寻求推翻有关案件中的决策，但是它们能够改变未来的方针。

在涉及政府官员非法行为的情况下，披露相关信息可能是强制性的，或者为联邦或者州法律所保护。⑯ 例如，联邦雇员需要就联邦官员可能存在的犯罪行为告知总检察长。《1989 年告密者保护法》也禁止联邦机构就揭示以下为反对行为的信息进行披露雇员采取不利的人事行动：违反法律、规则或者规则；严重管理不当；严重浪费资金、滥用权力或者给公众的健康和安全造成明确、重大危险。⑰ 对于政府雇员而言，告密很少没有代价，但是这也会产生巨大的社会利益，以及所带来的服务于公众利益时依伦理原则行事的个人满足感。

■ 八、代理集团诉讼

群体内冲突的最后一种形式是集团诉讼。集团诉讼成员的利益很少完全一致，律师和委托人的意识形态及经济利益可能有着严重分歧，而集团诉讼成员可能并没有意识到这种冲突，甚至没有意识到它们是诉讼的一部分。随着集团诉讼的崛起成为美国法律程序的一个突出特点，这类冲突在各种背景下出现了，例如消费者诉讼、大规模侵权索赔、雇佣歧视案件和公共利益诉讼。尽管这些集团诉讼的结构特点可能有所不同，它们也有某些共同的问题。

关于这些案件的基本框架是《联邦民事程序规则》的规则 23，以及州法的相应规定。根据规则 23，在下列情况下，集团诉讼是适当的：

（1）集团人数众多，以至于所有成员共同诉讼是不可行的；（2）对于集团存在共同的法律或者事实问题；（3）代表当事人进行的起诉或者辩护对于

---

⑭　Hazard, Koniak, Cramton, & Cohen, supra note 38, at 588–89.

⑮　Philip B. Heymann & Lance Liebman, The Social Responsibilities of Lawyers: Case Studies, 139, 181 (1988).

⑯　See Hazard, Koniak, & Cramton, supra note 38, at 590; Roger C. Cramton, "The Lawyer as Whistleblower: Confidentiality and the Government Lawyer," 5 Geo. J. Legal Ethics 291 (1991).

⑰　28 U.S.C. § 535; 5 U.S.C. § 3202 (b).

集团的起诉或者辩护而言具有代表性；以及（4）代表当事人将公平和充分地保护集团的利益。

根据民事程序规则、律师协会道德守则和相关的判例法，律师以及指定的集团代表必须"公平和充分地保护集团的利益"。然而，法院判决和律师协会道德守则并没有为律师的具体责任提供足够的指南。没有得到回答的问题之一是，"利益"是不是意味着除了偏好之外的任何事情，律师必须采取什么措施来识别并处理集团内的利益冲突。

最严肃的基础问题是，有关程序是否被审判法官确认是适当的集团诉讼。在确认之后，几乎所有的集团诉讼都会和解。确实，一个越来越广泛的程序工具就是"仅行和解"的集团诉讼，在准备进行的集团诉讼和经谈判的和解同时被法院批准后，该集团诉讼终结。几乎所有的集团诉讼都涉及某些利益冲突，常见的争端集中在在集团内部分配判赔的金钱、在禁令与经济救济之间进行权衡、集团诉讼律师费的数额等问题。⑤⑧

在公共利益诉讼中，在救济问题上的冲突尤其复杂。废除学校的种族隔离的案件反复说明了这些困难，例如，其纠纷集中在融合的相对重要性、财政资源、课程改进、对教育不平等进行救济的少数人控制等问题。即使是原则上支持学校融合的人，也就其在特定背景下的价值存在争议，路途遥远、白人迁出就是可能的结果。同样，质疑双语或者特殊教育计划的父母们，也在回归主流还是改进分班教育是更好的方法上存在分歧。涉及精神健康治疗的诉讼，也曾涉及这样的冲突，即应当要求改善住院设施还是要求创立社区医疗机构。在雇佣歧视案件中，会在欠薪判赔与可能的司法救济的权衡、计算损失的公式、重构雇佣、晋升和调动制度的方式选择等问题上产生冲突。⑤⑨

与其他诉讼当事人一样，集团诉讼的成员也会在愿意进行和解还是愿意承担诉讼久拖不决的风险问题上发生分歧。考虑到在许多集团诉讼案件中结果的不明确性和救济的不确定性，规避风险的原告可能准备进行重大让步。其他集团诉讼的成员可能愿意缠斗，"如果不死的话，至少要等到最高法院拒绝发出调卷令"⑥⓪。在和解仅仅对集团的律师慷慨大方、对已列明原告有过多的赔偿或者偏向现在的而不是将来的集团诉讼成员的情况下⑥①，利益冲突进一步复杂化。

尽管在集团诉讼中，法院对于保证实体和程序公平负有最终的责任，（但）它们常常为律师设定相应的义务。就像一个联邦上诉法院所说的那样，"在非常

152

153

⑤⑧　Rhode & Luban, Legal Ethics, supra note 18, at 624-62; Hazard, Koniak, Cramton, & Cohen, supra note 38, at 594-631; Symposium, "Protecting Consumer Interests in Class Actions", 18 Geo. J. Legal Ethics 1161-1477 (2005); David J. Kahne, "Curbing the Abuser, Not the Abuse: A Call For Greater Professional Accountability and Stricter Ethical Guidelines for Class Action Attorneys," 71 Geo. J. Leg. Ethics 741 (2006).

⑤⑨　For examples see Nancy Morawetz, "Bargaining, Class Representation, and Fairness," 54 Ohio St. L. J. 1, 37-38 (1993); Rhode & Luban, Legal Ethics, supra note 18, at 626-41.

⑥⓪　Deborah L. Rhode, "Class Conflicts in Class Actions," 34 Stan. L. Rev. 1183, 1191 (1982).

⑥①　For examples, see John C. Coffee, Jr., "Class Wars, The Dilemma of the Mass Tort Class Action," 95 Colum. L. Rev. 1343 (1995); Amchem Products, Inc. v. Windsor 521 U. S. 591 (1997); Julie Creswell & Jonathan D. Glater, "For Law Firm, Serial Plaintiff Had Midas Touch," N. Y. Times, June 6, 2006, at A1; and "The Trial Lawyers' Enron," Wall St. J., July 7, 2005, A12 (描述了 Milberg Weis 律师事务所在多个证券集团诉讼中慷慨赔偿同一列名原告的做法，这些诉讼常常给集团律师带来丰厚的律师费，而对集团成员的救济却是微乎其微)。

真实的意义上说，集团诉讼律师对那些没有到庭的人负有信托义务"[62]。在这些职责中，最重要的是对于可能需要分别代理或者采取其他纠正措施的利益冲突，告知审判法官。

这一责任在原则上是很清楚的，但是在实践中执行起来很难。尽管许多律师花费了相当的努力来识别并调和集团内的分歧，许多人也面临着保持统一战线的巨大压力。最明显的是，律师想要避免就对手对集团诉讼的确认奠定基础。如果这样的努力成功了，律师可能会失去重要的投资，他们不能从委托人这里挽回。至少，关于确认的争议会导致耗费和拖延，分耗用于其他重要事项的资源。引人瞩目的利益冲突也会使得其他律师卷入进来，他们将试图分享风头、对诉讼决定的控制权以及可以用于律师费的资源。

让利益冲突曝光，也会有损于律师认为将服务于集团最大利益的目标。一个常见的例子就是这样的制度改革建议，即为当前的集团诉讼成员提供优厚的和解条件，但是对于未来的成员或者受害者没有提供什么保护或者先例价值。[63] 这样的建议可能在委托人的利益与律师自身的利益之间制造难以预防或者解决的冲突。这些问题使得司法监督至关重要，不论在实践中就此制度化多么困难。

部分困难是，法院用于处理利益冲突问题的主要救济是拒绝对集团诉讼的确认，或者推翻基于对特定的集团亚成员的代理不足够而形成的判决。然而，这些救济常常会导致对无辜原告的制裁，对这些人的赔偿会被拖延或者减少，而对于造成这个问题的责任律师并无足够的制裁。[64] 对律师表现的不满，以及缺乏有效的回应，导致某些不满的集团诉讼成员提起了不当执业诉讼。[65] 然而，这种救济对于大多数委托人而言也是不足够的，但他们缺少足够的信息和动机来提起民事诉讼。因此，大多数专家建议法院和惩戒机构进行更多的监督，特别是在律师的个人利益与其委托人的利益发生冲突的情况下。

九、律师的个人利益

信托法和律师协会道德规则禁止律师进行受到其自身利益"严重限制"的代理，除非他们合理地认为他们能够提供"称职和勤勉的帮助"，并且委托人作出了明智同意。（《示范规则》第1.7条。另参见《示范守则》DR 5-101。）《示范规则》与《示范守则》都对可能产生利益冲突的具体行为进行了规制，例如，律师与委托人的商业交易、馈赠、经济帮助和性关系。（《示范规则》第1.8条；《示范守则》DR 5-104。）这些规定背后，是旨在防止律师利用委托人的无知、弱点或者缺乏讨价还价能力的特定原则。例如，律师不能与委托人进行商业交易，除非条件是公平的、合理的，经过了充分披露，并且在告知委托人去寻求独立的法

---

[62] Greenfield v. Villager Indus., Inc., 483 F. 2d 824, 832 (3d Cir. 1973). See generally Rhode, supra note 60, at 1204-05.

[63] 关于最高法院批评那些集团诉讼律师未能对未来的集团成员提供足够代理的最新案例，参见 Amchem Products, Inc. v. Windsor, 521 U. S. 591 (1997), and Ortiz v. Fibreboard Corp., 527 U. S. 815 (1999)。

[64] See Kahne, supra note 58, and Susan P. Koniak & George M. Cohen, "In Hell There Will be Lawyers Without Clients or Law," in Ethics in the Practice of Law 177 (Deborah L. Rhode ed., 2000).

[65] David Wesse, "Now Being Sued: Class-Action Lawyers," Wall St. J., March 24, 2005, at A2.

律建议后，委托人作出了书面的明智同意。[《示范规则》第1.8条（a）。另参见 *155*
《示范守则》DR 5-104。]某些行为充满了被滥用的可能性，因而是受到绝对禁止
的，例如，起草对起草者进行遗赠的遗嘱，就对没有独立律师的委托人的不当执
业责任进行预先限制，或者在律师代理之后形成的与委托人的性关系。[《示范规
则》第1.8条（c）、（h）、（i）。]

　　这些规则的首要目标是保护委托人，但是某些关于利益冲突的限制也试图保
护公众，维护公众对于法律职业的信任。例如，禁止"助讼"——即为委托人的
个人花费提供经济帮助——在一定程度上是为了防止"鼓励委托人提起本来不会
提起的诉讼"。（《示范规则》第1.8条的注释）。《示范规则》还试图防止律师通
过金钱引诱来就委托人进行竞争，防止律师就结果有着可能破坏其道德义务的利
害关系。（《示范规则》第1.8条的注释）。

　　然而，是不是所有这些规定事实上都服务于公众？这是存在争议的。对助讼
的禁止尤其受到了批判。按照某些法院和论者的说法，绝对禁止为贫困委托人提
供借贷，常常阻止了本来能提起的诉讼；它迫使有着有价值诉求的诉讼当事人接
受不足的和解，而不是坚持等到适当的判决。[66]《律师法重述》采用的更具有容
许性的方法，反映了这样的担心。《律师法重述》第48条允许律师在"公平条
件"下进行借贷，如果这"在因经济困难而不是案件本身而可能不公正地诱使委
托人进行和解或者撤销案件的诉讼中，为委托人忍受诉讼拖延所必需；如果律师
在被聘请之前，并没有承诺或者提供借贷"。

　　就其他潜在的律师—委托人利益冲突而言，与组织性政策和不当执业保险要
求相比，道德规则和法律原则作出的规制更少。例如，无论是《示范守则》还是
《示范规则》，都没有禁止律师参与委托人的董事会，尽管《示范规则》第1.7条
的注释警告说，有关情况下的双重角色会"破坏律师的职业判断独立性"。许多
律师职业道德专家认为，这种情况下的风险总是存在的。[67]因此，一些律师事务 *156*
所就律师参与委托人的董事会购买了保险，某些律师不当执业保险将律师的这种
角色排除在保险范围之外。相反，其他律师事务所愿意承担某种利益冲突风险，
以换取律师参与委托人的董事会所带来的好处，例如，提高声望、可信性、与公
司决策者的个人关系。[68]

　　就律师投资于委托人而言，在组织政策上也存在类似的差别。在20世纪90
年代末期，在网络公司和其他高科技公司蓬勃发展的时候，许多声誉卓著的律师
事务所率先尝试这样的收费协议，即缺乏资金的企业以其初创公司的股份或者投
资来酬报律师。这种做法历史悠久，例如，房地产开发中的律师常常分享收益，

---

　　[66] See Jack P. Sahl，"The Cost of Humanitarian Assistance：Ethical Rules and the First Amendment，"34
St. Mary's L. J. 795 (2003)；Fred C. Zacharias，"Limits on Client Autonomy in Legal Ethics Regulation，"81 Boston
U. L. Rev. 198，236-37 (2001)。

　　[67] See Wolfram，supra note 30，at 739；Craig C. Albert，"The Lawyer-Director：An Oxymoron?，"9 Geo.
J. Legal Ethics 413，426 (1996)。

　　[68] 关于这场辩论的概况，参见 SEC Staff Report on Corporate Accountability F2G-F31 (1980)；Dean Starkman，
"Lawyers Debate Ethics of Role in Boardrooms，"Wall St. J.，Aug. 5，1996，at B1；Samuel C. Stretton，"Lawyers Ser-
ving as Corporate Directors May Have a Conflict If They Represent the Company，"25 Pa. L. Wky. 244 (2002)；Susanna
M. Kim，"Dual Identities and Dueling Obligations：Preserving Independence in Corporate Representation，"68
Tenn. L. Rev. 179 (2001)。

作为其律师费的一部分。然而，这种做法在律师业内总是受到一些争议，因为这可能损害律师的独立判断，并且律师有的时候收到的最终酬报似乎与其提供的服务断乎不成比例。

为回应这种担心，美国律师协会正式意见00-418（2000）作出结论说，如果在交易的当时情况下，其条件是合理的，以委托人的股份形式对律师进行酬报，既不违反《示范守则》，也不违反《示范规则》。为了减少就其合理性所存在的争议，一些专家和律师协会道德委员会建议律师聘请投资职业服务人员，这些人员能够评估有关利益的价值。为了使律师的职业判断会受到律师保护其投资意愿的扭曲的风险最小化，一些律师事务所创设了共同基金制度。在这些律师事务所，来自委托人的证券进入某个律师事务所成员可以投资的基金。这些制度的结果就是稀释了向特定委托人提供的法律建议对律师个人投资的影响。这样的制度是否足以防止利益冲突，可能仍会是一个律师界讨论不休的问题。[69]

157　　然而，这些投资协议并不是在律师费问题上产生律师—委托人冲突的唯一甚至主要原因。就像第十章的讨论所表明的那样，几乎各种形式的律师费都会造成某种风险，使得律师的经济利益背离于委托人的利益。按小时收费协议创设了这样的动机，即扩充工作以与可得的预算旗鼓相当。[70] 相反。风险代理费协议则会创造相反的动机。在这些情况下，委托人并不就律师的时间付费，他们的利益完全集中在所取得的结果上。相反，律师还需要考虑获得良好结果所需要付出的努力以及在其资源上的其他要求。

在提出的和解方案中包括一个极其慷慨或者完全不够的律师费条款的情况下，律师—委托人冲突的可能性会恶化。在适用律师费转移规则——向胜诉的原告支付律师费——的诉讼中，这些困难也很常见。这样，如果对方提供的和解（方案）中，对委托人非常慷慨，但是律师费微乎其微——或者根本没有，就会产生一个两难。最高法院的判决允许对方以放弃律师费为和解条件，或者进行和解，不就案件是非曲直作出判决，来避免制定法规定的律师费判赔。[71] 在和解使得律师成为主要受益者的情况下，会产生相反的问题。他们因少量工作获得几百万元酬劳，而集团诉讼的当事人仅仅得到微不足道的赔偿，或者被告产品的几乎没什么价值的优惠券。[72] 原告的律师通常认为，这样的案件是有用的，因为它能在个人的伤害过小而不值得进行诉讼的情况下，阻却不端行为。然而，论者常常质疑律师费的数额是否与所取得的结果或者所付出的努力相适应。在理论上，对

---

[69]　For an overview, see Brian J. Redding, "Investing in or Doing Business With Clients: Some Thoughts on Lawyer Liability and Legal Ethics Issues," Professional Lawyer 113 (Fall 2000); Debra Baker, "Who Wants to be a Millionaire?," ABA J., Feb. 2000, at 36; Edward H. Cohen, "Lawyers Investing in Their Clients: The Rules of Professional Responsibilities," 14 Insights 2 (2000); John S. Dzienkowski & Robert J. Peroni, "The Decline in Lawyer Independence: Lawyer Equity Investments in Clients," 81 Tex. L. Rev. 405 (2002).

[70]　Deborah L. Rhode, In the Interests of Justice: Reforming the Legal Profession 61 (2000).

[71]　Evans v. Jeff D., 475 U.S. 717 (1986); Buckhannon Bd. and Care Home, Inc. v. West Virginia Dept. of Health & Human Resources, 532 U.S. 598 (2001).

[72]　See examples cited in Rhode & Luban, supra note 18, at 553－54; Rhode, supra note 51, at 176; Susan P. Koniak & George M. Cohen, "In Hell There Will Be Lawyers Without Clients or Law," in Ethics in Practice 177－204 (Deborah L. Rhode ed., 2000).

集团诉讼和解和风险代理费进行司法监督，就是为了防止这样的滥权行为。然而，在实践中，审判法院常常不愿意干涉那些能够使得案件审结又无上诉风险的协议。[73] 　　*158*

　　律师与集团之间存在利益冲突的一种具体情况就是"优惠券和解"（coupon settlements）。对商业组织的索赔的和解，不仅可以支付金钱，还可以在折扣基础上购买该商业组织的服务或者商品的优惠券形式来支付。从实践来看，这些优惠券可能对于集团诉讼成员而言是没有什么价值的，因为他们在指定的时间内不需要或者不想再去购买被告的另一产品。关于优惠券和解的问题变得越来越严重，国会最终作出了反应。《2005年集团诉讼公平法》（The Class Action Fairness Act of 2005）要求在这些案件中，律师费应当基于赔偿给集团成员的优惠券价值，或者合理花费在该案件上的时间。如何更好地处理其他与律师费相关的问题，可能是一个立法、司法和律师界越来越关注的规制问题。

　　对于法院、委托人和律师惩戒组织而言，非经济利益冲突更为棘手。律师常常有着与信托义务相冲突的职业利益。例如，他们可能对于进行宣传、确立其所在组织的声望或者获得诉讼经验感兴趣。[74] 律师在维护与法院、对方律师、潜在委托人和法律制度的其他参与者——例如保险理赔员、规制机构的工作人员、执法人员——之间的良好关系方面，也有着长期的利益。有些时候，这些利益会与特定委托人的目标相冲突。同样，在涉及公共利益或者政府诉讼的背景下，律师的意识形态信仰可能与他们所代理的集团或者机构不同。在论及这些冲突时，Derrick Bell 教授曾说，原则问题上的利益，"尽管比贪欲更为少见"，却更难控制。[75] 对于在某种程度上出现在每个职业关系中的个人利益而言，正式规则和执行制度处理这些问题的能力，显然存在局限性。

　　这个例子凸显了一般性利益冲突方面更广泛的问题。在关于责任的正式机制阙如的情况下，律师有特殊的责任来保证他们自己的利益不会取代那些必须接受结果的当事人的利益。　　*159*

---

　　[73] Judith Resnik, Dennis Curtis, & Deborah R. Hensler, "Individuals Within the Aggregate: Relations, Representation, and Fees," 71 N. Y. U. L. Rev. 296 (1996); Rhode, supra note 60.

　　[74] See Berenson, supra note 39, at 808 – 11. Macey & Miller, supra note 41, at 1117 – 19; Michale Selmi, "Public vs. Private Enforcement of Civil Rights: The Case of Housing and Employment," 45 UCLA L. Rev. 1401 (1998).

　　[75] Derrick A. Bell, "Serving Two Masters: Integration Ideals and Client Interests in School Desegregation Litigation," 85 Yale L. J. 470, 504 (1976). For other example, see Rhode, supra note 60.

第九章

诉诸正义

■ 一、问题的性质
■ 二、对可能的回应性举措的概述
■ 三、法院改革和非律师服务
■ 四、获得资助的法律服务
■ 五、公共利益法和"道义律师活动"
■ 六、公益代理

■ 一、问题的性质

人们普遍认为在美国有太多的法律、太少的正义——对那些能付得起费用的人来说有太多的诉讼，对那些付不起费用的人来说有太少的法律救济。大部分的美国人认为国家拥有太多的律师，并且 4/5 的人认为律师提起过多的无意义的诉讼。[①] 大部分人同样相信财富决定着人们得到的正义的种类。[②] 然而，对于如何解决这些问题，却鲜有一致意见。部分原因是大多数人对诉诸正义知之甚少或者有着相当矛盾的心理。他们低估了司法程序的真正成本，过高地估计了"有产者"的好讼程度，并且不愿资助"无产者"获得足够的服务。

好讼之风

对于好讼之风的抱怨大多数基于以下三个假设：国家拥有过多的律师，他们提起太多的诉讼并且法律程序花费高昂。上述主张的事实基础都有待于进一步探究。

自殖民地时期起，美国人就抱怨律师的数量，并且早期的定居者采取了一些措施来完全排除律师或者至少限制他们的作用。[③] 在 18 世纪晚期，发生了针对损害国家的"该死的饿虫"的民众起义。[④] 当代的侵权改革运动经常基于类似的情绪，这表现为尖刻地反讽律师的幽默。[⑤] 这些批评通常只是主观臆断了某些美国法律职业据以看起来如此之大的评价性标准，而对此鲜有论证。其暗含的主张是，相对于其他国家而言，这个国家拥有过度的律师。

然而，很多批评者弄错了关键事实。举例来说，尽管一些政治人物声称美国拥有世界上 70％的律师，可靠的估计表明这一数字在 1/4 到 1/3 之间，与美国在世界国民生产总值总和中所占的份额大致相当。[⑥] 跨文化的比较也可能产生误导，因为它们未能揭示在其他国家尚未获得律师执照但却接受过法律培训并从事在美国主要保留给律师的法律服务的执业者的数量。例如，在德国，公司内部顾问并不属于律师界，并且也不被视为法律职业中的一员，但是他们却提供着同美

---

① See sources cited in Deborah L. Rhode, Access to Justice 26, 29 (2004); Deborah L. Rhode, In the Interests of Justice: Reforming the Legal Profession 117 (2000); ABA Section of Litigation, Public Perceptions of Lawyers Consumer Research Findings 7 (2002).

② Marc Galanter, "Farther Along," 33 Law & Soc'y Rev. 1113 (1999); ABA, Perceptions of the U. S. Justice System 5 (1999) (发现被调查的美国人中，只有三分之一认为司法制度在试图平等对待富人和穷人).

③ See Lawrence M. Friedman, A History of American Law 45－46 (1985); Terence C. Halliday, "Six Score Years and Ten: Demographic Transitions in the American Legal Profession, 1850－1980," 20 Law & Soc'y Rev. 53 (1986).

④ Friedman, supra note 3, at 96.

⑤ See Rhode, In the Interests of Justice, supra note 1, at 199; Rhode, Access to Justice, supra note 1, at 26－29; Marc Galanter, Lowering the Bar: Lawyer Jokes and Legal Culture (2005).

⑥ Herbert M. Kritzer, "Lawyer Fees and Lawyer Behavior in Litigation: What Does the Empirical Literature Really Say?," 80 Tex. L. Rev. 1943, 1981 (2002); Marc Galanter, "The Vanishing Trial: An Examination of Trials and Related Matters in Federal and State Courts," 1 J. Empirical Leg. Studies 459 (2004).

国律师一样的服务。在日本，取得证书充任法院辩护士的人的数量，仅占接受过大学法律教育并提供法律咨询和起草法律文件的人的一小部分。在日本，持照职业人员同受过法律培训的专业工作者之间的差别的原因，在于律师资格考试通过率人为地保持在低水平上，还不足 5％。

关于美国的诉讼供过于求的说法，也同样需要加以限定。专家们通常认为，无论同以前的历史时期相比，还是同那些并不因争讼过多而闻名的其他西方工业国家相比，美国当前的诉讼率并非过高。在殖民地时期、19 世纪和 20 世纪早期，在一些美国社区中，人均诉讼率更高。⑦ 美国当前的法院案件量同加拿大、澳大利亚、新西兰、英格兰以及丹麦处于同一水平，并且花费高昂的案件比例正在下降。⑧ 无论如何，诉讼率并不必然是好讼文化的晴雨表。在美国，超过 98％的诉讼发生在州法院，而其中并无争议的事务（如离婚和遗嘱）占了案件量相当大的比例。⑨

另一个被频繁援引来印证美国过度诉讼的观点基于轶闻：似乎贪婪无比的律师挑起的无意义的诉讼充斥了整个司法体系。然而，何为无意义，可谓旁观者清；并且侵权改革评论中及流行出版物中刻画的形象也极具误导性。⑩ 一本教科书的插图描绘了一个对麦当劳快餐店作出的几百万美元的不利裁决。全国总商会将对该案件的通常说法总结如下："仅仅因为你自己将热咖啡泼到自己身上而向餐馆索要上百万美元，这公平吗？"⑪ 然而，进一步探究，却发现该说法极具误导性。原告，一位 79 岁的老太太，被 180 华氏度的热咖啡严重烫伤，构成三级伤残。只是在麦当劳拒绝赔偿她 8 天的住院费用后，她才提起诉讼。在审判过程中，陪审团获知，近十年有其他 700 件涉及麦当劳的热咖啡烫伤案件，而且医学专家已经明确警示饮料的温度能够引起严重的伤害。陪审团认定的 230 万美元的判决包含了惩罚性赔偿金，反映的是两天的咖啡销售收入，而法官将判决额度降低至64 万 美元。为了避免上诉，原告在更低的赔偿额基础上和解了案件。麦当劳粘贴了警示标志，其他的快餐店也采用了相应的警示举措。尽管对该案的最终结果众说纷纭，但也并不是媒体评论者所描述的那般明显地荒唐、滑稽。⑫

同样如此，其他个人损失较小的案件也能对企业的过失或者不端行为起到有效的威慑作用。对于那些确实没有意义的案件，一个恰当的回应就是第六章所建议的制裁方式，而不是律师的断然起诉和诉讼。如果要使得对好讼的争论更有成果，需要对基本问题进行深入分析。我们准备为法律救济花费多少？与对我们的社会资源的其他需求相比，如何诉诸法律制度？诉讼的其他替代性措施是什么？法律和律师是以最经济实用的方式来处理公众需求的吗？对昂贵的案情先悉程序施以更加严格的限定可取吗？是不是应当让败诉者承担起对方律师的费用？

---

⑦ See Marc S. Galanter, "Reading the Landscape of Disputes: What We Know and Don't Know (and Think We Know) About Our Allegedly Contentious and Litigious Society," 31 UCLA L. Rev. 4, 55-58 (1993).

⑧ Marc Galanter, "The Life and Times of the Big Six; or, the Federal Courts Since the Good Old Days," 1998 Wis. L. Rev. 921, 942-45 (1988).

⑨ National Center for State Courts, Examining the Works of State Courts, 10, 13 (2001).

⑩ William Halton & Michael MaCann, Distorting the Law: Politics, Media, and the Litigation Crisis (2004); Deborah L. Rhode, "Frivolous Litigation and Civil Justice Reform," 54 Duke L. J. 447, 450-56 (2004).

⑪ Rhode, In the Interests of Justice, supra note 1, at 122.

⑫ Id.. See also Ralph Nader & Wesly J. Smith, No Contest 267-72 (1996). 在民事司法改革的立法辩论中，麦当劳案件格外引人瞩目。Halton & McCann, supra note 10, at 279.

　　对于上述大多数问题，公众意见不一，但是对于法律程序的费用的关注却是普遍的。高于 4/5 的被调查者认为诉讼旷废时日、耗费过多，约有 3/4 的人认为诉讼构成对国家经济的破坏。⑬ 话又说回来，后一假设的事实基础比普遍认为的还要弱。尽管我们缺乏对民事责任全部费用的可靠的评价方法，对侵权制度最有效的计算方法并没有发现诉讼对生产力产生的重大负面影响。在侵权案件中，首当其冲招致批评的是，在过去的 20 年中审判数量明显下降，并且在一小部分实际上经过审判的案件中，平均的赔偿额远远低于媒体所估计的；平均赔偿额通常低于 4 万美元，那些引起公众关注的数额大的判决却往往在上诉环节被减少。⑭布鲁克林研究院的研究估计，侵权责任引起的赔偿总额度占到美国商品与服务总费用的比例仅为 2％，一个远远不可能对美国的竞争实力造成实质性影响的数量。其他的数据同样表明，商业就法律诉求（包括侵权）所承担的总费用，在收入额中只占到 100 美元中的 25 美分。⑮ 当然，在某些领域——例如医疗事故——大笔判赔的数量在增长，保险费用也在相应增长，这是一个值得关注的问题。但是与公开讨论所认可的相比，原因和救济常常更为复杂。

　　就此还存在更深层次的政治问题：与什么相比较？也许问题不是完全缺少有效的法律规制。例如，在欧洲，与美国相比，人身伤害诉讼要少得多，但是有着多得多的税收来为每个受到伤害的人提供广泛的医疗和残障保障。针对企业的规制性诉讼要少得多，但是对商业行为有着多得多的政府指导。就这些存在相当大的差异的法律体制进行成本比较，是很困难的，但是我们的制度也不是明显地更为负重不堪。

　　在保护普通公民的利益问题上，存在相似的问题。按照欧洲传统，在雇员和消费者关系上，政府有着广泛的"家长式"权力。在我们的制度中，这些关系更常常交由私人来处理，通过私人行动——包括诉讼——来加以执行。*164*

　　很多美国人，包括一些对法律职业的显赫批评者，大大低估了在实现个人权利方面法律援助的亟须性，以及造成这些援助费用具有固有的昂贵性的因素。为了有效地运行，美国的对抗通常需要两造在一个中立的法官面前，均有一个拥有充分资源的称职律师来代理他们的案件。这样一个过程需要各种各样的专业人员、设施以及辅助性的行政人员。与诉讼大为不同的交易业务，通常需要更少的专业人员，通常可以预防发生昂贵的法律问题，但是这也会发生高昂的成本。

　　部分原因在于，法律技能拥有巨大的市场价格，尤其是在美国。美国律师无论在法律制度内还是在法律制度外，都有着价值很高的能力。执业者不仅精通法律，他们通常也是精明的问题解决者、政策分析者和经济策划者。这些技能使得律师在法律工作回报太低的情况下，可以跳槽到其他报酬丰厚的行业。很多律师拥有很大范围的选择余地：政府、金融、不动产、保险、知识产权、企业管理、游说，等等，所有这些可以提供同法律工作一样的报偿。约有 1/4 的法学院毕业

---

　　⑬　See Rhode，Access to Justice，supra note 3，at 32.

　　⑭　Rhode，"Frivolous Litigation，"supra note 10，at 457，463；Rhode，Access to Justice，supra note 1，at 30；Myron Levin，"Coverage of Big Awards for Plaintiffs Helps Distort View of Legal System，" L. A. Times，August 15，2005，at C1.

　　⑮　Robert E. Litan，"The Liability Explosion and American Trade Performance：Myths and Realities，" in Tort Law and the Public Interest：Competition，Innovation，and Consumer Welfare 127-28（Peter H. Schyck ed.，1991）；Nader & Smith，supra note 12，at 279.

生最终在其他市场奋斗终生。⑯ 这就是法律服务的价格结构，并且在一个高度重视个人权利的文化背景下，获取它们必然要付出相当大的成本。

任何关于美国人"好讼"的公平、理性的评价，都需要均将利弊纳入考虑范围之内。举个老生常谈的例子来讲，因产品质量诉讼而花费的费用已经极大地抬升了橄榄球头盔的价格，但是它们也同样极大地降低了头部严重受伤的频率。⑰ 上述预防措施是否物有所值，涉及复杂的情境判断。正如 Lawrence Friedman 教授所指出的那样，法律诉讼所带来的益处"通常是无形的和无法估量的：为妇女和弱势群体扩大了机会、扩大了公民自由、机构内的公正程序、对政府的限制。谁能否认这些重要的收获？"⑱ 美国人还诉诸私人诉讼寻求救济——其他国家就此提供直接的政府规制——和实现需求——其他国家通过集权化的管理措施来实现这些需要，例如为受伤害的当事人提供医疗福利。⑲ 一个企业化的律师业机构确保了对危险产品、欺诈行为、歧视行为和其他侵犯法律权利的行为追究责任。由律师和败诉方承担费用的诉讼，避免了消耗国家税收来执行法律标准和补偿受害方。只要国家这么依赖通过私人诉讼来促进公共利益，诉讼就有可能仍保持在相当的水平上，并且耗资靡费。

因此，真正的问题不在于当前的制度在有些抽象的意义上"耗资巨大"。然而，关键的问题是"同什么相比"。当前的程序是保护法律权利的最有效益的方式吗？例如，一系列的研究表明，当前的侵权制度对受害方赔偿过低，对包括律师在内的中间人却补偿过高。几乎所有的研究都表明，大量的受害方未能获得足够的赔偿，并且法律费用支出占据了被告方所付费用的极高份额。例如，最为系统的研究发现，只有10％～12％的事故或者医疗事故受害者提起诉讼，获得赔偿的人则更少。⑳ 错误会在赔偿过少而不是过多的方向上运行。㉑

此外，交易成本极端地高。原告律师每年收取大约 300 亿美元的律师费，其中的一些本可以用于赔偿或者预防伤害。㉒ 在调查的侵权案件中，就保险公司支付的费用而言，被害人仅仅得到其中的大约40％～50％。在诸如涉及石棉的群体性侵权案件中，2/3 的赔款被律师和专家拿走了。㉓ 这些成本都是不可避免的。许多国家通过官方调查和替代性纠纷解决程序来解决事故和侵权索赔，以节省大笔的开支。例如，在日本，律师费仅占赔款的 2％。㉔ 当然，这些制度可能会造

⑯　Joe G. Baker, "Employment Pattern of Law School Graduates," The Law School Admission Council Research Report 00－01 (2001).

⑰　Compare John Stossel, "Protect US From Legal Vultures," Wall St. J., Jan. 2, 1996, at A8 with Rhode, In the Interests of Justice, supra note 1, at 127－28.

⑱　Lawrence M. Friedman, "Litigation and Society," 15 Ann. Rev. Soc. 17, 26－27 (1989).

⑲　Robert Kagan, Adversarial Legalism: The American Way of Law (2001); Thomas Burke, Lawyers, Lawsuits, and Legal Rights (2000); Rhode, Access to Justice, supra note 1, at 37－38.

⑳　Rhode, "Frivolous Cases," supra note 10, at 459－60.

㉑　David M. Studdert, et al., "Claims, Errors, and Compensation Payments in Medical Malpractice Litigation," 354 New England J. Med. 2024 (2006).

㉒　Rhode, "Frivolous Cases," supra note 10, at 464.

㉓　Rhode, Access to Justice, supra note 1, at 34; James S. Kakalik et al., Costs of Asbestos Litigation vi, viii (1983); James S. Kakalik & Nicholas M. Pace, Costs and Compensation Paid in Tort Litigation xiii (Rand Institute for Civil Justice, 1986).

㉔　Kagan, Adversarial Legalism, supra note 17, at 136－37; Rhode, Access to Justice, supra note 1, at 34.

成赔偿不足的其他问题。但是这些问题在美国的诉讼程序中已然成灾，这使得小额诉讼成本过高，也给其他人造成了过高的交易成本。

尽管存在这些缺陷，美国人依然认为他们的司法制度是世界上最好的。这种信心产生的部分原因在于很大一部分人口就穷人获得的正义知之甚少。大约 4/5 的美国人不正确地认为穷人有权在民事案件中获得律师帮助。只有 1/3 的人认为低收入的人将在获得律师帮助方面存在困难。这一观念与现实截然相反。[25] 对于大部分资财有限或者贫穷的消费者来说，最大的困难并非法律太多，而是太少。

法律需求

律师协会和政府调查通常表明，未能得到的法律需求满足的实际水平。他们估计约有 4/5 的贫穷者的民事诉求，约有 2/5 到 3/5 的中等收入者的民事诉求尚未解决。[26] 这些调查极有可能低估了问题的严重程度，因为它们只是依赖于个人对他们的法律需求的感知，而个人通常对那些可能符合法律救济的事项没有意识到。例如，当事人可能不知道他们有权获得某些利益，不知道他们的消费贷款未能符合法律要求，或者不知道他们的公寓违反了房屋规范标准。多数法律需求调查也排除了集体性公共利益事项，例如环境的危险、在学校经费中的种族歧视或政治性的重新划分区划计划。

另外，计量问题本身并不能说明未能满足的需求的基本情况，因为该方式并没有在需要急切解决的事情与较小的不满之间、亟待强有力援助的事项与只需较小帮助的事项之间、需要律师专业技能方能解决的事项和那些仅仅通过较低费用方式即可解决（例如来自外行专家的帮助和自助方式就能解决）的事项之间作出区分。对于有关法律需求的最好的解决方式并非更多的法律、更多的律师和更烦琐的诉讼程序。Marc Glanter 教授针对相关问题雄辩地说："诉诸正义的乌托邦就是一种对所有争议都完全进行审判的状态吗？"[27] 毕竟，诉诸正义的制度并不能在实体意义上保证正义。正如第六章所指出的那样，考虑到除了律师外的其他优势，例如，调查取证资源和专家证言、经受拖延的能力和为撤销不利的法律判决而上诉或游说的能力，富人仍能拔得头筹。[28]

美国人倾向于相信"社会正义"（即对社会资源的更为公平的分配）可以通"民事正义"（即通过诉诸法院）来实现。[29] 但是，作为一个政治性问题，它是一个非常可疑的命题。分配正义只能部分地通过法律制度，并且仅仅能通过对法律援助的相当数额的公共补贴，得以实现。实际上，对于资助法律服务的政治反对意见，主要是基于反对将诉讼视为一种再分配的策略——作为一种分配诸如房屋、教育和医疗等资源的方式。很多美国人认为上述分配事项应由民主政治程序

167

㉕　Id.，at ABA，Public Perceptions，supra note 1，at 26.

㉖　Legal Services Corporation，Documenting the Justice Gap in America（2005）；Rhode，Access to Justice，supra note 1，at 3.

㉗　Marc Galanter，"Justice in Many Rooms," in Access to Justice and the Welfare State 147，150 - 151（Mauro Cappelletti ed.，1981）.

㉘　Marc Galanter，"Farther Along," 33 Law & Soc'y Rev. 1113，1114（1999）；Marc Galanter，"Why the Haves Come Out Ahead: Speculations on the Limits of Legal Change," 9 Law & Soc'y Rev. 95（1974）.

㉙　Geoffrey C. Hazard，Jr.，"Social Justice Through Civil Justice," 36 U. Chi. L. Rev. 699（1969）.

解决，而非通过反多数主义的司法程序解决。正如下面的讨论所指出的那样，该观点严重限制了公共资助计划所能提供的法律援助的种类。

为保证诉诸法律制度确实有意义，有必要考虑法律援助的质量，而这一考虑使得未能满足的需求问题更为复杂化。"法律面前人人平等"是法院门上常见的一条标语，但是它并没有说明在这些门背后所上演的事情，或者是什么指导这个国家对哪些事项进行优先资助。除了极少数的有限情境外，有着民事法律需求的当事人无权获得任何法律援助，更别提平等的帮助了。在 Lassiter v. Department of Social Service，452 U. S. 18（1981）案件中，美国联邦最高法院判定，在民事案件中，只有在无律师代理会出现根本性不公平的程序中，宪法才要求提供律师代理，这是一个在实践中几乎从未达到的标准。[30] 其他国家的标准更具有包容性。例如，在没有律师代理的诉讼当事人因"不能有效地代理自己"而使得重要利益处于危险的案件中，欧洲人权法院认可了获得指定律师帮助的权利。〔Steel and Morris v. United Kingdom，41 E. H. R. R. 22（2005）.〕

甚至在刑事法律系统中，贫穷被告有获得律师有效代理的宪法性权利的规定也几乎无从实现。[31] 为法院指定的律师设计的公共辩护人案件数量和薪酬比例非常不现实，这就使得为大多数被告作出的充分的庭前准备变得无法统计。每个律师每年的案件量可高达 3 500 件轻罪案和 900 件重罪案，而重罪案的律师代理费通常限于 1 000 美元到 1 500 美元。[32] 用于培训、调查和专家的费用是相当不充足的，全国用于检控的花费是用于辩护的花费的两倍以上。[33]

尽管这造成的低质量的代理是不可避免的，但审判法官拒绝在大部分案件中认定律师的代理无效；一项研究发现这种诉求中的 99% 是不成功的。[34] 即使在死刑案件中，定罪也是在律师睡觉、打瞌睡、吃药、经受严重的精神疾病或者在控诉的关键环节外出停车的情形下作出的。[35] 一些律师为重罪案件准备的时间比美国人工作之前冲个澡的平均时间还要少。[36] 然而，为改变私人律师不充足的代理费和公设辩护律师过重的案件量的努力很少如愿以偿。[37] 实际上，负担着让人喘不过气的案件量的法官，经常不愿意鼓励有效的律师代理，因为这样会导致旷废

---

③⓪　See Rhode，supra note 1，at 9.

③①　See American Bar Association（ABA），Gideon's Broken Promise：America's Continuing Quest for Equal Justice（2004）.

③②　Rhode，supra note 1，at 12；ABA，supra note 27，at 17；Vivian Berger，"Time for a Real Raise," Nat'l L. J. Sept. 13，2004，at 27.

③③　ABA，supra note 27，at 13；Rhode，Access to Justice，supra note 1，at 12，129.

③④　Victor E. Flango & Patricia Mckenna，"Federal Habeas Corpus Review of State Court Convictions," 31 Cal. W. L. Rev. 237，259—60（1995）.

③⑤　Stephen B. Bright，Statement Before the Senate Committee on the Judiciary on the Innocence Protection Act of 2001，Federal News Service，June 27，2001；Texas Defender Service，Lethal Indifference（2002）；David Cole，No Equal Justice：Race and Class in the American Criminal Justice System 87（1999）；Stephen B. Bright，"Sleeping of the Job," Nat'l L. J.，Dec. 4，2000，at A26.

③⑥　Bright，"Sleeping on the Job," supra note 31，at A 26；Rhode，supra note 1，at 13；ABA，supra note 27，at 16.

③⑦　Rhode，supra note 1，at 128，132. 关于努力挑战贫穷辩护制度的例子，参见 ABA，supra note 27，at 33—34. 美国律师协会道德意见坚持认为，法院为穷人指定的律师，在其工作负荷使得他们不能提供足够的帮助的情况下，应当拒绝分派的案件或者退出代理。See ABA Standing Committee on Ethics and Professional Responsibility，Formal Opinion 06—441（2006）.

时日的审判和审前程序。㊳

二、对可能的回应性举措的概述

当然，法律并不是基本需求仍未能得到满足以及"穷人"处于严重弱势的唯一情境。然而，我们的司法体系的追求与实际运作之间的差距值得特别关注。能诉诸司法，对于法律和民主程序的合法性至关重要。正如美国联邦最高法院所认同的那样，"起诉与辩护"的权利是"保护所有其他权利的权利，也是秩序政府的基础"㊴。在大多数情境下，对于大部分人而言，如果没有某些法律帮助，诉诸司法的权利将会变得毫无意义。

然而提供充足的法律帮助存在实践和理论上的双重困难。从实践层面看，为所有不能现实地承担律师费用的人保障获取民事法律代理的权利，是相当昂贵的。当然，就此可以向某些欧洲国家所做的那样对该权利进行接纳性限制；对于涉及重大利益和有胜诉的机会的案件，按照累进制提供资助。然而，这样的保障，不仅将带来法律援助费用的大幅增长，还将带来对方当事人的法律费用以及通过法律程序可以获得的救济费用的增长。如果美国穷人能够主张他们依据普通法和政府计划所享有的全部权利，那么经济的负担将会变得非常严峻。至少可以这么说，在当前的政治气候下，这样一个改革日程的前景希望渺茫。

然而，绝不能得出结论说，对于解决未能满足的需求和减少法律代理中的不平等，我们已经采取一切可行的措施。就上述几个方面而言，一些不太富裕的国家做得比美国要好，美国制度大有可为的改革策略已经就绪。这些策略共有三种主要的形式：减少法律干预与帮助的需求；最小化法律程序和服务的成本；增加获得有资助的法律代理的机会。

170

第一个策略涉及法律规则和过程的简化或修改，以使当事人能够避免法律帮助。例如，小额法院、使用浅近英文的法律、无错误的保险计划、简易遗嘱和无争议离婚的标准化格式、自我代理的法庭服务、就诸如子女抚养等义务资金的自动工资扣除，均是减少个人对法律帮助的需求的例子。第二种方法是通过更多的依赖计算机程序、在线帮助、非诉讼争端解决程序、非律师专家，来降低这种帮助的成本。第三种方法则是通过公共资助法律援助计划和由私人律师事务所提供公益法律服务，来增加获得律师帮助的渠道。

三、法院改革和非律师服务

在处理房屋、破产、小额诉讼以及家庭纠纷的"穷人法庭"中，没有律师代理的当事人与其说是一种例外，不如说是一种常态。至少有一方当事人没有律师代

㊳　See James L. Kelley, Lawyers Crossing Lines：Nine Stories 171－72（2001）；Rhode, supra note 1, at 128, 132. 关于挑战贫困辩护制度的努力的例子，参见 ABA, supra note 27, at 33－34。

㊴　Chambers v. Baltimore & Ohio R. R., 207 U. S. 142, 148（1907）. See David Luban, Lawyers and Justice：An Ethical Study, 263－64（1988）.

理的案件比双方当事人均有律师代理的案件寻常得多。在一些这样的法庭中，高于4/5 的诉讼是由当事人自行代理的。⑩ 然而，这些当事人在其中运作的大多数制度却是由律师设计并为律师所用的。对致力于促进诉诸正义的社会而言，面临的挑战就是使得这些制度设计对于那些付不起律师费用的当事人而言同样有效。

为了实现那个目的，越来越多的司法辖区制订了自我帮助计划，该计划包括程序简化，扩大小额法院，标准化格式，教育宣传，在线资料，带有信息与文档准备互动设备的自助中心，以及志愿律师或者法院人员的无偿当面咨询。⑪ 然而，许多法院系统仍没有正式的自我服务。很多可得的服务对于那些最需要的人——没有受过教育且计算机水平和英语语言技能有限的当事人——来说却是无权消受的。这些得不到帮助的当事人经常地被寄以希望，希望他们能够准备好各式表格，在扑朔迷离的复杂程序中行进。法院人员和调解员被要求不得提供法律建议，因为这从技术层面上讲，会违反成文法关于"非法执业"的禁止性规定。⑫ 进一步的帮助对于实现"法律面前人人平等"这一现实目标而言，显然是至关重要的。

更多的司法辖区也可以建立包括"全面的"、"治疗性的"和专业化的社区法院在内的司法制度。这些法院与非法律专家——包括精神健康职业人员和社会服务提供者——合作来解决诸如家庭暴力、无家可归，以及涉及卖淫、毒品和青少年的轻微犯罪。这一方法试图解决根本原因，而不仅仅是法律上的症状。现有研究表明，许多这样的方法在减少重复犯罪和设计有效的救济计划方面是成功的。⑬

就法庭外的非律师服务而言，也有改革的必要性。每个州对那些律师界外持照人员以外的人，以非法"执业"为由课以刑事惩罚。至于禁止的范围，各司法辖区有所不同，但主要的方法是禁止任何个人化的法律建议。一般而言，外行执业者可以打印文书，但是不能回答甚至最简单的与法律相关的问题或者纠正明显的错误。网络服务提供者可以提供信息和一般性的文书，但不能提供具体的建议。⑭ 律师协会道德规则同样禁止律师帮助非法执业活动。［《示范规则》第5.5 条，《示范守则》DR 3-101（1）。］

这些道德上和法律上的禁止性规定已经招致越来越多的批评。在过去的 10年中，逾半数的州的法院和立法机关审议过非律师专家的提议，而且一些司法辖区关于外行文件提供者的规则更为自由化。这些提议在一定程度上是对"如下要

---

⑩　Pamela A. MacLean, "Self-Help Centers Meet Pro Se Flood," Nat'l L. J., June 26, 2006, at 1, 15; Russel Engler, "And Justice For All—Including the Unrepresented Poor: Revisiting the Roles of the Judges, Mediators, and Clerks," 67 Fordham L. Rev. 1987 (1999); Jona Goldschmidt, "How Are Courts Handling Pro Se Litigants?," 82 Judicature 13, 14 (1998).

⑪　For an overview, see Rhode, Access to Justice, supra note 1, at 84-86; Goldschmidt, supra note 40, at 29-34; Engler, supra note 40, at 2049.

⑫　Engler, supra note 33, at 2056, 2060, 2064; Tina L. Rasnow, "Traveling Justice: Providing Court-Based Pro Se Assistance to Limited Access Communities," 20 Fordham Urban L. J. 1281, 1293 (2002).

⑬　Rhode, Access to Justice, supra note 1, at 86; Greg Berman & John Feinblat, Problem Solving Courts: A Brief Primer (2001).

⑭　See Rhode, In the Interests of Justice, supra note 1, at 136; ABA, Consumer's Guide to Legal Help on the Internet; Self-Help, available at http://www. abanet. org/legalservices/publicdiv. html; Model Rules of Professional Conduct, Rule 5.5, Cmt. (2002).

求"的回应：某些法律过程简单化、越来越多的计算机软件、标准化的格式，以及为律师提供方便选择的替代性纠纷解决方式。对于非律师帮助的推动也来自于国内外对他们的表现的调查，这些调查发现，在解决法律需要最强烈的日常问题方面，外行专家总体上同律师一样适格。[45] 这并不令人完全感到震惊，因为就解决离婚、房屋租赁纠纷、破产、移民、福利和类似的诉求方面涉及的专业信息而言，法学院通常并不教，律师资格考试也并不测试。

因此，大多数系统研究过此问题的学者和律师协会委员会认为，非法执业规则应该重新得到审视，并且应当形成其他的规制方式。[46] 例如，各州可以建立针对非律师和网络服务商的许可制度，并且对不道德的或不称职的服务提供者执行更为严格的禁止性规定。外行执业者和服务同样需要购买不当执业保险和捐资于被骗当事人补偿基金，而且还要同律师一样遵守关于保密、称职性和利益冲突的道德义务。上述规制制度的落实应该由当地检察机关和消费者保护机关负责，而非由律师协会负责，因为律师协会在限制非律师竞争者方面有着显然的经济利益。

四、获得资助的法律服务

第一个美国法律援助协会成立于 1876 年，它当时是作为援助德国移民的组织的一部分。在接下来的几十年中，在很多都市地区，通过私人慈善基金和政府资助建立了法律服务计划。1919 年，Reginald Heber Smith 发表了一项里程碑式的研究，即《正义与穷人》。该研究报告说全国有且仅有 40 家这样的组织，而且这些组织所拥有的资源之稀缺令人可悲可叹。美国律师协会随后任命 Smith 担任法律援助常务委员会的主席，自此开始对地方组织提供些许帮助。然而，直到 1963 年，全国仅有 250 家法律服务组织，且年度综合预算才约有四百万美元。[47] 很多律师协会起初出于以下两点考虑反对法律服务组织的扩大：第一，它们可能会与私人执业者竞争委托人；第二，它们可能导致州和联邦对该职业（法律行业类似于"社会化的医学行业"）越来越大的控制。正如一位美国律师协会主席所言，"在我们自由的美国，政府涉足提供法律服务的领域，这一举动太过危险，应予以制止……"[48]

在 20 世纪 60 年代，自由的政治空气，加上"向贫困开战"，为民事法律援助计划带来了大笔联邦政府援助、广泛的律师协会资助和新的改革思潮。成效迅速凸显，贫穷法机构在消费者、福利、住房、健康医疗和相关的法律领域取得了

[45] See sources cited in Rhode, Interests of Justice, supra note 1, at 136-38; Herbert Kritzer, Legal Advocacy: Lawyers and Nonlawyers at Work 193-203 (1998).

[46] See sources cited in Rhode, In the Interests of Justice, supra note 1, at 136-38; Kritzer, supra note 45; ABA Commission on Nonlawyer Practice, Nonlawyer Activity in Law-related Situations: A Report with Recommendations (1995).

[47] Bryant G. Garth, Neighborhood Law Firm for the Poor: A Comparative Study of Recent Development in Legal Aid and in the Legal Profession 19-20 (1980). 关于法律援助计划早期发展的描述，参见 Ronald Pipkin, "Legal Aid and Elitism in the American Legal Profession," in Before the Law: An Introduction to the Legal Process 185 (John J. Bonsignore et al., eds., 2d ed., 1979)。

[48] Jerold S. Auerbach, Unequal Justice: Lawyers and Social Change in Modern America 236 (1976) (quoting Harold J. Gallagher); Alan W. Houseman, "Political Lessons: Legal Services for the Poor—A Commentary," 83 Geo. L. J. 1669, 1678 (1995).

重要胜利。然而，这些胜利也导致了政治上的后坐力，这种后坐力演变为削减基金和限制律师可以代理的案件与活动的类型。为了使贫穷法机构更好地免受政治干预，1974 年国会建立了法律服务公司，其董事会成员均由总统任命并由参议院批准。尽管法律服务公司拥有监督法律服务计划的权力，但国会拥有通过削减法律帮助的预算和防止联邦资助计划致力于有争议的活动来削弱他们的举措的权力。在目前的基金水平上，法律援助计划只能帮助不到 1/5 的目标人口；它们的综合年度预算对于那些被官方划定为穷人的人来说，每人平均不到 10 美元。被禁止的活动包括游说、社群组织、集团诉讼以及涉及囚犯、无证外国人、堕胎、同性恋权利、废除学校种族隔离和为被指控的毒品经销者提供住房的案件。⑭ 尽管联邦最高法院认定对福利改革的一个限制是违宪的观点歧视，下级法院仍一如既往地判定其他的限制性条件是允许就获得联邦资助设定的条件。⑮

尽管有来自律师协会的强烈支持，扩大预算及法律服务提供者活动范围的努力还是遭到了有力的抵制。对这些计划的批评来自思想层面的各方观点。来自右派的批评者经常公开抨击贫穷法代理律师是毫无公共责任地企图策划社会变革的意识形态侠客。⑯ 其他论者则质疑法律服务在重新分配收入和权力方面的实效性。他们认为，在贫穷法律师为"赖账的"消费者或者房客辩护时，法律程序所产生的额外成本将会以一种更高的价格形式转移给其他低收入的个人。⑰ 或者，考虑到审判后双方当事人的关系、执行难及立法逆转的可能性，对正式权利的确认几乎没有实效性可言。一些批评者还质疑，在传送物质和服务给穷人方面，提供法律服务是否比直接资助这些物质（比如通过住房拨款、社区重建计划或者在更大范围内满足医疗需求）更合算。⑱

来自左派的批评者提出其他的问题。其一便是公众资助的法律服务通过将争议转化为个体性的申诉来寻求小规模的救济，而非对体制性问题或基本权力关系提出挑战，因而可能不利于根本性变革。由于国会的限制性规定制止游说、集团诉讼和社群组织，对于法律援助律师来说解决与贫穷相关的法律需求的结构性诱因是比较困难的。另一个问题便是，为了安抚立法上的批评者和避免进一步预算削减，联邦基金方案不得不专注于最大化在非争议案件中受帮助的个人数量。结果便是损害了提供的代理的质量，使得大多数政治上弱势的案件得不到法律保护。最后一个长期未解决的问题是，一些贫穷法律师对于他们所服务的阶层、种族、和族裔的需求不够敏感，而且他们并未使当事人——不管是个体的还是集体的——有能力来解决自己的问题。⑲

---

⑭ See U. S. C. § 2996 et. Sep. .

⑮ Legal Services Corporation v. Velazquez, 531 U. S. 533 (2001); Legal Aid Society of Hawaii v. Legal Services Corporation, 145 F. 3d 1017 (9th Cir. 1998).

⑯ Kenneth F. Boehm, "The Legal Service Program: Unaccountable Political, Anti-Poor, Beyond Repair and Unnecessary," 17 St. Louis Publ. L. Rev. 321, 327 – 34, 340 – 51 (1998); Patrick J. Kiger, An Unsolved Mystery: Why Are Rogue Politicians Trying to Kill a Program that Helps Their Neediest Constituents? 2 (Brennan Center for Justice 2000).

⑰ Hazard, supra note 29, at 737.

⑱ Richard Posner, Economic Analysis of the Law 479–481 (6th ed. , 2003).

⑲ For concerns, see Gerald Lopez, Rebellious Lawyering (1992); Marc Feldman, "Political Lessons: Legal Services for the Poor", 83 Geo. L. J. 1529, 1537–41, 1552–56 (1995); for challenges, see Alan W. Houseman, "Racial Justice: The Role of Civil Legal Assistance," 36 Clearinghouse Review: Journal of Poverty Law & Policy 5 (1992), at 5.

相反，民事法律援助的拥护者认为这是一条保护基本权利、挑战政府和企业的不端行为及赋权给低收入公民的根本途径。对许多贫困的当事人来说，在涉及健康、住房、福利、教育、家庭法或相关问题的领域，法律服务可以说是唯一能够满足根本需要的途径。而且，法院不同于立法机关，它们是为权利而开，并且经常是最易诉诸——但不总是最为有效的——而寻求救济的地方。在很多论者眼中，为了将小挫折变为根本性的变革而阻止法律服务的做法，不仅在策略上令人生疑，而且在道德上也应受到反对。因此，那种认为直接给付现金给穷人比提供直接的法律服务更有实效的设想，忽视了实现这种兑现的政治阻碍，和满足不可量化的或集体的需要的重要性。为每位穷人提供与法律援助补助相当的现金——每年约十美元——对于保护基本的需求基本上无益。相反，法律服务计划至少能阻止或纠正一些严重的不正义，并且帮助一些委托人形成自助的能力。

为了实现该目的，大多数贫穷法专家主张将资源投向具有普遍性的共同问题和合作性的、以社群为基础的响应。通过将某些资源集中到教育项目、自助方案、对地方组织的代理以及与其他社会服务提供者的合作，法律服务机构能够帮助低收入的当事人不仅解决个人问题，而且就造成其下属地位的某些根本性原因提出挑战。⑤⑤

考虑到法律援助计划长期以来的资金不足情形，很多专家还主张有其他的资金来源。这些提议包括增加法院立案费用和提高与法律相关的税收额。有关的可能性包括更多的公共利益计划和更多的来自私人律师事务所的公益性捐助，具体思路见下面的讨论。

五、公共利益法和"道义律师活动"

尽管"公共利益法"和"道义律师活动"（cause lawyering）这两个术语相对新鲜，这两个概念却植根于早先的公民自由和民权行动中。一个有组织的公民自由运动始于第一次世界大战期间，当时一小群和平主义者建立了一个组织，该组织后来演化成美国公民自由联盟。其活动最终扩大为不仅包括言论和结社自由，而且包括平等权和生育选择权。美国第一个主要的民权组织，即全国有色人种进步协会，在 20 世纪早期也出现了。在 20 世纪 30 年代末期，全国有色人种进步协会的法律辩护基金分离出来，成为一个独立的组织。自从建立后，该基金组织了系统的反对种族不平等的法律运动。⑤⑥ 其他小的组织也加入了这些活动，并且成为很多当代的公益组织的楷模。

在 20 世纪 60 年代晚期至 70 年代早期，政治活动的发展以及基金会基金的

---

⑤⑤ López, supra note 54；Rhode, Access to Justice, supra note 1, at 117–19；National Association of Legal Aid and Defender Association，Leaders for Justice：A National Leadership Development Initiative for the Legal Aid Community and the Equal Justice Movement（2002）；Matthew Diller，"Lawyering for Poor Communities in the Twenty-First Century，" 25 Fordham Urb. L. J. 673，678（1998）.

⑤⑥ See Richard Kluger, Simple Justice：The History of Brown v. Broad of Education and Black America's Struggle for Equality（1976）；Mark v. Tushnet, The NAACP's Legal Strategy Against Segregated Education，1925—1950（1987）.

大幅增加，催生了许多"道义律师活动"的新形式。司法和立法上的行动进一步推动了这种发展。随着法院开始放宽对时机成熟原则（ripeness）、诉讼资格原则（standing）和主权豁免的规定，以及国会开始在各种事关公民权、消费者、环境和类似的案例中批准为"胜诉方"判付律师费，试验性案例诉讼（test-case litigation）逐步成为一种更为有效的策略。根据公共利益法律委员会的定义，公共利益法律组织是一个免税的非营利的团体，它至少雇佣一名律师，并且在事关公共政策的先前未被代理的利益的法律代理上至少投入其全部资源的30％。[57] 在20世纪90年代，约共有1 000名律师的200家中心达到了那个标准。全国法律就业协会有一个更宽泛的定义，包括"法律服务公司和其他提供民事法律服务的组织所资助的立场，以及私人非营利性诉辩或者道义定向的组织……非营利性政策分析人员、研究组织和公共辩护人的立场"。根据该定义，不到3％的法学院毕业生现在在公共利益组织中工作。[58] 此外，相当一部分私人律师事务所并不符合非营利性免税要求，但也就公共利益代理投入了大量工作。

当公共利益法律组织这一术语在20世纪60年代第一次出现时，它是与自由事业联系在一起的。到了20世纪70年代中期，越来越多的保守的诉辩组织也建立起来。在接下来的20年里，因与宗教权利、自由主义者和公司联合在一起，这些团体的规模和影响力急剧扩大。[59] 某些这样的组织超出了公共利益法律委员会定义的公共利益组织的概念范围，因为它们采取了已经被它们的企业出资者充分代理的立场。

公共利益法律委员会的定义，使得人们对"公共利益"组织的角色和含义提出了长期的疑问。对于公共利益法的传统支持理由是，当前的政治、市场结构未能给予无组织的、低下层群体的关切事项以足够的考虑。在进行这种组织时交易费用比较高，并且当事人拥有的资源有限或在代理上有个人风险，此时，公共利益诉辩的理论基础就最充分了。然而这种理论基础却没有解决关键的界定问题。显然的是，"未得到充分代理"和非营利地位本身并不能使某个立场符合"出于公共利益"这一要求。例如，几乎没有人会将公共利益的标签贴到一个寻求废除同儿童建立性关系的禁止性规定的成年人组织头上。然而，如果公共利益概念预设了一些普遍接受的价值或社会防御标准，那这些将如何确定？谁来作出决定？就法院所面对的许多最重要的社会问题而言，法律诉辩组织处在争议的两边，双方都宣称在代表公共利益。

许多"道义律师活动"引发的众多关切，类似于受资助的法律服务引起的关切。右派批评家有传统地抱怨说，公共利益运动在非多数主义的司法程序中投入了过多的影响，而左派批评者抱怨说，这些影响太过有限而不能推动持续的社会变革。保守的反对意见建立在对司法能动主义挑战的长期传统基础之上。公然宣称旨在重建制度或重新分配资源的诉讼已经招致批评，因为法院缺乏适应这种角色的资格或责任担当。在批评者看来，上述案件在敦请法院作出裁决，而法院却

---

[57] Id. .

[58] National Association for Law Placement，Jobs & J. D. s：Employment and Salaries of New Law Graduates—Class of 2005（2006）.

[59] Ann Southworth，"Conservative Lawyers and the Contest Over the Meaning of 'Public Interest Law'，" 52 UCLA L. Rev. 1223（2005）.

并不具备必要的培训、对制度的了解以及执行机制。[60] 然而，在过去的几十年中，随着任命联邦法官日趋保守，这一传统批判变得更为有限；代表保守主义道义的司法能动主义恰恰是保守的法律团体常常主张的。[61]

这些对公共利益法的传统批判，推动了不同程度的回应。辩护者指出，这并非与公众将某些功能授予非多数决定程序的民主原则不一致。在一个不可避免地由有着良好经济基础的利益所塑造的政治制度中，这种授权尤其适合保护"分离的、孤立的少数人"的需要，或者因缺乏资源而没有组织在一起的分散的多数人的需要。[62] 法院在执行其他政府部门未能维护的宪法原则方面起到关键性的作用。公共利益组织在通过提起案件使得这种司法审查得以进行方面，发挥着同样关键性的作用。

此外，公共利益工作经常致力于游说或提出旨在进一步深化而非颠覆立法原意的法律策略，例子包括提起遵守环境保护、工作环境安全和消费者保护等规定的诉讼。在很多情境下，公共利益组织通过提供否则就会缺少的审查，来增强政府制定政策时的责任担当。选出的代表可能缺乏时间、信息和技术专长来监督法律规定的实施。而当法院面对同样的限制时，它们可以托付于特别主事官或经纪人协议，使得具有必需的技能和知识的利益相关者参与进来。[63]

一方面，右派批评者经常担忧"道义律师活动"影响太大；另一方面，左派批评者忧虑其影响过小。从他们各自的视角来看，公共利益维权律师过多地依赖于诉讼和正式权利，这转移了使得权利具有意义所必需的政治组织努力。公益律师经常缺乏相应的资源来监督试验性案例判决的遵守情况，并且一些被告——通常是政府性机构（例如监狱、学校或者精神病院）——缺乏彻底执行司法救济的资金。缺乏公众支持的判决也易被制定法推翻或受到行政机关的阻碍。批评者宣称，公益律师过度依赖于诉讼，因为其可信性和职业声望依赖于这些可见的成就，因为他们的经历使得他们不能胜任例如基层组织工作等其他角色。其结果就是，律师并没有使他们的委托人有权力来质疑和挑战他们的低下状况，而仅仅是缓解了其症状。[64]

这些关切，加上更广泛的文化趋势，使得许多公共利益法律组织更多关注的不是诉讼，而是游说、教育、研究、拓展、咨询和相关计划。[65] 联邦法院愈加浓厚的保守主义以及更加严格的通知和诉讼资格要求，使得自由的公共利益组织使用测试性案件的次数更少但更加策略化。在某些情况下，提起或者威胁提起诉讼，仅仅是为了在庭外和解时获得讨价还价的优势。在其他情境下，诉讼主要是

---

⑥⓪　Ross Sandler & David Schoenbrod, Democracy by Decree: What Happens When Courts Run Government (2003); Gerald N. Rosenberg, The Hollow Hope: Can Courts Bring About Social Change? (1991).

⑥①　Southworth, supra note 59.

⑥②　United States v. Carolene Products Co., 304 U. S. 144, 152 (1938); Luban, supra note 39, at 358–70; Stuart Scheingold & Austin Sarat, Something to Believe In: Professionalism, Politics, and Cause Lawyers (2004).

⑥③　Charles F. Sabel & William H. Simon, "Destabilization Rights: How Public Law Litigation Succeeds," 117 Harv. L. Rev. 1015 (2004).

⑥④　López, supra note 54; Anthony Alfieri, "Practicing Community," 107 Harv. L. Rev. 1747 (1994).

⑥⑤　Laura Beth Nielsen & Catherine R. Albiston, "The Organization of Public Interest Practice: 1975–2004," 84 N. Car. L. Rev. 1592, 1612 (2006). 公共利益法律组织的很大一部分关注的是为自然人委托人直接提供服务。Id., at 1593.

起到催化作用，是为了激发政治行动和组织性努力。即使公共利益组织在法庭中"败诉"，他们也会在庭外公众支持、社群赋权和政策改革等更广范围内的斗争中获胜。

由公共利益法引发的最后一组问题便是问责机制和利益冲突问题。正如第八章讨论集团诉讼时所指出的那样，当事人的组织性越差，对律师的限制也就越少。根据界定，公共利益律师具有超越委托人的利益的政治和伦理上的忠信。⑥⑥在批评者眼中，缺乏责任担当的律师与其说可能为公众代言，不如说是为行为备受争议的政府官员说话。在何种意义上可以说这些律师比民选官员或行政官员更能代表公众利益？

作为对这些批评的回应，公共利益律师指出，他们并非没有某种形式的问责制。他们的影响力取决于在各种人员中的可信性：当事人、资助者、法院、政策制定者、评论家、同业者和社群组织。从长远来看，任何公共利益组织的实效性取决于它的责任担当——公开宣传得到广泛认可的价值、维护重要的原则以及为其持之以恒的主张提供需求的能力。

■ 六、公益代理

包含法学和医学在内的"博学职业"，通过强调它们对公共服务的共同忠信而同商业活动区别开来。这个国家的律师业有着为公益服务的经久不衰的传统，即在无偿或减少收费的基础上"为了公共福祉"而提供法律服务。此概念涵盖的活动范围广泛，包括法律改革运动、参与律师协会、民间组织以及个人或集体代理。接受这种帮助的当事人的范围也很广泛：穷人、非营利组织、意识形态或者政治性事业，以及朋友、亲戚或律师雇员。

尽管律师界在原则上长期地支持公益服务，它们在实践中的忠信却受到更多的限定。《职业责任示范守则》仅仅是追求性地提到律师有帮助那些不能支付法律服务费用的人的"基本责任"（Ethical Consideration 2-25）。并没有惩戒规则来支持该责任。律师界内部的忠信也顶多是瑕瑜互见。20世纪70年代中期一个代表性的研究发现，律师的平均奉献不足收费小时数的6%，而其中只有大约5%的工作用于帮助穷人。大多数公益帮助提供给了朋友、亲属、雇员、律师协会和服务于中产以上阶层的组织（例如国际青年商会、少年棒球联合会、交响乐队）。⑥⑦

1980年，为了促进更多的服务，起草《示范规则》的委员会最初建议律师在免费或者降低收费的基础上，为财力有限的人或者帮助他们的组织提供40小时的服务或者相当的经济捐助。该建议激起了普遍的反对，就像要求律师报告他们的自愿性捐助一样。因此，《示范规则》最初仅仅作了一个追求性的规定，此后又对其进行了一系列强化性的修正。现在，《示范规则》第6.1条规定，律师"应当追求每年提供不少于（50个）小时的公益性法律服务"，把上

180

---

⑥⑥　Scheingold and Sarat, supra note 62; Nielsen & Albiston, supra note 65.

⑥⑦　Joel F. Handler, et al., "The Public Interest Activities of Private Practice Lawyers," 68 ABA J. 1388, 1389 (1975).

述 50 个小时的法律服务的"大多数"提供给财力有限的人或者主要目的在于帮助这些人的组织。关于该条规则的注释明确说,这"并不是要通过惩戒程序来加以贯彻的"。

在过去的 20 年中,很多律师协会和州法院一直反对强制性的公益服务提案,但是少数司法辖区推行了有限的要求。根据美国律师协会公益和公共服务常设委员会,5 个州要求律师协会成员上报他们对志愿者计划的捐献。11 个州有着自愿性的报告规定。新泽西州在某些刑事案件中指任律师无偿辩护,其他的司法辖区则规定律师若想在有偿案件中获得指定,必须提供公益帮助。[68] 尽管美国联邦最高法院对于无偿服务规定的合宪性从未发表过完整的意见,但法官的附带意见和某个驳回上诉的摘要暗示说这种规定是被允许的。[69]

关于律师公益服务的全部信息是难以获得的。仅有 3 个州规定要就捐助情况进行强制性的申报,而且许多律师对于"公益"的定义自由把握,认为包括参与律师协会的活动、任何无补偿的或补偿不足的委托人服务,即使从事该工作时期待着报酬。[70] 美国律师协会最新的全国性调查表明,大约三分之二的律师报告了某些公益性捐助,尽管界定很宽泛。[71] 然而,收集这些数据的州的服务量是相当少的,从 20 小时到 40 小时。[72] 不到 10% 的执业律师接受来自联邦出资的法律援助机构或者律师协会赞助的与贫穷者有关的项目介绍来的案件。[73] 与其时间相比,大多数律师更吝啬于金钱。简而言之,现有的调查发现美国法律界在支持公益性法律服务方面,工作量上平均每周不足半个小时,经济捐助每天不足 0.5 美元。[74] 业界最富裕成员的记录并不显得有多好。全国最大的律师事务所仅有 1/3 尽其所能达到了美国律师协会关于公益法律服务的规定,该规定要求作出相当于其总收入的 3% 至 5% 的经济捐助。并且全国 200 所最大的律师事务所当中的律师仅有 1/3 强每年向公益工作投入至少 20 个小时。在这些所中约有 5 万名律师平均每天仅有 8 分钟的无偿法律服务。尽管近期的薪水之战将补偿标准推向了一个新水平,这种富裕水准与其说是拓宽,不如说是侵蚀了对无偿法律服务的赞

---

[68] See ABA Standing Committee on Pro Bono and Public Service Responsibilities, summarized in 22 ABA/BNA Manual on Professional Conduct 321 (2006); Deborah L. Rhode, Pro Bono in Principle and in Practice 17 (2005). 佛罗里达的项目是州律师协会制定的,该项目说期待每个佛罗里达律师能每年为穷人提供至少 20 小时的公益法律服务,或者捐献 350 美元。每个律师必须报告是否履行了该期待,但是未能这么做并不会导致任何惩戒。Talbot D'Alemberte, "Tributaries of Justice: The Search for Full Access," Florida Bar J., April 1999, at 12. 新泽西就特定种类的律师免除了其要求,例如公共辩护人、法律援助律师,以及通过有资质的法律援助组织向穷人提供了不少于 25 小时自愿帮助的私人执业律师。Madden v. Township of Delran, 601 A. 2d 211 (N. J. 1992); "Exemptions from Madden v. Delran Pro Bono Assignments for 2002," N. J. Bar J., March 11, 2002, at 1.

[69] Sparks v. Parker, 368 So. 2d 528 (Ala. 1979), appeal dismissed, 444 U. S. 803 (1979); Powell v. Alabama, 287 U. S. 45, 73 (1932).

[70] See Carroll Seron, The Business of Practicing Law: The Work Lives of Solo and Small-Firm Attorneys 129-33 (1996); see also sources cited in Rhode, supra note 68, at 19-20.

[71] ABA, Supporting Justice: A Report on the Pro Bono Work of America's Lawyers (2005). 根据美国律师协会的界定,参与律师协会的活动也是符合要求的,即使这样的工作常常主要是为律师的职业利益进行的,与律师服务不足的社群的需求无关。

[72] Rhode, Pro Bono, supra note 68, at 20.

[73] LSC Statistics: Private Attorney Involvement, All Programs, available at http://www.lsc.gov/pressr/pr-pai.htm.

[74] Rhode, Pro Bono, supra note 68, at 20.

助。在过去的十年中，大多数律师事务所的平均收入增长了高达50%，然而平均无偿法律服务时间降低了1/3。[75]

通过强制性义务规定来增强律师界公共服务信念的努力遭到伦理上和实践中的反对。原则上讲，很多律师坚持认为强制性的义举在词义上就是矛盾的。在他们看来，强制性的服务规定可能贬低了服务本身的伦理意义并且侵犯了律师自身的权利。对一些执业者而言，这样一项义务无异于"非自愿的奴役"[76]。如果诉诸正义是一个社会价值观念，那么社会总体上就应当承担起相应的代价。穷人对食物和医疗有着根本的需求，但是我们不能为了满足他们的需求而要求杂货商或医生贡献他们的帮助。那么，为什么律师的责任就应该更重一些？

公益法律服务义务的拥护者提出了几种答复。律师拥有特权，因而他们要承担特殊的义务，并且得到法律服务这一正义不仅对于个人而言很关键，对于司法制度的正当性也很关键。美国高度发达的法律文化使得法律帮助实际上成为"具有社会重要意义的各种项目的关键"[77]。同其他国家的律师相比，在这个国家的律师负有更加广泛和专有的提供法律帮助的权利，而且在提供重要服务方面有着比其他职业更强的垄断性。[78] 美国律师界长期独占这些特权并且严格地限制外行竞争。在这种情况下，无偿法律服务的拥护者认为期待律师提供一些义务帮助来换取他们的特权地位是情有可原的。美国律师协会建议的标准是每年50个小时，每周相当于一小时的无偿援助工作量看起来一点也不像奴役性工作。

而很多支持公益性服务的律师原则上认为，强制性的义务规定在实践中往往不起作用。界定何谓公益性服务以及监督日常遵守活动，带来了重大挑战。正如美国律师协会所指出的，如果主要目的在于帮助贫穷的人，强制对贫穷法没有兴趣或专长的律师作出贡献几乎不是一种提供服务的卓有实效的途径。但对于公益性法律服务规定的支持者而言，问题又是"同什么相比"。对于许多低收入群体而言，有些帮助总比没有好，这就是他们当前的不二选择。由律师协会赞助的志愿者计划的经验表明，实效性问题可通过下列两种策略解决：为参与者提供一个伴有教育项目和支持制度的各种各样的机会；允许不愿意或无能力提供直接服务的律师为法律援助提供者赞助现金。即使不能保证对公益性法律服务规定的全面遵守，上述措施至少可以支持那些喜欢参与公共服务但是其所在组织不鼓励这种参与的律师。

不论针对强制性公益法律服务的争论是否已经平息，律师界拥有强有力的理由来鼓励更多的自愿参与。对于许多律师而言，这种参与可以提供培训新技能、获取有价值的审判经验及增强他们在社群的人际网络和名声的重要机会。在律师们所投身的事业的情境下，这些机会同样也是一种将很多律师联系在一起的方式，他们的共同关注使他们在一开始走进了法学院。很多律师发现，在他们当前

183

---

[75] Id.. Michael Aneiro, "Room To Improve," The American Lawyer, July 2006, at 100.

[76] Tigran W. Eldred & Thomas Schoenherr, "The Lawyer's Duty of Public Service: More Than Charity?," 96 W. Va. L. Rev. 367, 391 n. 97 (1993-94); and sources quoted in Rhode, Pro Bono, supra note 68, at 37-38.

[77] Harry T. Edwards, "A Lawyer's Duty to Serve the Public Good," 65 N. Y. U. L. Rev. 1148, 1156 (1990).

[78] Andrew Boon & Jennifer Levin, The Ethics and Conduct of Lawyers in England and Wales 55 - 59, 402 (1999); see also Christine Parker, Just Lawyers: Regulation and Access to Justice 1-9 (1999).

的执业环境中缺少这样一种纽带。确实，律师界持续的调查发现，律师们对他们工作的最大不满源自对社会福祉贡献的匮乏。[79] 公益性法律服务不仅提供了这样的机会，而且帮助参与者更好地理解当前的司法系统对于穷人是如何运作的或者如何失效的。[80] 这样的接触，有可能促进对改革的支持，并且使得促进诉诸正义处于更优先的职业地位。

---

[79] ABA Young Lawyers Division Survey：Career Satisfaction 11（2000）.

[80] Steve Lubet & Cathryn Steward，"A Public Assets' Theory of Lawyers' Pro Bono Obligations," 145 U. Pa. L. Rev. 1245，1299（1997）；Rhode，Pro Bono，supra note 68，at 29.

法律服务市场的规制

一、广告

二、劝诱

三、跨司法辖区执业

四、跨行业执业

五、律师收费

之所以对律师如何展业（promote）、如何构建服务组织以及如何就服务定价　　184
进行规制，标准的理由就是法律服务市场的不完美。这些缺陷包括经济学家所说
的信息障碍、"搭便车"者以及外在性（externalities）。

信息问题源于很多消费者缺乏对他们所接受的服务作出明智评价的能力，不
管是在购买服务前还是在购买服务后。大多数自然人（相对于组织委托人而言）
仅仅是一次性的法律服务购买者；多数人在其一生中咨询律师的次数不过一两次
而已，并且他们当中的大多数人又会在不同时候选择不同的律师。经验的缺乏，
加之就职业服务进行比价代价高昂、费神费力，使得消费者难以作出符合效益原
则的选择。如果没有外部规制，一些委托人就会因不称职的或者不道德的律师蒙
受惨重的损失。当消费者就可得的法律服务不能进行准确区分时，律师就可能丧
失提供高质量代理的足够动机，"柠檬市场"就可能形成。

另外一个问题就是"搭便车"者，即那些对集体福祉没有任何贡献而坐收其
利的人。例如，律师界在获得公众信任，使每个律师的行为讲究诚信以维护这种
信任方面，有个共同的利益。然而，如果缺乏有效的规制制度，各个律师可能就
没有足够的经济动机来不行欺诈行为；他们就可以像搭便车者一样在自身不遵守
基本的道德规范的情况下获益于律师界的整体名誉。

最后一个亟须规制的问题是，某些对特定委托人及其律师们可能有利的行
为，可能会给社会或者第三方带来成本。例如，公众在促进公正、快速解决纠纷
和抑制无价值诉讼方面有其利益，但是在某些情况下，委托人或者律师的经济利
益可能与此背道而驰。

尽管关于法律职业的论者通常认为这些问题需要得到规制，然而对于采取何　　185
种形式，以及对于规制过程法律职业到底该行使何种程度的控制权，存在很大的
争议。我们在接下来的章节将探究这些问题。

一、广告

虽然很多律师将法律服务广告视为新兴的、令人遗憾的发展，但是对广告的
限制其实才是新兴之物。远在古希腊和古罗马的法律执业者在兜售其服务方面从
不犹豫。在 19 世纪的美国，一些最知名的律师，包括 Abraham Lincoln 以及最
早的法律职业道德论著之一的作者 David Hoffman，对法律服务的宣传也不
避讳。

然而，正如第二章的材料所表明的那样，在 20 世纪之交，律师界的领导者
越来越重视展业行为。美国律师协会 1908 年《道德准则》宣称，通过广告"招
揽职业雇佣的做法是不符合职业要求的"。即使是间接的展业方法，例如在报纸
上发表评论，也被视为不合适的。根据准则 2.1，任何形式的"自我吹嘘"均被
视为"有违传统，降低了我们的职业品位"。总的来说，这一直是律师界的立场，
直到 20 世纪 70 年代。律师职业道德委员会花费了比其他事项更多的时间来完善
和执行对广告与劝诱行为的限制性措施。① 不被允许的行为包括散发带有律师名

---

① James Willard Hurst, The Growth of American Law: The Law Makers 331 (1950)；Philip Shuchman, "Ethics and Legal Ethics: The Propriety of the Cannons as a Group Moral Code," 37 Geo. Wash. L. Rev. 244，255-56 (1968).

字和职业的日历、浮雕花纹的纸夹火柴或者圣诞贺卡；以硕大的字体来展示律师事务所的招牌；同杂志进行串通，把律师事务所描写为"蓝筹股律师事务所"；穿戴刻有州律师协会徽章的饰物；在电话簿中使用黑体字。[②]

一些道德意见似乎是微不足道的关注，然而，这不应该遮蔽有关的严重关切。对于律师协会的领导层而言，对律师广告和劝诱行为的禁止性规定表达了他们将法律视为一种职业而非商业的入骨三分的切身感受。在他们看来，允许公然的自我推销，可能会侵蚀职业主义，滋生欺骗，并贬损律师的公共形象和声誉。

道德规则

从 20 世纪 60 年代末期开始，对律师广告的广泛禁止性规定，遭到越来越多的质疑。给对律师协会反对竞争政策的批评火上添油的有各种因素：消费者运动的兴起，人们越来越接受其他职业人员的广告行为；高案件流量、低成本的法律诊所的出现；以及低收入群体未被满足的法律需求受到高度关注。很多律师认为这些政策是过时的；这些政策是建立在小镇法律服务模式基础之上的，在这种模式中，职业声誉是个众所周知的问题，并且有关服务的价格和质量的信息很容易获得。此外，批评者反对该律师协会政策背后的精英主义偏见。代理富人和组织性委托人的律师拥有很多机会在潜在委托人中间进行文雅的自我宣传；他们所在的律师事务所不仅投资于社会活动和获得私人俱乐部的会员资格，而且花钱进入律师协会批准的向大型商企业提供的律师事务所名录。相反，代理穷人和中等收入委托人的律师几乎没有机会宣传他们的服务，并且他们的潜在委托人也更不可能有其他的信息渠道。

这些问题引起的法律上的质疑，最终到达联邦最高法院。这些案件中的第一件便是 Bates v. State Bar Arizona，433 U. S. 350（1977）案件。该案涉及一个法律诊所，该诊所的平淡无奇的广告称"可以在非常合理的律师费基础上提供法律服务"，同时此广告对某些常规性服务如无争议的离婚、收养和简单的个人破产案件明码标价。联邦最高法院判定，律师的广告行为不应该受到完全的压制，有关广告受到宪法第一修正案的保护。

在后来 In re R. M. J.，455 U. S. 191（1982）案件的判决中，针对无误导性广告内容上的限制，联邦最高法院再一次痛下杀手。根据 General Hudson Gas & Electric Corp. v. Public Service Comm.，447 U. S. 557（1980）案件确立的一般商业言论原则，法院将其方法总结如下：

与合法活动相关的真实广告有权获得宪法第一修正案的保护。但是，一旦广告的特定内容或者方式表明它具有固有的误导性，或者经验证明这种广

---

② Geoffrey C. Hazard, Jr., Susan P. Koniak, Roger C. Cramton, & George M. Cohen, The Law and Ethics of Lawyering 930（4th ed., 2005）（1999）（讨论了杂志的介绍和日历问题）；In re Maltby, 202 P. 2d 902（Ariz. 1949）（纸夹火柴）；ABA Comm. on Prof. Ethics, Formal Op. 309（1963）（圣诞卡）；In re Duffy, 242 N. Y. S. 2d 665（App. Div. 1963）（霓虹灯招牌）；Henry S. Drinker, Legal Ethics 289, app. A., at 289（1953）（招牌的尺寸）；Belli v. State Bar, 519 P. 2d 575（Cal. 1974）（苏格兰语）；ABA Comm. on Prof. Ethics Informal Op. C-747（1964）（州律师协会的饰物）；ABA Comm. on Prof'l Ethics, Formal Op. 184（1951）（号码簿）；but see ABA Comm. On Prof'l Ethics, Informal Op. 1222（1972）（刻有 ABA 徽章的饰物是允许的）。

告事实上极易被滥用，那么各州就可以予以适当的限制。误导性广告可能会被彻底禁止。但是，各州不能对某些带有潜在误导性的信息加以绝对的禁止，例如执业领域列表，如果该信息不是以一种欺骗性的方式呈现的话……虽然在职业服务广告这一领域，欺骗和令人困惑的可能性很大，对此类广告的限制不能超过合理预防欺骗发生之所必需。

即使交流不具有误导性，各州仍有某种规制权力。但是，各州必须主张有重大利益，并且对言论自由的干预程度须同所要保护的利益相称。限制性措施必须有限度地设定，各州在法律上只能进行促进州重大利益的规制。（In re R. M. J.，455 U. S. at 203.）

以后的判例判定，各州不能禁止关于正在进行的诉讼的不带欺骗性的图片说明或者描述［Zauderer v. Office of Disciplinary Counsel，471 U. S. 626（1985）］；不能禁止只向特定收件人而非一般公众发送的信件，［Shapero v. Kentucky Bar Ass'n，486 U. S. 466（1988）］；不能禁止对经过认证的诉讼专家的准确指明，［Peel v. Attorney Registration and Disciplinary Comm'n，496 U. S. 91（1990）］。

所有这些判决在法院内部和律师界内部都激起了不同意见。尽管广告现在是一个几十亿美元的产业，但几乎所有的律师都从事某种形式的展业行为，只有少数律师在大众媒体——电视和广播市场中投放广告③，大多数律师依赖的是宣传册、黄页、网站以及涉及职业、民间和社会功能的外联活动。④ 调查发现，一般而言大多数律师反对大众媒体广告。⑤ 相反，大多数消费者却认为这种广告是可以接受的。⑥ 律师协会道德规则的不断修正，反映了调和公众与律师业界利益的 *188* 艰巨工作。

《示范规则》有关广告行为的规定如下：

规则 7.1：关于律师服务的信息交流

律师不得就其本人或者其服务进行虚假或者误导性的信息交流。如果该交流包含对法律或者事实的重大不实陈述，或者省略了使该陈述从整体上被视为无重大误导性所必需的事实，该交流就是虚假的或者误导性的。

注释

［2］……如果真实性的陈述省略了使得该律师信息交流从整体上被视为无重大误导性所必需的事实，该陈述就具有误导性。如果具有真实性的陈述存在这样的重大可能，即它会引导常人在没有合理的事实基础的情况下就该

---

③ 关于对这一产业的估计，参见 William Hornsby, Jr., "Clashes of Class and Cash: Battles from the 150 Years War to Govern Client Development," 37 Ariz. St. L. J. 255（2005）。关于对大众传媒的估计，参见 sources cited in Deborah L. Rhode & David Luban, Legal Ethics 739（4th ed., 2004）.

④ Rhode & Luban, supra note 3, at 739; Geoffrey C. Hazard, Jr., "Advertising and Intermediaries in Provision of Legal Service: *Bates* in Retrospect and Prospect," 37 Ariz. St. L. J. 307, 313（2005）.

⑤ Archer W. Honeycutt & Elizabeth A. Wibker, "Consumers' Perceptions of Selected Issues Relating to Advertising by Lawyers," 7 J. of Prof. Services Marketing 119, 120（1991）（发现美国律师协会几乎 90% 的被调查会员认为，广告伤害了律师的职业形象）. See Mary Hladky, "High Court Case to Test Limits on Lawyer Ads," Legal Times, Jan. 9, 1995, at 1.

⑥ William E. Hornsby, Jr., "Ad Rules Infinitum: The Need for Alternatives to State-Based Ethics Governing Legal Services Marketing," 36 U. Rich. L. Rev. 49, 87-88（2002）; ABA Commission on Advertising, Lawyer Advertising at the Crossroads: Professional Policy Considerations（1995）.

律师或者律师的服务得出一个特定的结论，则该陈述也具有误导性。

规则 7.2：广告

（a）在遵守规则 7.1 和规则 7.3 的前提下，律师可以通过书面、录制性或者电子交流手段，包括公共传媒，为其服务作广告。

注释

[3]……律师广告的有效性和品味问题，都是理论性和主观判断的问题。一些司法辖区曾广泛地禁止电视广告，禁止在律师的具体事实之外作广告，禁止"不得体"的广告。现在，电视是公众获取信息的最为有力的媒体之一，特别是对于低收入和中等收入的家庭。因此，禁止电视广告将会阻碍关于法律服务的信息流向大多数公众。限定可以作广告的信息也会产生同样的效果，并且假定律师界能够就何种信息被公众认为与其相关作出精确的预言。

这些规则包含了针对道德 2000 委员会的建议而于 2002 年作出的重要修正。与先前的标准相比，这些修订反映了对广告行为更为开放的态度，而大多数州仍保留了比《示范规则》更为严格的方法。⑦

当前的争议

一个主要的区别便是对表现形式的要求。很多州禁止证明书、赞同书、专业头衔或者"自我吹嘘"性的声明，或者要求它们必须附有免责声明。强制性的免责声明对于多数广告形式来说经常显得累赘或者不可行。其他司法辖区规定，律师如果想在广告中刊登由州律师协会之外的其他组织颁发的专业证书，需在免责声明中注明所在州并不认可或者要求这种证书。⑧ 很多法律职业道德论者和消费者权利保护专家对这些规则深表忧虑。在提交给美国律师协会广告委员会的建议中，联邦贸易委员会的工作人员指出：

当然，推荐书和赞同书可以被作为一种误导可能性结果的方式加以利用，因此非常有必要采取措施制止那些这样做的人，这样的措施也是适当的。但是，对于与特定结果不相干的法律服务的某些方面，或许只有在委托人亲身经历后才能将其真实而又有意义地表达出来。并非是要一概而论地禁止，我们或许可以采取同联邦贸易委员会关于此问题的指南相类似的方式，即努力确保委托人推荐书是真实的而非具有误导性的……

多数司法辖区要求的免责声明及其他披露的禁止性规定，因其规定的信息越来越长或者强迫广告主去除其他信息，而致使广告费用有增加的趋势。如果广告主认为消费者会因披露而对广告主有消极看法，不论该推断是否理由充足，披露义务也可能抑制广告行为。正是因为这些后果，不必要的披露要求就会减少消费者可以获得的有用信息量。披露和免责声明有时候对于预

---

⑦ Louise L. Hill，"Change Is in the Air：Lawyer Advertising and the internet，" 36 U. Rich. L. Rev. 21，22（2002）.

⑧ 就各州关于法律服务信息交流的职业道德规定的在线链接，参见 ABA Comm'n. On Responsibility in Client Dev.，Links to State Ethics Rules Governing Lawyer Advertising，Solicitation，and Marketing，ABA Network，at http://www. abanet. org/legalservices/clientdevelopment/adrules.

防欺骗是必需的。在权衡利弊的基础上评价披露要求是很重要的。⑨

在州的规制过程中，一个充满争议和分歧的相关问题，就是对歌曲、短诗、动画和戏剧等"不得体"的广告手法的禁止。对于大多数法官和律师协会的领导层来说，上述手法贬损了律师的职业主义，并且降低了律师的公共形象。按照O'Connor 大法官的看法，"对律师广告的严格控制"是非常合适的，因为这些限制"是对执业律师每天的具体提醒，即为什么法律职业的成员将该职业视为商业或者其他任何行当是不合适的" ［Shapero v. Kentucky Bar Association，486 U. S. 466，490－91（1988）（O'Connor J.，dissenting）］。此后 Warren Burger 大法官进一步强调了此点。在他看来，像兜售泻药一样推销法律服务，是"'纯粹的讼棍行为'，并且对职业行为构成严重的背叛"。与去张贴广告相比，他个人宁愿去"攻苦食淡"，他还奉劝消费者"千万千万千万不要去雇请那些必须靠张贴广告来吸引委托人的律师"⑩。

然而包括美国律师协会的全国性调查在内的多数研究发现，广告并非公众形成对法律职业的印象的主要因素。⑪ 一些州所禁止的娱乐性的电视商业广告容易对受众对律师的印象产生积极影响。实际上，一项研究指出，甚至是哗众取宠的或者动画式的商业广告提升了观众对律师的专业技巧、学识、有益性和实效性的评价。⑫ 尽管很大一部分消费者认为，改变律师广告的方式可能提升法律职业的声望，但是大多数人认为，就各种改革策略而言，这是最不重要的。⑬ 大多数专家也同意这样的看法，即与书籍、电视、电影中的律师形象，以及朋友、家人和同事的说法相比，律师的广告对公共看法的影响远没有那么大。⑭

从一个纯粹保护消费者的角度来看，很多州对律师广告的限制性规定难以自圆其说。实证研究发现，广告总体上有助于加强竞争，以及在不降低职业服务质量的前提下减少费用，而低收费有助于提高需求、扩大接受服务的人数以及鼓励规模经济。在一个消费者日均能收到近一千条信息的国家，大众传媒广告的有效性可能要依赖于律师界经常声讨的注意获取（attention-getting）策略。

在很大程度上，关于广告得体性的争论所涉及的问题是，如何在公众获得信息的兴趣点与律师界维持品位、地位和职业身份的关注之间加以折中。该折中清晰地体现在《美国律师协会杂志》刊登的 Jeffrey Zuckerman（时任联邦贸易委员会竞争、消费者保护与经济局局长）和 Adrian Foley（美国律师协会广告委员会

191

⑨ Federal Trade Commission，Submission of the Staff of the Federal Trade Commission to the ABA Commission on Advertising 12 （June 24，1994）. See also Hornsby，supra note 6，at 66－69；Anthony E. Davis，"The Proposed New Rules Governing Lawyer Advertising," N. Y. L. J.，July 3，2006，at 3（对纽约律师广告规则准备进行的修改提出了批评）.

⑩ David Margolick，"Burger Criticism Prompts Defense of Lawyer Ads," N. Y. Times，July 9，1985，at A3；Warren E. Burger，"The Decline of Professionalism," 63 Fordham L. Rev. 949，953，956 （1995）.

⑪ See surveys cited in Hazard，Koniak and Cramton，& Cohen，supra note 2，at 945；ABA Commission on Advertising，supra note 4，at 3；Hornsby，supra note 4，at 55；Richard J. Cebula，"Does Lawyer Advertising Adversely Influence the Image of Lawyers in the United States？An Alternative Perspective and New Empirical Evidence," 27 J. Legal Studies 503 （1998）；Wiese Research Associations，Attorney Advertising Perception Study 10－11 （ABA 1994）.

⑫ Hazard，Koniak，Cramton & Cohen，supra note 2，at 1033.

⑬ ABA Section of Litigation，Public Perceptions of Lawyers：Consumer Research Findings 32 （April 2002）.

⑭ Fred Zacgarias，"What Direction Should Legal Advertising Regulation Take," Professional Lawyer 45，52－53 （2006）.

前主席）之间的对话中。在 Zuckerman 看来，对得体的要求反映了"对广告的偏见"，这将会限制竞争与信息的自由流动。⑮ 恰恰相反，Foley 认为这些要求对于保持职业形象与广告的可接受度是非常关键的。一位杂志记者提问道："如果一名律师在一则电视广告中从一个游泳池中跳出来并且说'当你遇到麻烦时记得把头浮出水面'，会有人受到伤害吗？这样就会刺痛这个职业的清高吗？" Foley 回答说："在一定程度上，答案是肯定的。而且这也会贬低很多律师的奉献精神。这些律师的职业精神是多年的学习与努力工作的结果。"⑯

执行制度

就广告规制在律师界的利益和公众利益之间的冲突而言，还提出了一个更为根本的问题：由谁来决定平衡的界点？尤其考虑到就大众传媒信息交流而言有个人利益的律师协会成员比例很低，而很高比例的广告投诉（通常大约是 90%）来自于其他律师，应当由律师协会发挥主导作用吗？⑰ 一些论者认为，目前的限制反映了集体偏见，使得律师服务信息更难为资源有限的消费者所获悉。⑱ 有人提出了这样的选项，即将监督责任交给更为中立的机构，例如消费者保护组织。⑲ 其他的改革设想包括增加潜在委托人可以获悉的信息来源。例如，州或者全国性的组织可以创设电子数据库，就像医生的信息交换中心那样，提供关于律师的基本信息。⑳ 各个州也可以放宽那些关于就潜在的委托人与合格的服务提供者进行匹配并进行业务介绍的组织的规则。㉑

一个相关的问题是，规制机关行使的自由裁量的权限。最近的研究发现，广告规则基本上没有付诸实施。自 Bates 案件以来，被调查的司法辖区每年上报因违反广告规定而受到惩戒的案例平均不到一个。㉒ 甚至在那些违反具体规则特别常见的司法辖区，正式的执行措施也极为罕见。㉓ 造成这种模式的因素可归结如下：

---

⑮ "At Issue：Is Dignity Important in Legal Advertising?" 73 ABA J.，Aug. 1987，at 52，53.

⑯ Id..

⑰ Deborah L. Rhode，In the Interests of Justice：Reforming the Legal Profession 148 (2001).

⑱ Hornsby, supra note 3. 按照 Van O'Steen——Bates v. Arizona State Bar 案件的当事人之一——的说法，"然而，对于那些低收入和联系不甚紧密的阶级而言，广告是关于迫切法律需求的新鲜信息……禁止律师做广告，是以职业尊严为名，行阶级立法之实"。Van O'Steen，"Bates v. State Bar of Arizona：The Personal Account of a Party and the Consumers Benefits of Lawyer Advertising," 37 Ariz. L. J. 245 (2005).

⑲ Rhode，supra note 17，at 144-49；Linda Morton，"Finding a Suitable Lawyer：Why Consumers Can't Always Get What They Want and What the Legal Profession Should Do About It," 25 U. C. Davis L. Rev. 283，303 (1992).

⑳ Rhode & Luban，supra note 3，at 739.

㉑ 目前的规则允许律师支付"经适当的规制机构"批准的非营利性或者"取得资格的律师中介服务"收取的"常规费用"［《示范规则》第 7.2 条（b）（2）］。相对而言，不是由律师协会运作的这种中介服务很少得到批准，向律师协会的中介服务机构进行咨询的消费者也相对很少。关于目前的方法的不足够性的讨论，参见 Hazard, supra note 4，at 316-17，and Hornsby, supra note 3，at 300-01.

㉒ Fred C. Zacharias，"What Lawyers Do When Nobody's Watching：Legal Advertising As a Case Study of the Impact of Underenforced Professional Rules," 87 Iowa L. Rev. 971，992 (2002).

㉓ 在 San Diego，在 1 年时间里，有着 257 起实际或者可能不遵守规则的行为。在整个加利福尼亚州，仅仅有 3 起涉及显然违反广告规定的惩戒案件。Id.，at 978-88.

- 惩戒机构缺乏资源；
- 委托人投诉缺乏以及因违反行为而遭受的明显损害缺乏；
- 律师界内部对于广告限制的适当性难以达成共识；
- 规制人员对能充分、公平地执行规则缺乏信心。

　　然而，无论这些解释多么具有说服力，对违反规则行为的不进行制裁，这种众目昭彰的做法引起了很大的争议。公然不执行道德标准，破坏了可预测性，侵蚀了公众对律师行业规制程序的尊重，而且使得关于商业言论的判断不能接受公开的辩论和审查。至少像一些论者所主张的那样，惩戒机关最起码应该制定和维护它们的执行方针，并且努力使得正式规定与实际做法保持一致。

规制与因特网

　　最后一个争议问题是如何对因特网上的广告进行监管。拥有网站名录列表和推销材料的律师的数量急剧增长，以至于律师界的规制举措难以保持步调一致。这些举措因执行资源匮乏及对州以外的律师监管不力而受到了限制。[24] 在一个跨区域执业流行的时代，以州为基础的、标准不一致的规制体制带来的问题是显而易见的。完全遵守每个司法辖区关于广告的规定，将会不当地限制宣传活动，而且会限制律师事务所的竞争能力。例如，如果一个网站上有自我吹嘘的材料和推荐性材料，在律师事务所主要办事处所在州是允许的，但是在阅读这些材料的潜在委托人所在的州是不允许的，或者在因该广告而提起的案件所在的州是不允许的，该如何处理？[25] 律师协会的规制机构刚刚开始对付各种与因特网相关的问题，这些问题不仅涉及广告，还涉及劝诱、非法执业以及律师—委托人关系的形成。对于当代法律职业而言，就新技术和跨司法辖区执业建构合理的规则，是当务之急。

■ 二、劝诱

　　对于律师对委托人的亲身劝诱行为的禁止，可追溯到中世纪的英国。在那个时期裁判庭极易被贿赂，律师界于是致力于打击与劝诱相关的各种行为：助讼（maintenance，帮助别人进行没有正当理由的控诉或者辩护行为），助讼图利（champerty，为了拿到一份报酬而帮助他人进行诉讼），以及唆讼（barratry，挑起争吵和诉讼）。

　　在这个国家，劝诱表现出相类似的行为和对事故受害方及其家人隐私的侵犯。然而，律师当面接触，在告知法律权利、预防被告的盘剥和使委托人参加公

㉔ R. J. Westermeier, "Ethics and the Internet," 17 Geo. J. Legal Ethics 267 (2004); Richard B. Schmitt, "Lowering the Bar: Lawyers Flood Web, But Many Ads Fail to Tell Whole Truth," Wall St. J., Jan. 15, 2001, at A1; ABA Commission on Advertising, White Paper: A Reexamination of the ABA Model Rules of Professional Conduct Pertaining to Client Development in Light of Emerging Technologies (July 1998); Hill, supra note 7.

㉕ Westermeier, supra note 24; Jill Schachner Chanen, "Watch What You Say," ABA J., October 2005, at 59, 62. 就美国律师协会网站最佳做法指引，参见 Elawyering Task Force, ABA Law Practice Management Section and ABA Standing Committee on the Delivery of Legal Services, Best Practice Guidelines for Legal Information Web Site Providers, available at www.elawyering.org/tools/practices.html. 关于律师网上宣传的资料，参见 www.legalethics.com.

益诉讼方面，都有着积极的意义。㉖

道德规则

《示范规则》第 7.3 条试图进行平衡，以反映这种混合的经验。它规定：

（a）如果律师的主要动机是获得经济利益，则律师不得通过面谈、实况电话或者实时电子联系手段，劝诱潜在委托人对该律师进行职业雇佣。除非该被联系的人：

（1）是一个律师，或者

（2）与律师具有家庭关系、密切个人关系或者前职业上的联系。

（b）律师不得劝诱潜在委托人对该律师进行职业雇佣……如果：

（1）该潜在委托人已告知律师其不愿意被劝诱；或者

（2）该劝诱具有强制性、胁迫性或者骚扰性。

（c）如果律师已知某潜在委托人在某特定事务中需要法律服务，则律师向其发出的旨在劝诱职业雇佣的每个书面、录制性或电子交流材料，应当在信封上或者录制性或电子交流材料的开头和结尾注有"广告材料"的字样，除非该交流的受众是（a）（1）或者（a）（2）所规定的人。

这个规则同以下美国联邦最高法院的两个判决的立意一致：Ohralik v. Ohio State Bar Association，436 U. S. 447（1978）案件和 In re Primus，436 U. S. 412（1978）案件。Ohralik 案件维持了对亲自向住院的事故受害方及其家人劝诱雇佣的律师所进行的惩戒。Primus 案件推翻了对美国公民自由联盟某律师的制裁，该律师为滥用节育行为的受害方提供了无偿法律咨询，并写信要提供公益代理。在法院看来，在律师存在潜在经济收益的背景下，弄巧欺人的可能性足以支持对当面劝诱的禁止。相反，就案件没有金钱利益的律师所进行的书面劝诱，则基本上不会带来风险。然而，法院的确对这样的可能性没有规定，即各州可以自行决定对任何形式的劝诱行为进行时间、地点和方式上的限制。

在 Florida Bar v. Went For It，515 U. S. 618（1995）一案中，法院维持了这样一项限制性规定，即禁止原告律师向事故受害方及其家人在事故发生 30 日内发出目标信函。在多数意见看来，各州在改善律师"萎靡的声誉"及预防"因促进反复侵犯隐私而带来的对律师行业信任的侵蚀"方面，有着重大利益。（Id. at 625，636.）然而，正如该项裁决的批评者所指出的那样，法院并未允许对真实言论加以禁止，来防止弄巧欺人或者挽救其他行业团体的声誉。例如在 Eden-field v. Fane，507 U. S. 761（1993）一案中，法院废除了禁止注册会计师进行亲身劝诱行为的规定。此外，在 Went For It 一案中支持佛罗里达州律师协会一方观点的主要研究发现，仅有 1/4 的消费者因为此类针对性的劝诱行为而降低了对律师行业的看法。尽管各州在保护受害方的隐私方面有着合法的利益，很多论者更倾向于赞成 Went For It 一案中持反对意见的大法官的立场，即这种保护可以

㉖ See Charles W. Wolfram, Modern Legal Ethics 786（1986）（discussing, for example Abraham Lincoln, the Aaron Burr litigation, and the Dred Scott Case）；Deborah L. Rhode，"Solicitation," 36 J. Legal Ed. 317，325 – 29（1986）（discussing Brown v. Board of Education）.

以更为狭窄的方式实现。在反对者看来，各州遵循《示范规则》第 7.3 条的规定，并且要求在信封外注明内含商业劝诱就已足矣。

目前的挑战和其他策略

就律师发送目标信函的更为宽泛的 30 天期限限制而言，存在的问题是，这些禁止往往对保险公司调查人员并不适用。结果是，事故受害方及他们的家人还没来得及获得法律建议，便因压力而接受了不充分的和解。那些直接同保险公司谈判的受害方获得的救济往往远远低于有律师代理的受害方获得的救济。㉗

为了解决这些问题，一些立法者规定，在法定期限内，禁止包括保险公司在内的所有潜在的诉讼当事人同受害方进行直接的交流。一个代表性的例子便是 1996 年颁布的《联邦航空重新授权法》，该法禁止在空难发生 30 日内有关诉讼的不请自来的交流。从这些例子可以看出，一些论者主张，与当前的禁止相比，劝诱规则应当适用于更广泛的群体，但是只覆盖更为狭隘的行为范围。因此说，只要遵守合理的时间、地点和方式限制，各州就可以就潜在的诉讼同事故受害方进行不邀而至的交流。无论是法律职业还是公众，在防止面对面的追逐救护车行为（这常常伴随着人身伤害事件）方面，都有利益。普遍倡议的限制性措施将禁止如下的当面劝诱：

- 涉及骚扰、胁迫或者不正当影响；
- 同明确表示不愿被联系的人进行的交流；
- 在潜在委托人不能进行合理、深思熟虑的判断时进行的劝诱。㉘

同《示范规则》不同的是，该方法将仅仅关注对潜在受众的伤害，而不是劝诱者的动机。这样一个强调点上的变化，是对这样的看法的认可，即律师的个人接触即使并非是无私的，有时候也是有益处的。确实，考虑到提高律师声誉的可能性，以及对胜诉方法定律师费的判赔，甚至在大部分的"公共利益"诉讼中，某些潜在的经济收益也是存在的。

另一种既能满足个人对法律咨询的需要又能防止滥权行为的方法，便是继续保留对亲身劝诱行为的限制而增加获得公益法律帮助的机会。越来越多的律师协会建立起大型灾难援助方案，由志愿律师们提供无偿的咨询或者代理服务；灾难现场标识鲜明的律师协会响应队伍的出现，阻却了其他律师的趁火打劫行为。㉙例如，在 9·11 恐怖袭击之后，成千上万的律师自愿向受害方及其家人提供无偿的法律服务。美国诉讼律师协会同样要求代理那些委托人的律师在起诉问题上遵守临时性的延缓期间。对此要求的广泛遵守，保护了受害方的隐私，并且给予他们充足的时间决定是否放弃其他的法律救济而从联邦基金中获得赔偿。㉚ 与此类

㉗ Peter A Bell & Jeffrey O'Connell, Accidental Justice: The Dilemma of Tort Law 165-66 (1997); Richard Zitrin & Carol M. Langford, The Moral Compass of the American Lawyer, 129, 135-39 (1999).

㉘ FTC, supra note 8, at 151; James L. Kelley, Lawyers Crossing Lines: Nine Stories 157-58 (2001); Rhode, supra note 17, at 149.

㉙ Solomon Moore, "Lawyers Seek Out Victims of Crash," Los Angeles Times, February 7, 2005, at B 3.

㉚ William Glaberson, "4 Suits Filed, Despite Calls for Restraint by Lawyers," N. Y. Times, Jan. 15, 2002, at A13.

似，在 Katrina 飓风之后，律师协会建立了公益性的帮助计划，明确规定志愿律师不能借参与之机来对委托人进行有偿雇佣劝诱。㉛ 从长远来看，这种将公益法律援助与自愿限制结合的方式，可能会成为应对传统上与劝诱相关的问题的最佳方式之一。

■ 三、跨司法辖区执业

传统方法

正如前文所指出的，对当前法律服务市场规制的最大挑战之一便是跨司法辖区执业。《职业行为示范规则》及《职业责任示范守则》规定的律师协会的一贯立场便是，"如果律师在某司法辖区执业将违反该司法辖区关于法律职业的有关规定，则律师不得在该司法辖区执业"〔《示范规则》第 5.5 条；《示范守则》DR3—101（b）〕。根据《示范规则》第 8.5 条的规定，律师在任何司法辖区执业时违反了当地的职业道德规则的，应当受到该司法辖区的惩戒。

那些想在被许可执业的司法辖区之外代理委托人的律师，通常受到限制，必须在极其简短和偶然的情形下同当地律师联盟，如果牵涉到诉讼，则应向当地法院请求临时批准。尽管法院在宪法上并无准许个案代理权的义务，但是它们常常这么做，通常以州外律师同当地律师合作为条件。㉜ 少数司法辖区准许内部律师在其州外以其雇主的名义提供法律服务，如果他们在当地律师协会注册过并且服从其规制的话。㉝ 很多州还允许外国律师协会成员取得法律顾问执照。通常情况下，取得这一身份不需要通过律师资格考试，但是其业务限于就法律顾问所属司法辖区的法律提供咨询。㉞ 所有司法辖区的大约半数还允许外国律师在从得到认证的美国法学院毕业的情况下，参加律师资格考试。㉟

跨司法辖区执业活动的风靡与改革理由

然而，当前非法执业规则的少数例外规定，并不能解决大多数律师对跨司法辖区执业的需要。对这些律师而言，传统的以州为基础的许可制度，变得越来越不起作用和无法执行。很多法律事务和专业分工并不是按照州的边界来划分的。而且多数律师通过电话、电子邮件、传真和网站等进行的交流并不限于该律师被

㉛　Louisiana State Bar Association Rules of Professional Conduct Comm. Op. 005-RPPC-005（September 27, 2005）.

㉜　Leis v. Flynt, 441 U. S. 956（1979）；Hazard, Koniak, Cramton & Cohen, supra note 2, at 1125.

㉝　ABA Report of the Commission on Multijurisdictional Practice（Aug. 2002），available at http://www. abanet. Org/cpr/mjp/final-mjp-rpt-5-13. pdf.

㉞　See ABA Model Rule for the Licensing of Legal Consultants（1993）；American Law Institute, Restatement of the Law Governing Lawyers（Third）§ 2 Comment g.

㉟　Hazard, Koniak, Cramton &Cohen, supra note 2, at 135, n. 118. 某些司法辖区规定了特别要求，例如对于其法学教育并非在普通法辖区以英语进行的律师，或者其法学教育被认为不足以被视为与美国法学院的教育相比的律师，要求在美国法学院进行为期 1 年的学习。Id..

许可执业的司法辖区。在一个其他司法辖区的法律很容易通过电子方式获悉，组织委托人越来越多地在多个地点存在需求的时代，减少地理边界对执业活动的限制的压力与日俱增。美国律师协会跨司法辖区执业委员会指出：

> 摆在委员会面前的证言一致表明，律师常常参与跨边界法律执业。而且，已经达成的共识是，这种执业将与日俱增，并且这种趋势不仅是不可逆转的，而且是必需的。科技大爆炸以及法律业务的日益复杂，使得律师必须跨越州的界限以为委托人提供称职的代理服务……

> 现存的律师规制体制是并且应当是多数律师予以高度关注的事项。甚至在跨司法辖区执业限制明确适用的情境下，如在州法院的诉讼程序中，因各州对临时批准的规定缺乏一致性，在具体案件中上述规定将如何适用缺乏可预见性以及在一些案件中这些规定限制过度，由此而导致问题产生。然而，更应当予以关注的是，在诉讼情境之外，司法辖区限制的界限大多数是不确定的并且极有可能是限制过多的。律师们可能已经认识到非法执业程序并不经常启动，并且一旦非法执业法律被援用，为了将委托人的利益同州际或者多州的法律问题相适应，法院有能力为适应现实需要而解释上述规定。但是，有些律师为了避免或者减少不得不面对为无权执业指控进行辩护的风险，或者为了避免或减少出现违反职业行为规则的风险，而拒绝委托人或者采取其他措施。

> 现存的律师监管体制使得委托人需付出代价。例如，出于对司法辖区限制的担心，律师们可能会拒绝提供他们能够熟练的和合乎道德地提供的服务……此外，在那些就非法执业的法律规定已经达成其已经过时的职业共识的地区，以及在人们心照不宣地认为上述规定不会被执行的地区，即使律师感到可以不理睬这些规定，也还是期望修改现而不是保留这些书面上的法律，以适应当前的共识和做法，更好地服务委托人。墨守成规只会滋生公众对法律的不尊重，在关涉律师行为的法律领域尤其如此，因为对于律师而言，他们有着维护法律的职业要责。㊱

当前非法执业规则固有的问题，体现在加利福尼亚州最高法院作出判决的 Birbrower，Montalbano，Condon & Frank v. Superior Court，949 P. 2d 1（Cal. 1998）这一广为人知的案件中。在这个案件中，一位纽约州的律师代理一个在纽约州和加利福尼亚州设有分支机构的家庭公司，该公司同一个纽约州的软件制造商发生了争议。该律师多次赶往加利福尼亚州同公司人员洽商，与软件制造商代表谈判，并且启动了仲裁程序。该争议在进入仲裁程序之前便已解决，而后委托人起诉该律师不当执业。该律师反诉索要代理费用。在驳回反诉之时，加利福尼亚州最高法院推理说，律师费协议无执行力，因为该律师涉嫌违反了非法执业法律规定。根据法院的分析，"主要调查的就是该无证律师在本州是否进行了充足的工作，或者与这位加利福尼亚州委托人形成了包括法律职责和义务在内的持续的关系"（Id.，at 5）。根据法院的意见，本人在加利福尼亚州是一个相关但非决定性的因素。律师以电话、传真或者其他方式提供法律服务可能会涉嫌非法执业。

㊱ ABA Report, supra note 33, at 10—12.

修改后的《示范规则》方法

Birbrower 案件的判决招致了广泛的批评。加利福尼亚州立法机关通过针对仲裁程序就非法执业的禁止性规定创制制定法例外，在一定程度上回应了这种关切。但是跨州执业产生的更为广泛的问题亟须更为治本性的解决措施。Birbrower 案件判决后，美国律师协会任命了跨司法辖区执业委员会，通过了对《职业行为示范规则》的修改建议。实际上，这些修改就非法执业的禁止性规定创设了"安全庇护所"。《示范规则》第 5.5 条（c）使得州外律师可以临时提供下列法律服务：

（1）该服务是与在本司法辖区取得了执业资格并且积极地参与了该事务的律师合作办理的；

（2）该服务属于本司法辖区或者另一司法辖区系属的或者潜在的裁判庭程序，或者与该程序合理相关，律师或者律师帮助的人，根据法律和命令有权出席该程序或者对这种授权有合理的期待；

（3）该服务属于本司法辖区或者另一司法辖区系属的或者潜在的仲裁、调解或者其他替代性纠纷解决程序，或者与该程序合理相关，该服务源于律师取得了执业资格的司法辖区的律师业务，或者与此合理相关，并且该服务不是该裁判机构要求进行临时批准（pro hac vice admission）的服务；或者

···········

（4）该服务并不属于（c）（2）或者（c）（3）的范围，并且该服务源于律师取得了执业资格的司法辖区的律师业务，或者与此合理相关。

根据《示范规则》第 5.5 条（d），律师也可以提供下列法律服务：

（1）该法律服务是提供给该律师的雇主或者其组织性分支机构的，并且该服务不是裁判机构要求进行临时批准的服务；

（2）该法律服务是联邦法律或者其他法律授权该律师在本司法辖区提供的服务。

其他建议

201

这种方法在实践中将起到多大作用尚存争议。㊲ 一些论者认为它过于复杂和具有限制性。人们提出了大量其他建议，包括：全国性律师资格取得制度，这将在第十一章讨论；以欧盟制度为范本制定更为宽容的州际互惠规则；以及提供"网络咨询服务"的全国性的许可机制。㊳ 根据全国性律师准入制度，法律执业

㊲ 尽管只有少数州采纳了美国律师协会的《示范规则》，许多州正在对各种可能的对策进行审视。See Mark Hansen, "MJP Picks Up Steam: More States Are Looking at ABA Proposals to Ease Rules on Multijurisdictional Practice," ABA Journal, Jan. 2004, 42.

㊳ Martha Neil, "Easing up," ABA J., Feb. 2002, at 47, 49; Lance J. Rogers, "ABA Commission Hears Proposals, Concerns Over Expanded Multijurisdictional Law Practice," 17 ABA/BNA Lawyer's Manual on Professional Conduct 133 (2001). See also Anthony E. Davis, "Multijurisdictional Practice By Transactional Lawyers-Why the Sky Really Is Falling," 11 Prof. Law 1 (Winter 2000).

的执照可能就会类似于驾照；律师的居住状态将成为其适格性的标准，并且其他的司法辖区将会尊重这种判断，只要非居民律师的出现是暂时性的。在欧盟这样的体制下，律师可以在其他司法辖区提供法律服务，只要他们就此进行了登记，将他们的执业行为限为偶尔的活动，同意遵守当地职业道德规则和执行程序，并有律师不当执业保险。[39] 在网络许可制度下，律师只要证明他们基本熟悉当地的法律即可在该司法辖区提供电子咨询服务。[40]

所有这些建议都进行了困难的折中。人们所关注的不仅是称职性和效率的问题，还有当地律师的经济利益问题。在有着大量退休人口的州，许多律师特别担心来自其他州的这些"流浪律师"的竞争，因为这些人能够避免再参加律师资格考试的话，将可能从事某些兼职执业活动。全国性的律师资格取得制度就联邦主义提出了另外的问题，并提出了在中央集权制度下保护法律职业独立性的能力问题。

尽管律师们就何种方法解决跨司法辖区执业问题最有效见仁见智，在下列两点上却基本上达成了广泛共识。其一，正如美国律师协会委员会所指出的，跨司法辖区执业是应对委托人跨司法辖区的社会经济需求的不可避免的、必然的趋势。其二，当前的非法执业规则亟须改革，以便将上述需求考虑进来，以提供更为有效的法律服务。[41] 目前，最被人们接受的做法似乎是，禁止州外律师在其没有取得律师资格的地方"设立店铺"，但是允许或者默认州外律师就源于州外的事务在本地进行代理。 *202*

■ 四、跨行业执业

对法律执业的地理边界形成了挑战的许多社会经济因素，也对法律行业的边界——法律和其他职业服务之间的界限——提出了疑问。美国律师业的传统体现在了《示范规则》第5.4条和《示范守则》DR 3-102（A）中，即律师不可以和非律师人员分享服务费及法律服务的控制权。虽然律师被允许雇佣非律师人员，以及在非律师所有的组织中从事内部法律工作，但是他们不被允许与非律师人员合伙从事法律服务。这项禁止规定的基本原理是，保护律师的独立为保护职业核心价值所必需。

在过去的10年，这项禁止规定越来越受到争议。面临着日益激烈的委托人竞争和的不断增长对跨行业专家的需求，许多律师试图与其他职业服务提供者建立更加密切的关系。对于如何建立这种关系存在争议，这些争议涉及以下两种组织形式：（1）附属业务，作为一个独立的实体与律师合作，例如一些提供金融、游说、不动产服务的公司；（2）跨行业合伙（MDPs），比如，律师—会计师事务所，在一个屋檐下提供多种职业服务。

[39] See Geoffrey C. Hazard Jr., "New Shape of Lawyering," Nat'l. L. J., July 23, 2001, at A 21; Stephen Gillers, "Protecting Their Own," American Lawyer, Nov. 1998, at 118.

[40] Kathy Ellen Deady, Note, "Cyber-advice: The Ethical Implications of Giving Professional Advice Over the Internet," 14 Geo. J. Legal Ethics 891 (2001).

[41] ABA Commission, supra note 33, at 1.

附属业务

目前的争论始于附属商业。20 世纪 90 年代，当时美国哥伦比亚特区通过了一个规则，允许这样的业务存在，并允许非律师人员在特定情况下成为合伙人。[42] 这达到了争议的顶峰。这个规则，和它反映的大趋势，引起了相当的争论，其他律师协会也因此提出了许多改革建议。美国律师协会全国代表大会率先投票禁止律师拥有附属的非法律商业组织，之后又撤销了这项禁令，最终通过了《示范规则》第 5.4 条。这条规则允许这种律师所有的商业组织，但是不允许非律师人员成为合伙人。只有一些司法辖区采纳了这项规则。[43] 然而，律师总是可以自由拥有或者运作与其法律业务无关的商业，例如，房地产管理公司。相反，某些欧洲国家禁止律师从事不相关的商业，这些商业被认为与法律服务"不相容"。

在美国这一争议涉及服务质量、效率、商业化、职业化等一系列问题。支持律师拥有附属业务的人认为，这种做法将鼓励律师和非法律专家的合作，有利于实现低成本、高效益；减少在雇佣这些专家时的寻找成本；激励律师去监督附属服务提供者的行为。相反，批评者担心在其他业务方面的多种经营将分散律师在法律服务方面的精力；将破坏他们在推荐其他职业人员时的客观性；将导致对秘密信息的滥用；将使得非律师人员的营利动机对律师事务所的管理产生过多的影响；将破坏律师作为一个职业而不是商业的卓越地位。

跨行业执业的演进

在跨行业合伙问题上的现行争论也涉及类似问题。由于来自会计师事务所的竞争日益加剧，这种争论吸引了越来越多的注意。其他的西方工业国家通常允许非律师人员提供某些与法律有关的服务、雇佣律师或者与律师形成合伙关系。因此，主要的会计师事务所在全球法律服务市场中占有重要地位，他们在 138 个国家都有网点，某些事务所雇佣的员工超过了 6 万人。[44]

这些会计师事务所也日益侵蚀着美国的市场。联邦法律规定，在联邦税务法院进行的联邦税务咨询和代理不属于法律服务。传统的非法执业禁止的这种例外，使得律师能够为会计师事务所中的委托人提供服务，只要该服务能被定义为提供税务帮助，而不是法律帮助。律师还可以向一些为当事人提供非法律建议的职业人员提供法律建议。在过去的 20 年中，主要的会计师事务所已经动摇了法律和非法律服务的界限，并且壮大了它们的内部法律服务人员，以提供更多与律

---

[42] 《哥伦比亚特区职业行为示范规则》第 5.4 条规定，律师可以与帮助组织提供法律服务的非律师合伙人一起执业，只要这些人遵守职业道德规则，并且律师像参与者都是律师那样就这些活动承担同样的责任。

[43] Hazard, Koniak, Cramton, & Cohen, supra note 2, at 1119; Mary C. Daly, "What the MDP Debate Can Teach Us about Law Practice in the New Millennium and the Need for Curricular Reform," 50 J. Leg. Ed. 521 (2000).

[44] See generally Rees M. Hawkins, "Not 'If' but 'When' and 'How': A Look at Existing De Facto Multidiscipli-nary Practices and What They Can Teach Us About the Ongoing Debate," 83 N. Car. L. Rev. 481, 493–97 (2005); Charles W. Wolfram, "MDP Partnerships in the Law Practice of European and American Lawyers," in Lawyers' Practice and Ideals: A Comparative View 301–50 (John Barcelo & Roger C. Cramton, eds., 1998).

师事务所一样的服务，例如，税务、金融、房地产筹划、知识产权、ADR 和诉讼支持。美国法律职业与会计师组织进行竞争的难度越来越大，这些会计师组织常常提供更广范围的服务，有着更国际化的网络和知名认可度，有着更大的经济规模与更有效的营销、信息技术和管理能力。尽管律师协会的领导者认为，许多跨行业执业的组织违反了非法执业的法律规定，但是由于缺乏资源和公众支持，法律难以付诸执行。㊺

当前的争议

解除跨行业执业的限制的支持者，强调了如下优势：委托人可以获得"一站式服务"（one stop shopping），并且律师也能与其他服务提供者展开更有效的竞争。这不仅对大型律师事务所和商业委托人有利，还对办理自然委托人（比如需要一系列的法律、医疗和社会服务的老年公民）事务的小型律师事务所和单独执行律师事务所有利。允许非律师人员在法律组织中有所有权，也将使得资本投资来源多样化，能够鼓励建立更具有低成本高效益的法律服务模式。

相反，反对者担心，律师将会对一个来自于不同传统的，在保密、利益冲突和公益服务方面规定了较低的标准的监督者负责。人们尤其担心会计师事务所不愿进行利益冲突的推断适用，它们更依靠委托人的同意和职业道德上的屏蔽。在批评者看来，这些保障措施常常是无效的，并且允许律师成为这些组织中的参与者，将会损害法律服务的核心原则，模糊法律和商业的界限。据说委托人付出代价所得到的将仅仅是底线性的职业判断。㊻

1999 年，美国律师协会跨行业执业委员会发布了一个报告，承认存在这些道德上的顾虑，但是提出了不带有禁止色彩的对应策略。该委员会建议，在跨行业的事务所中，非律师人员在利益冲突和保密方面要像律师那样遵循同样的道德标准。此外，该委员会建议采用特别的审计规定，以防止非律师人员干预律师的职业判断。在这一框架下，律师—委托人特免权将延伸适用于非律师人员，或者委托人将得到这样的警告，即不能得到该特免权的保护。㊼ 会计师事务所提出了另一个方法，即适用它们并不严格的利益冲突程序。在这些会计师事务所看来，其经验表明这些方法足够了；经验丰富的委托人似乎已经满意了，并没有要求改革或者采取其他方法。

美国律师协会代表大会压倒一切地摒弃了该委员会的建议，拒绝考虑任何缺乏严格性的方法。在没有证据表明跨行业合伙能够服务于公共利益，并且不会破坏律师的独立性和对委托人的忠诚的情况下，代表们投票反对在这方面放松禁止性规定。可以预见，在这方面的证据是找不到的。该委员会重新斟酌并补充了从各种职业和委托人群体那里获得的证据。在该委员会看来，在这种做法中不可能对公共利益作出衡量，除非"非法性的污点"被消除。与此同时，在该委员会看

㊺　Daly，supra note 43，at 536；Philip S. Anderson，"Facing UP to Multidisciplinary Practice，"50 J. Leg. Educ. 473，480（2000）.

㊻　关于这些观点的综述，参见 David Luban，"Asking The Right Questions，"72 Temple L. Rev. 839（1999）。

㊼　ABA Commission on Multidisciplinary Practice，"Report of the Commission on Multidisciplinary Practice to the ABA House of Delegates，"reprinted in 10 Professional Lawyer 1（Spring 1999）.

来，消费者团体表现出的支持态度和跨行业背景下市场对律师的要求，就是这种做法所具有的社会价值的证据。[48] 因此，该委员会提交了一个修正后的建议，允许在特定情况下进行跨行业合伙。美国律师协会代表大会再次拒绝了该委员会的建议。[49]

206　　此后，这种争议转移到了各个州。在跨入 21 世纪之际，实际上每个司法辖区都在考虑这个问题。[50] 坊间的评论也出现了。分析不仅直接关注如何构建职业服务，而且集中于在竞争日趋激烈的全球市场中如何定义和实现专业价值。[51] 最近涉及会计行业服务的丑闻又激起了进一步的争论。在一些论者看来，在诸如 Enron 公司事件中的不端行为，反映了会计师审计和咨询职能之间的利益冲突，并且说明了律师为何要与此保持距离。[52] 其他一些论者认为，这些利益冲突凸显了这样的需要，即对于那些雇佣越来越多的律师并提供越来越多的与法律相关的服务的相互竞争的职业人员，要进行更为严格的规制。国会在一定程度上回应了这种需要，即在 2002 年通过了《Sarbanes-Oxley 法》，禁止为证券发行人进行审计的注册会计师事务所同时提供与该审计不相关的法律服务。[53] 然而，就许多其他涉及跨行业合伙潜在利益冲突的问题，仍然存在争议。

　　解决这些争议的部分困难在于，就跨行业组织的道德问题的范围和建议的措施的效果，缺乏系统的信息。曾经在律师事务所和跨行业合伙组织中均工作过的律师，在（美国律师协会）跨行业执业委员会作证说，除了关于推断性利益冲突的规定之外，这两种组织在道德文化上并没有很大的不同。许多跨行业合伙组织也在证言中指出，跨行业合伙组织的公共服务记录可以与律师事务所的匹敌

207　　了。[54] 无论如何，即使可以证明冲突和保密问题更可能发生于跨行业事务所中，与律师事务所相比，这些跨行业事务所更不可能为公共服务提供制度性的支持，也并不是可以不证自明地说明完全禁止跨行业执业是最好的解决办法。许多专家认为，委托人应该对权衡跨行业合伙组织所带来的风险和收益有选择权，并且有关道德限制应当限于明显的滥权行为。

　　不论这些问题是如何解决的，一些形式的跨行业合作已经成为生活的一部分

[48]　"MDP Rides Again," ABA J. , Feb. 2000, at 96.

[49]　House of Delegates Resolution 10F (2000), reprinted in Daly, supra note 43, at 532.

[50]　John B. Attanasio, "The Brave New World of Multidisciplinary Practice: Foreword," 50 J. Leg. Ed. 469, 470 (2000). See also Daly, supra note 35, at 527. For an overview, see ABA, Center for Professional Responsibility, Studies by State (and some local bars), Feb. 11, 2002, available at http://www. abanet. org/cpr/mdp-state_action. html.

[51]　Symposia on the subject include: "The Brave New World of Multidisciplinary Practice," 50 J. Leg. Ed. 469 (2000); "Future of the Profession: A Symposium on Multidisciplinary Practice," 84 Minn. L. Rev. 1083 (2000); "New Roles, No Rules? Redefining Lawyers Work," 72 Temp. L. Rev. 773 (1999). For other overviews, see Mary C. Daly, "Choosing Wise Men Wisely: The Risks and Rewards of Purchasing Legal Services from Lawyers in a Multidisciplinary Partnership," 13 Geo. J. Legal Ethics 217 (2000); and Report of the N. Y State Bar Association Special Committee on the Law Governing Firm Structure and Operation (2000).

[52]　Geanne Rosenberg, "Scandal Seen as Blow to Outlook for MDP," Nat'l L. J. , Jan. 21, 2002, at A1; Steven C. Krane, "Let Lawyer Practice Law," Nat'l L. J. , Jan. 28, 2002, at A16.

[53]　Sarbanes-Oxley Act of 2002, § 201 (a), amending §10A of the Securities and Exchange Act of 1933, 15 U. S. C. § 78j-1.

[54]　Phoebe A. Haddon, "The MDP Controversy: What Legal Educators Should Know," 50 J. Leg. Ed. 504, 511-12 (2000).

并会持续下去。在将法律咨询和非法律咨询一体化方面存在强烈的市场需求和合法的社会需要。如果州律师协会禁止跨行业合伙，则跨行业业务会采取其他形式，例如，纽约现在允许并且事实上一些美国的律师事务所同其他职业服务公司形成了"策略性联盟"。在这种做法下，事务所之间协商一致，分享委托人，有些时候还分享资本和营销能力。[55] 这些做法是否能够像跨行业合伙组织的"一站式"服务那样有效地满足委托人的需要，还有待观察。如果经验可以作为指南的话，规制法律服务市场的唯一可行的长期策略，就是要充分地适应竞争。

▌五、律师收费

在公众对律师的所有抱怨中，费用是首当其冲的。大多数美国人认为法律帮助成本过高，并且不到 5% 的人认为律师服务的花费是物有所值的。[56] 这种观念是长期存在的。事实上，所有社会都至少断断续续地为限制律师收费作出过努力。[57] 现在许多国家通过立法详细地规定了这些费用，就具体服务的收费设定了标准。美国的规制结构是一个更为复杂的，包含了律师协会监督、尊重市场规律、零星立法权和司法干预的综合体。

关于律师收费的做法，很早就引起了律师和委托人的不满。在英国，早期的传统是，绅士不必就其他绅士的服务付费，因此就需要有更多与付费不相关的报酬形式。巴律师，作为法律职业中的精英，从来不和他们的委托人谈论报酬，所有有关报酬的事宜都由沙律师和职员处理。[58] 在美国，许多律师也试图通过遵守律师协会制定的最低收费标准，来避免讨价还价。美国律师协会《职业道德准则》鼓励这种行为，谴责一切低于规定标准的收费行为。[59] 1975 年，联邦最高法院宣布最低收费标准因限制了交易，违反了《谢尔曼反托拉斯法》而无效。[60] 然而，关于标准收费的一些信息仍然能在与律师有关的出版物中看到。

律师也在寻找其他方法来避免收费争议。如果他们预测到或者凭经验认为委托人不愿付费，他们可以采取诉讼外的许多措施：不返还聘金，拒绝完成工作，放弃委托人的文件，非正式地修改他们的账单，或者在就收回律师费起诉的过程中以泄露秘密信息相威胁。

现在有 4 种收费方式是最常见的。占主导地位的收费方式是计时收费，其他还包括：对特定事项的固定收费；按比例收费（比如交易中涉及的一定比例的不

[55] Daly, supra note 43, at 542; Hazard, Koniak, Cramton, & Cohen, supra note 2, at 1122; Hawkins, supra note 44, at 498.

[56] Public Perceptions of Lawyers, supra note 13, at 14 (2002); Gary A. Hengstler, "Vox Populi: The Public Perception of Lawyers," ABA J., Sept. 1993, at 63.

[57] William Howard Taft, Ethics in Service 4-8, 15 (1915); Charles Warren, A History of the American Bar 112-13 (1911); Dennis R. Nolan, Readings in the History of the American Legal Profession 103-05 (1980).

[58] W. J. Reader, Professional Men: The Rise of the Professional Classed in Nineteenth-Century England 36-37 (1996); R. E. Megarry, Lawyer and Litigant in England 56-60 (1962).

[59] ABA Canons of Ethics, Canons 27 and 28.

[60] Goldfarb v. Virginia State Bar, 421 U. S. 773, 787 (1975).

动产或者财产）；风险代理费，如果成功完成委托事项，律师就可获得固定费用，或者委托事项中挽回的财产的一定比例。这些收费方式也可以结合使用，比如，固定收费加就特定结果设定的附条件奖金。

对这些收费的规制有很多形式。《示范规则》第 1.5 条禁止律师收取不合理费用，《示范守则》DR 2-106 禁止收取"显然过度"的律师费。然而，律师协会道德委员会和惩戒部门通常并不在案中执行这些规定，除非收费超过明显限度以至于显失公平者相当于滥用资金。[61] 相反，律师协会将主要精力集中于特定收费做法的一般合理性。比如，在正式意见 93－379（1993）中，美国律师协会职业道德委员会规定，律师不能对一个委托人的同一时间和事项重复收费；不能对委托人收取与办公室配置有关的管理费用；不能对例如影印等服务收取超出实际费用的额外费用。

然而，总的来说，律师协会的管理部门认为，对不合理收费的适当补救办法是不支付律师费，提起不当执业诉讼，或者提起违约之诉。对于大部分惩戒委员会而言，何种行为构成过度收费的标准十分不确定，以至于使得惩戒程序的进行没有法律依据，一些重大案件除外；并且律师协会规制体系总体上缺乏足够的资源来解决普通的律师费争议。

然而，如第十二章中所述，不当执业和违约诉讼对于阻止和纠正滥收费行为是不够的。对于一个对收费相关问题有所抱怨的个人而言，聘请第二个律师来反对第一个律师的收费行为并不是一个吸引人的选择，特别是在争议的数量并不太大的情况下。虽然公司委托人可能有足够的知识、经验和力量来避免被滥收费，但是许多自然人委托人没有这个能力。并且，即使很老练的委托人也可能无法获得足够的信息来保证收费的公平，从下文讨论的有关滥收费、不返还聘请费和风险代理收费问题发生的频率，就可以清晰地得出这样的结论。

滥收费

《示范规则》第 1.5 条列明了确定律师收费是否合理时应当考虑的因素，包括：

（1）所需要的时间和劳动，所涉问题的鲜见程度和难度，以及适当提供法律服务所必需的技能；

（2）如果律师接受该特定工作，将不能从事其他工作的、能被委托人明显看出的可能性；

（3）所在地提供类似法律服务通常收取的费用；

（4）所涉及的标的额和获得的结果；

（5）委托人规定的或者事态本身所限定的期限；

（6）与委托人之间的职业关系的性质和存续的时间；

（7）提供服务的律师的经验、名望和能力；以及

（8）收费是固定的，还是风险代理收费。

法院和论者都基本上同意上述因素，虽然一些法院或者论者增加了关于委托人支付能力的因素，《律师法重述（第三次）》进一步规定了以下两方面的因

---

[61]　Hazard, Koniak, Cramton, & Cohen, supra note 2, at 771; Rhode, supra note 17, at 172.

素："当律师和委托人达成协议时，律师是否为委托人提供了一个自由和明智的选择？存不存在这样的情况，即随后的情况变化使得原来的收费协议不再合理？"[62]

尽管人们对评价收费的相关标准达成广泛的一致，但是将这些标准适用于具体情况是十分困难的。与收费有关的滥收费行为多种多样，从明目张胆的欺骗和"创新性计时方法"，到草率的会计和没有效率的人员配置。这些滥收费的行为发生的频率是很难评估的，因为这些行为很多都是"完美的犯罪"。尽管老练的商业委托人变得越来越擅长于监控费用，也常常不可能证实特定的工作是否重要，或者律师完成工作所需的收费时间是否必要或者是否实际消耗了这些时间。审计人员发现他们所审查的5%～10%的账单有明显的欺诈，并且另外25%～35%的账单存在令人生疑的做法，这些做法包括夸大消耗的时间、处理案件人员过多、做不必要的工作，就相同的事务和时间对多个委托人进行重复收费。40%被调查的律师承认，他们的一些工作确实受到了延长收费时间的欲望的影响。[63]

基本问题在于律师和委托人之间利益存在明显分歧。从纯粹的经济角度看，就报酬而言，律师的目标是，利润的最大化；委托人的目标是，价值最大化和开支最小化。如果律师是按时收费的，而他的时间又没有其他同等有利可图的用途，那么他们就有动力去延长工作，或者接受那些超出他们的专业知识、需要花费委托人的金钱去大量学习的工作。律师事务所收费小时数越来越高，收费工作对于决定律师的地位、晋升、报酬具有重要意义，这些进一步使问题复杂化。现在的收费小时额一般在每年1 800小时～2 000小时，许多律师事务所的平均收费小时数还更高。大部分的评估表明，律师的1/3工作时间不能老老实实地都给委托人；行政事务，律师事务所会议，个人需要，了解法律的最新发展，这些都占用了大量时间。要生成2 000个收费小时，律师需要每天工作10小时，每星期工作6天。就像Rehnquist大法官所说的那样，如果要求律师这么收费，"他们必然会受到诱惑来夸大他们实际投入的时间"[64]。

面对这样的压力，虚报时间和对耗费的重新定性就被合理化了。研究滥收费过程中发现，律师常常坚信他们工作的价值远远超过他们工作所需的时间。另一些律师通过向上"调整"去补偿他们认为他们忘记说明或者委托人将不会付费的工作。在一些恶劣的案件中，律师一年的收费小时超过6 000小时，并以"地面交通"名义让委托人为他们的跑鞋付费，并且将他们的假发干洗的费用也列入了出庭费用。[65] 这种形式的与收费有关的欺骗行为，损害了委托人对律师的信任感

[62]　Restatement（Third）of Law Governing Lawyer § 46 Comment. 关于认定委托人缺乏资源具有相关性的案例总结，参见Wolfram, supra note 26，at 518－22. See also former Canon 12 of the ABA Canon of Ethics, 这规定委托人的支付能力不能是"就服务超值收费"的理由，但是贫困是降低收费的理由。

[63]　William G. Ross, The Honest Hour: The Ethics of Time-Based Billing by Attorneys 65（1996）; Rhode, Supra note 17, at 171－72. Lisa G. Lerman, "Blue-Chip Bilking: Regulation of Billing and Expense Fraud by Lawyers," 12 Geo. J. Legal Ethics 205（1999）. 一些律师就同一时间双重收费，例如，在为某个委托人而出行时，为另一个委托人工作。

[64]　William H. Rehnquist, "The Legal Profession Today: Dedicatory Address," 62 Ind. L. J. 151, 153（1987）. See Ross, supra note 53, at 3, 27.

[65]　Hazard, Koniak, Cramton, & Cohen, supra note 2, at 775; Lerman, supra 63; Barbara A. Serrano, "Lawyers Who Flouted Ethics Rules Escape Reprimand," Seattle Times, March 31, 1996, at A1; Gerald F. Philips, Reviewing a Law Firm's Billing Practices, Professional Lawyers 2（2001）.

和律师的适正性，也转移了人们对造成过度收费的问题的注意力，例如，糟糕的时间管理，或者过多的管理性开支。

律师协会的惩戒程序还不足以监督与收费有关的不端行为。如前所述，大部分强制执行机构都不愿意进行干涉，除非是极端案件，并且在极端的案件中，委托人也可能难以进行证明。大部分律师都不情愿去事后猜测他们同事的收费行为，或者去支持一个可能会使每个律师的收费都受到更多监督的规制方式。只有少数的司法区有解决收费争端的仲裁程序。要求律师参加该程序的司法辖区甚至更少。⑥⑥《示范规则》仅仅规定律师应当"认真地考虑"把争议提交该程序解决。⑥⑦ 大多数这样的程序也不涵盖关于服务质量的问题，即使这些问题引起了诸多收费争议。

替代性争议解决程序的缺失不但损害了委托人的利益，也损害了律师的利益。针对律师的收费，老练的委托人可能很具有进攻性、剥削性。例如，某些保险公司经常性地审查并一丝不苟地质疑律师的账单说明。某些还拖延付费，将产生的利息留给自己。相反，律师与有着持续关系的委托人之间的收费协议通常都是友好性的，尽管在不满意、不愉快的时候也会进行讨论。然而，在发生纠纷后，诉讼很少是一种收回未付费用的好策略，它可能被证明是一种很令人不快的方法，会带来巨大的经济成本和名誉损失，并且会导致律师不当执业反诉。特别是在委托人未支付的费用不多、资产有限的情况下，律师除了作为公益服务结束外，别无选择。

改进有关收费的执行制度的一种显然的方法，是由各州建立替代性纠纷解决程序，并且根据委托人的请求，要求律师参与其中。这些计划必须同时解决律师的行为表现问题和收费问题，并且尽可能独立于律师协会。这些程序必须有非律师代表参加，并且必须通过媒体和披露要求加以公开。律师协会的道德守则应当要求律师为委托人提供标准的"权利法案"，其中包括与收费有关的规则和救济的信息。以系统化的努力去评价参加者们对替代性解决争议方式的评估，也应当具有高度优先性，因为有限的证据表明，很多委托人对当前的程序存在不满。⑥⑧

我们不仅需要为消费者提供更好的救济，我们还需要律师事务所对此作出更好的回应。对被判定收费欺诈的律师的研究发现了一种普遍性的体制性冷漠。当问题开始出现或者爆发时，负责监督的律师常常视而不见，或者根本就不进行监督。当重大不端行为曝光后，很少有有意义的回应。对欺诈性收费的研究发现，律师事务所通常不会向律师协会和公诉人报告它们成员的犯罪行为。⑥⑨ 在大部分案件中，对滥收费的惩罚，仅仅是减少收费额或者返还多收的费用，并失去委托人未来的业务。鉴于滥收费行为被发现的可能性很低，这种处罚没有足够的威慑力。

要改变这种动机机制，需要更多严厉的惩罚。在严重违反职业道德的案件中，作为法律问题，应当没收律师费，包括已经支付的律师费。没收律师费应当更容易一些，并且应当对没有报告其他律师的欺诈行为的律师进行惩罚。应当要求滥收费现象十分严重的律师事务所制定适当的监督程序，包括内部培训项目和

---

⑥⑥ Rhode，supra note 17，at 181.

⑥⑦ Model Rule 1.5 Comment 9.

⑥⑧ Id..

⑥⑨ Lisa Lerman，"A Double Standard for Lawyer Dishonesty：Billing Fraud vs. Misappropriation，" 34 Hofstra L. Rev. 847，891 (2006)；Kelly，supra note 24，at 182；Lerman，supra note 63，at 278；Ross，supra note 63，at 199-219.

随机审计。(70)

其他收费制度

214

最后，法律职业应当鼓励更加现实的收费小时额和替代计时计费的其他方法。在过去的10年中，人们对创新性的计费制度的兴趣越来越浓厚，常见的方法包括常规事项的固定收费、降低的计时收费加基于结果的风险代理奖金、混合式收费——包含基于时间和结果而进行调整的固定收费。这种制度顺应了委托人对工作可预测性的追求，有助于提高效率、比较风险或者共担风险。(71)

当然，这种替代性的收费制度也有一些不利之处。如果固定收费定得太高，委托人就可能决定在他处另寻法律服务；如果固定收费定得太低，就会导致律师降低工作质量。对于不够老练的委托人和不为律师的服务付费的委托人而言，准备不足的风险特别明显。比如，质量不高一直是贫困刑事辩护合同长期存在的一个问题，在这种背景下，律师要竞标，以一个固定费用来涵盖一个司法辖区所有的案件。(72) 然而，对于一个有经验的公司委托人而言，律师有很强的经济利益驱动去保持服务质量的名声，固定收费或者混合收费都是具有诱惑力的选项。(73) 此外，对于大多数律师而言，以时间为依据的收费似乎具有可预测、熟悉、客观和营利性好等好处。只有在就其他收费方法有了更多经验后，才可能有助于减少那些阻却大多数律师和委托人去试验可能具有低成本、高效益的方法的不确定性。(74)

不可返还的聘请费

不可返还的聘请费通常有两种形式，其中之一是“雇佣”费或者说“一般聘请费”。当律师答应办理特定案件时，律师就取得了雇佣费，这与因花费在案件上的时间而收费无关。这种费用是为了补偿律师的声望，对特定委托人的忠诚，律师不为对方当事人所得，将未来的时间保留给该委托人。第二种不可退还的聘请费是“特别”聘请费。只有在案件结束时，才能就服务从预付的费用中收取律

(70) Lerman, supra note 63, at 297－300; Erin White, “More Law Firms Are Auditing Themselves to Catch Billing Errors,” Wall St. J., July 14, 1998, at B 8.

(71) ABA Comission on Billable Hours Report to the House of Delegates (2002), available at http: //www. abanet. org/careercounsel/billable/toolkit/bib. html. See also Ronald D. Rotunda, “Moving from Billable Hours to Fixed Fees: Task-Based Fees and Legal Ethics,” 47 U. Kan. L. Rev. 819 (1999). The ABA has created a Commission on Billable Hours, which is exploring alternative structures. See http://www. abanet. org/careercounsel/billable. html. See also Donald C. Massey & Christopher A. D' Amour, “The Ethical Considerations of Alternative Fee Billing,” 28 S. U. L. Rev. 111 (2001); The Committee on Lawyer Business Ethics, “Business and Ethics Implications of Alternative Billing Practices: Report on Alternative Billing Arrangements,” 54 Bus. Law. 175 (1998).

(72) See Rhode, supra note 17, at 61.

(73) See Robert E. Litan & Steven C. Salop, “Reforming the Lawyer-Client Relationship Through Alternative Billing Methods,” 77 Judicature 191 (1994).

(74) 调查表明，大多数商业委托人就其大多数工作使用计时收费方式。Daniel Lee Jacobs, “Is the Billable Hour Running Out of Time?”, California Lawyer, April 2006, at 68（在美国公司律师协会的一项调查中，超过4/5的内部律师将其3/4的工作以计时收费的中位数为据，交给了外部律师事务所去办理）。See also ABA Commission on Billable Hours, supra note 72, 7-10（记录了对其他方法的抵制）。

师费，律师要保管好还没有收取的聘请费。

一些司法辖区禁止使用某些类型的不可返还聘请费方法。比如，纽约上诉法院在一个案件中不允许使用"特别聘请费"协议。在该案件中，一个离婚律师几乎未做工作或者根本未工作，却试图得到大笔的钱。在法院看来，"如果允许这种协议的发展蔓延，委托人将会沦为人质"，因为委托人会发现炒掉他们的代理人所需要的花费无法承受。[75] 该同一逻辑也要求对不可退还的聘请费进行更广范围的禁止。如果在代理目标完成之前，律师—委托人关系终止，该逻辑要求对原先的协议进行修改。

风险代理收费

以成功的结果为条件的律师收费长期备受争议。风险代理收费现在实际上在人身伤害诉讼中普遍存在，并且广泛传播到了其他领域，比如职业人员的不当执业，退税，就业歧视，征用，追债，股东派生性索赔。费用的大小多种多样，但是委托人所获全部赔偿的 1/3 是一个常见的标准。

这种收费形式导致了持续的批评和断断续续的限制。英国早期的普通法将风险代理收费视为一种助讼、唆讼和助讼图利（即售卖案件标的份额，引发无价值的诉讼）行为而被全面禁止。尽管美国一些司法区最初复制了这种禁止令，但是在 20 世纪早期，风险代理收费在法院的监管下基本上是允许存在的。[76] 与此形成对比的是，许多其他国家已经禁止了风险代理收费，不仅是因为担心激起无价值的诉讼，还因为律师和委托人之间存在潜在的利益冲突。然而，目前的趋势是，在某些类别的案件中允许某种形式的风险代理收费。这是认识到如果要求普通公民承担败诉结果的成本，他们就打不起官司。

风险代理收费的维护者，主要强调了美国更为宽容的规则所具有的三点好处。这样的做法：

● 使得在委托人很难评价律师职业服务的质量的情况下，律师有全力以赴办理委托人案件的动机；

● 使得经济资源有限的委托人可以以其诉讼主张的价值进行交易，而得到称职的法律帮助；以及

● 可以使委托人把案件败诉的大部分风险转移给律师，而律师可以将成本分摊给其他索赔人。

然而，批评者对于盛行的风险代理收费协议，反对的是这些协议在律师和委托人之间造成的利益冲突。律师的经济利益在于最大化他们工作的回报，委托人的利益是获得最大限度的和解。考虑到律师在准备案件中投入的努力和花费，考虑到他们的时间的其他用途和他们对风险的态度，他们多少比委托人更倾向于和

---

[75] In re Cooperman，633 N. E. 2d 1069，1072（N. Y. 1994）。然而，法院并没有禁止一般聘请费协议。就其他州的规则，参见 P. Thomas Thornbrugh，"The Nonrefundable-Fee Minefield，" 80 ABA J.，April 1994，at 105。《律师法重述（第三次）》第 34 条认为，雇佣聘请费是合理的，只要它们与律师牺牲的收入或者发生的费用有合理的关系。

[76] 在激烈的辩论后，美国律师协会在其 1908 年《职业道德准则》中采取了该立场。关于就律师协会对风险代理收费持敌意态度的批判性分析，以及有助于解释这种憎恶的阶级、宗教和种族偏见，参见 Jerold Auerbach，Unequal Justice：Lawyers and Social Change in Modern America 45-51（1976）。

解。大多数论者得出结论认为，对于律师份额较小的索赔，进行风险代理的律师没有足够的动力去彻底地准备案件和坚持要求最大限度的和解。相反，在律师占有很高份额的案件中，一旦律师花费了足够多的时间准备案件，他们比承受着经济压力的委托人更倾向于冒险一搏，以获得更多的赔偿。

另外，对风险代理费制度的批评还指向了收费的结构，即律师的回报与他们 *216*
的工作量或者实际承担的风险没有必然的关系。在一个事实简单、损失巨大的案件中，标准情况下，1/3 的赔偿将作为律师的收获。在一些广为人知的案件中，工作量是如此地少，使得律师的回报相当于 1.25 万到 3 万美元每小时。有的时候，群体性侵权诉讼的回报率甚至更高，烟草案件中回报率有的时候超过了 15 万美元每小时。(77)

律师就这种回报的辩解是，这对于补助其他高风险的案件至关重要。关于这一点的证据很含混。一个对加利福尼亚的诉讼的研究发现，人身伤害的案件中，原告胜诉的案件只有 1/3，而原告平均的胜诉率是 1/2。此项研究的研究者说，这确实不出人们所料，如果人身伤害的原告的代理律师——他们通常使用风险代理收费方式——接受了风险更大的案件，那么他们收取风险代理费就是正当的。(78)至少一些证据证明在那些高风险诉讼频发的大都市之外，风险代理收费的律师的平均所得与按小时收费的律师相比，并没有显著地升高。(79) 但是批评者也指出，在很多很多案件中，律师获得的意外回报远远超过合理回报和提起对社会有用的诉讼所必需的激励。(80) 风险代理收费的格式合同被摆在许多委托人面前，要么选择，要么放弃，没有关于其他选择的信息。

滥收费在集团诉讼中的可能性更高，因为集团诉讼的原告中的大部分成员缺
乏足够的信息和动力去监督律师的收费。同样信息的缺失阻碍了法官的判断，尽 *217*
管他们的职责是确保案件和解公平、收费合理。对律师的报偿进行有效监督，常常需要花费更多的时间，使得本已超负荷的法官难以承受。许多法院面临堆积如山的待办案件，通过推翻收费协议来延长案件的前景很少具有吸引力。(81) 当辩护律师同意了收费要求时，足够的司法审查是特别困难的。尽管被告有时对挑战这一请求有兴趣，以打击没有价值的诉讼请求，在其他情形下，最便当的方法是低成本的和解，加上高昂的律师费。在群体性侵权情况下，判决如此之多，以至于标准的风险代理

(77) Lester Brickman, Michael Horowitz, & Jeffrey O'Connell, Rethinking Contingency Fees: A Proposal to Align the Contingency Fee System with Its Policy Roots and Ethical Mandates 20-23 (1994); Marcia Coyle, "Bill Targets Class Action Fees Sparked by Ire Over Tobacco Money," Nat'l Law Journal, May 19, 2003, at A1.

(78) Samuel R. Gross & Kent D. Syverud, "Getting to No: A Study of Settlement Negotiations and the Selection of Cases for Trial," 90 Mich. L. Rev. 319, 337 (1991).

(79) Herbet M. Kritzer, "The Wages of Risk: The Returns of Contingency Fee Legal Practice," 47 DePaul L. Rev. 267. 302 (1998); Lester Brickman, "Contingency Fee Abused, Ethical Mandates and the Disciplinary System: The Case Against Case-by-Case Enforcement," 53 Wash. & Lee L. Rev. 1339, 1345 (1996).

(80) Alison Frankel, "Why People Hate the System: Greedy, Greedy, Greedy," American Lawyer, Nov. 1996, at 71; Lester Brickman, "Lawyers' Ethics and Fiduciary Obligation in the Brave New World of Aggregative Litigation," 26 Wm & Mary Envtl. L. & Pol'y Rev. 243 (2001); Brickman, supra note 79; and Brickman, Horowitz, & O'Conell, supra note 77.

(81) Jonathan Molot, "An old Judicial Role for a New Litigation Era," 113 Yale L. J. 27, 52-3 (2003); John C. Coffee, Jr., "The Corruption of the Class Action: The New Technology of Collusion," 80 Cornell L. Rev. 851, 855 (1995); Samuel Issacharoff, "Class Action Conflicts," 30 U. C. Davis L. Rev. 805, 829 (1997).

收费协议可能会带来与所做的工作或者承担的风险严重不成比例的高额回报。

为了解决意外所得的律师费问题，可以采取很多方法。一种对策是，设立法定的律师费上限，并使用渐进百分比方法。按照这种方法，随着案件的推进，可能需要耗用更多时间，律师可获得总体赔偿数额的更多份额。比如，（争议）事项在没有起诉前就和解了的，律师获得赔偿数量的 25%；于起诉之后解决的案件，律师获得 30%，于经过审理的案件，律师获得 40%；于上诉中获胜的案件，律师获得 50%。然而，运用这个公式最明显的问题是，这样会鼓励律师拖延诉讼，从而使得收费的份额足够地高。许多司法辖区已经采取的另一种对策是，设置一个累进的比例，使得委托人的索赔额越大，律师获得的赔偿额比例越少。这种方法防止了意外的回报，但是也打击了律师接受大而复杂案件的积极性。另一种越来越流行的策略是，在某些情况下为风险代理费封顶，例如医疗不当执业诉讼，在这样的案件中，巨额赔偿极大地影响了保险费，引起了强烈的政治反对。[82] 这种封顶会对受到伤害的原告获得法律服务造成什么影响，目前还不清楚。

另外一个得到广泛讨论的控制意外回报的对策是由曼哈顿研究所（Manhattan Institute）提出的"和解要约"方法。根据这个建议，民事诉讼中的被告有机会在原告要求和解的 60 天之内提出和解，如果被告选择不提出和解要约，这个建议将不被适用，并且原告的律师可以就风险代理收费与原告基于合理的要求进行自由协商。然而，如果和解要约得到了接受，原告律师的收费将限于合理的计时收费，或者是赔偿额的适中比例，比如，第一个 10 万美元的 10%，超出 10 万美元部分的 5%。如果提出了和解要约却遭拒绝，则该和解要约构成此后评估风险代理收费是否合理的底线。[83]

反对使用这种方法的人认为，这将会被证明既涵盖不足也涵盖过度；这将在没有提出和解要约的情形下缺乏保护，并且会使得律师在一些和解案件中得不到合理的补偿。最终的影响将会是降低了律师采用风险代理收费方式的意愿，限制了委托人获得法律帮助的渠道，并且减少了责任索赔的威慑价值。但是，只有将这一做法付诸实践，才能准确评价这些顾虑。这种做法对不同种类案件的影响可能不同。然而，有限的证据表明，一些律师在很早和解但是获得合理赔偿的案件中降低了风险代理收费。如果该方法虽然限制了意外而得的律师费，但是对于律师补贴投机性案件的能力没有什么影响，那么这种方法仍然是有价值的。[84]

法院和律师协会也可以做更多事情来保护委托人，并且使委托人有能力在集团诉讼中保护自己。指导委员会是整个集团诉讼的代表，可以帮助选择律师和就各种收费方式进行谈判。更多地依赖特别主事官审查收费协议，也被证明是十分有用的。对于具体案件，要求律师披露有效的小时回报，也可能有助于阻止和救济最恶劣的滥收费行为。[85] 允许某种形式的"隐私化"的另一种方法，现在被非

---

[82]　Leonard Gross, "Are Differences Among the Attorney Conflict of Interest Rules Consistent with Principles of Behavioral Economics?," 19 Geo. J. Legal Ethics 111, 136 (2006)；David Horrigan, "Lawyers, Doctors, Clash on Fee Caps," Nat'l Law Journal, Aug. 8, 2005, at A5.

[83]　Brickman, Horowitz, & O'Connell, supra note 77.

[84]　Id.. 关于对该建议的讨论，参见 Peter Passell, "Contingency Fees in Injury Cases under Attack by Legal Scholars," N. Y. Times, Feb. 11, 1994, at 1; Lawrence Fox, "Contingent Fees," ABA J., July 1995, at 44; Kritzer, supra note 78。

[85]　Gross, supra note 82, at 144.

法执业规则禁止："外行中间人"，例如工会和雇主。他们也可以辅助性地参与律师——委托人关系，并对收费做法进行监督。

一个相关的值得考虑的改革方案，是专家证人的附条件收费问题。《示范守 *219* 则》DR 7-109（c）对这种收费方式明令禁止，并且《示范规则》第 3.4 条（b）禁止任何"为法律所禁止的诱导行为"，这常常包含给证人的额外报酬。在驳回对此禁令的宪法性质疑时，第二巡回上诉法院指出，改变这些规则可能有着合理的政策性的原因：

> 交叉询问将会揭露证人与诉讼结果的任何利害关系……［此外，］专家常常和聘请他们的当事人有着持续的业务关系，因此，间接地说，就是常常和诉讼的结果有着利害关系，尽管他们收费不是附条件的，并且也不在 DR 7-109（c）涵盖的范围内。其他专家，虽然是以"固定收费"为基础雇佣的，但是常常并不收取费用，除非他们为之提供证言的一方当事人取得了胜利。[86]

当前的制度不仅不利于资源有限的诉讼当事人，在暴露专家偏见方面也做得很差，因为它可能鼓励事实上的而不是明示的附条件收费做法。在交叉询问中，更难发现和暴露这样的心照不宣，这就是修改现行规则的理由。[87]

另一个常见的改革建议是允许律师预付委托人的医疗费用和生活费用，只要以诉讼的结果为条件进行返还。《示范规则》第 1.8 条现在禁止这样的经济帮助。根据注释 10，理由是这样的帮助："将会鼓励委托人提起本来不会提起的诉讼，因为这样的资助将会使得律师在该诉讼中有过大的经济利害关系。"相反，许多论者认为，与当前的风险代理收费制度相比，这样的"人道主义帮助"并不会给律师的自身利益带来更大的威胁。预付现金能使得有价值的、不是毫无意义的案件被提起。根据目前的制度，有着最大赔偿需求的原告常常被迫接受不充分的和解，以取得急迫的生活费用。[88] 少数司法辖区采取的另一种方法，就是允许律师预付资金或者保证借款，用于合理、必需的生活费用，只要该预付款或者保证借 *220* 款不是作为律师被聘请之前"获得职业雇佣的诱惑"[89]。

基于类似的推理，一些论者提出了这样的改革方案，即应当允许第三方以分享赔偿为交换，为诉讼提供经济资助。这种在诉讼中的投资，在普通法中长期作为"助讼图利"行为而受到谴责，在大多数司法辖区仍然不被允许。[90] 改革的倡导者认为，允许这种经济上的做法将增加诉诸法院的机会，并且保证资源有限的诉讼当事人能取得足够的赔偿。现今的制度，只允许律师在风险代理收费条件下

---

[86] Person v. Association of Bar of City of New York，554 F. 2d 534，539（2d Cir. 1977）.

[87] Jeffrey J. Parker，Note，"Contingent Expert Witness Fees：Access and Legitimacy，" 64 S. Cal. L. Rev. 1363，1387（1991）.

[88] Jack P. Sahl，"The Cost of Humanitarian Assistance：Ethical Rules and the First Amendment，" 34 St. Mary's L. J. 795（2003）；Gross，supra note 82.

[89] Louisiana State Bar Associations v. Edwins，329 So. 2d 437，446（La. 1976）. Edwins 案件是一个重要的判例。《律师法重述（第三次）》第 48 条与此类似，允许人道主义帮助。关于其他州法院的规则和判例，参见 Sahl，supra note 88，at 822-23，and Danielle Z. Cohen，"Advancing Funds，Advancing Justice：Adopting the Louisiana Approach，" 19 Geo. J. Legal Ethics 613（2006）。

[90] Saladini v. Righellis，687 N. E. 2d 1224（1997）；Douglas R. Richmond，"Litigation Funding：Investing，Lending，or Loan Sharking？，" Professional Lawyer 17（2005）；Susan Lorde Matin，"Financing Plaintiffs' Lawsuits：An Increasingly Popular（and Legal）Business，" 33 U. Mich. J. L. Reform 57（2000）.

的投资，限制了投资市场，使得律师获得一个膨胀的"经济租金"⑨。因为提供资金的第三方公司没有动机在没有机会获得赔偿的索赔中投资，允许这样的经济做法似乎不可能鼓励没有意义的诉讼。

保护老练的委托人

关于报偿制度的争论的最后一个问题，是对老练的委托人的适当保护程度问题。对收费制度进行规制的传统理论根据是，许多消费者"并不能进行有效的讨价还价，因为他们处于需求之中，并且没有经验。所需要的服务事先常常并不清楚，在律师提供这些服务时也很难进行监督"⑫。委托人越是老练，进行司法监督的理由就越不充分。

这事实上是法院在一个涉及公司业务中的律师费争议的最为著名的案件中表达的观点。在 Brobeck, Phleger & Harrison v. Telex Corporation 案件中，法院执行了一个 100 万美元的服务费协议，而该服务仅仅是提交了一个调卷令申请。⑬该案件起因于一个反垄断程序，在此程序中，Telex 获得了一个要求 IBM 支付25 900 万美元赔偿的判决，但是在一个 1 800 万美元的反诉中败诉。在上诉程序中，IBM 扭转了判决结果并且其反诉也得到了支持。面对足以使公司破产的重大责任，Telex 找到了最好的律师以向美国联邦最高法院提出申请。Telex 在 Brobeck, Phleger & Harrison 律师事务所选择了一个合伙人，并且同意了一个协议，该协议写明要依据不同结果收取不同费用。在美国联邦最高法院发出了调卷令后，Telex 和 IBM 双方达成了和解，都放弃了其诉求。在拒绝 Telex 提出的100 万美元的收费显失公平的请求时，法院得出结论说，这个合同需要"依据合同订立时的情况而不是依据事后之见"进行审查。⑭

从实践来看，与老练的委托人发生这种与收费有关的诉讼是很罕见的。如果这些委托人借助于风险代理收费，他们会将相关的风险因素都考虑进去，并且律师会经常地调整账单，以避免从所取得的结果来看，这种收费变得不合理。但是当无法预测的情况发生了，而律师又没有减少过多的费用时，即使是老练的委托人也需要保护。从长远看，不论是什么原因，如果一个制度忽视严重的滥收费现象，那么法律职业和公众都不能得到很好的保护。

---

⑨　Rudy Santore and Alan D. Viard, "Legal Fee Restrictions, Moral Hazard and Attorney Rents," 44 J. L. & Econ. 549 (2001).

⑫　American Law Institute, Restatement of the Law Governing Lawyers (Third) § 34, Comment b.

⑬　Brobeck, Phleger & Harrison v. Telex Corp., 602 F. 2d 866 (9th Cir. 1979).

⑭　Id., at 875.

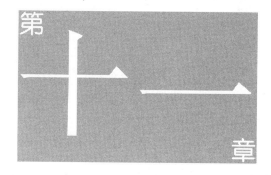

成为律师的资格要求

一、导言

二、法学教育

三、律师准人

222 ■ 一、导言

美国律师协会在它大部分的历史时期，在确保它的成员具备足够资格方面做了很少的努力。正如第三章所述，法院传统上宣称对规制法律服务有着固有权力。然而，直到 20 世纪，正式的准入标准仍是松散的。法院要求申请人证明其"适合"从事法律服务，但是通常只是要求敷衍了事的口试和一些有限的准备。在那一时期有很多不足之处。占主导地位的取得律师资格的方式，是通过自行"阅读法律"并成为一名学徒。在传统的学徒期间，有抱负的律师提供他们的服务和酬金给已经得到市场的律师，去换取"指导"，以及有权在以后的法律服务中使用该律师的法律业务表格。在打字、预先印制表格、复印服务等出现之前，学徒们通常将学徒期的大部分时间花在复制文件上了。①

19 世纪末期，律师协会的发展和趋于更加强调职业标准化的文化，导致了相应的法律服务资格的正式化。从那时起，法律教育结构和律师的准入一直受到关注并经历着周期性的改革。

■ 二、法学教育

18 世纪末期到 19 世纪早期，正式的法学教育通常情况下集中于小型的营利性学校。虽然一些律师协会的申请者去英国的律师会馆（Inns of Court）接受指导，或者在美国的大学里学习一些本科法学的课程，最为方便的培训是参加由律师经营的大约二十个专业机构之一。② 然而，这些独立的学校和大学法律课程，在管理标准特别松散的平民主义的杰克逊时代逐渐减少。③

223

现代法学教育的一些特点出现在内战后的哈佛法学院。这主要来自 Christopher Columbus Langdell 院长的推动。和他的学术同仁一样，他特别相信科学的方法。在他们看来，法律是一门科学，可以运用苏格拉底案例法进行教学。就像自然规律可以通过研究生物样本而被发现一样，法律原则可以通过研究司法判决被推导出来。然而，这种似乎"客观的"案例教学法只有在排除了一系列其他关键问题后才能实现，比如立法、律师的技能、司法制度在实践中的运行。然而，这种方法的支持者认为，这是一种使教学课程变得更加严谨的方法。为此，他们还试图将该方法延伸至为期 3 年的研究生项目。

这种努力契合了一段时期以来，包含法律在内的很多职业越来越要求更高教育标准的努力。美国律师协会成立于 1870 年，不久就建议采取更加严格的准入

① See generally Charles R. McKirdy, "The Lawyer as Apprentice: Legal Education in Eighteenth Century Massachusetts," 28 J. Legal Educ. 124 (1976); Lawrence M. Friedman, A History of American Law 97 – 98 (3d ed., 2005). 欧洲的制度大体相同。See Geoffrey Hazard and Angelo Dondi, Legal Ethics: A Comparative Study, ch. 2 (2004).

② J. Willard Hurst, The Growth of American Law: The Law Makers, 277 – 93 (1950); Robert Stevens, Law School: Legal Education in American from the 1850s to the 1980s 7 – 10 (1983).

③ Stevens, supra note 2, at 7 – 8. 1860 年，39 个州中只有 9 个要求有具体的法律学习期限。Id..

要求。正如第二章所指出的那样，许多律师协会的关切，源于出现了大量来自社会下层和有移民背景的新申请者，这些人越来越多地毕业于营利性的夜校。④ 为支持和加强法律教育而于 1900 年成立的美国法学院协会（AALS），也提出了类似的改革建议。

对于这种提高学术水平的运动也不是没有批评者的，其中最突出的人物，是社会学家 Thorstein Veblen，他认为"属于现代大学的"法律这样的"职业性"（vocational）学校，"不过是一个击剑或舞蹈学校"⑤。其他论者，虽然赞同使法学教育变得更加严谨的努力，但是也担心这种改变会降低法学教育的可得性。在 19 世纪初，全国大约三分之一的法学学生都参加过夜校学习。三年全日制的训练要求会将这些学生中的很多人排除在外。并且这样延长了的学习期间对于律师执业活动中占主导地位的常规事项并未显得明显必要。这种顾虑也反映在 1921 卡内基基金会一个很有影响力的报告——《公共法律职业的培训》——当中。该报告建议将律师业分而治之，分别采取不同的考试和不同的教育要求。受训程度高的毕业生就能服务于商业委托人和政府委托人，参加夜校和业余学习的毕业生仍旧可以存在以满足个人的常规性法律需求。

美国律师协会和美国法学院协会都断然拒绝了上述建议，相反，它们强烈要求对所有律师适用更为严格的准入要求，对所有法学院适用更加苛刻的认证标准。这些努力在很大程度上成功了，但是对于日益多样化的法律职业，就什么是恰当的教育模式仍然存在争议。关于谁可以进行教学、教什么、对象是谁、多长时间、通过什么方法，均存在争议。这里的讨论关注的是最具争议性的问题：教育结构；法学院课程、方法和氛围；职业责任与公益服务；学生入学时的多样性；教员任命和机构文化。

教育结构

法学院校受到多个系统的规制。美国教育部承认美国律师协会法学教育和律师准入部的委员会是美国法律职业训练的认可机构。根据该授权，该委员会制定了详细而苛刻的认可标准，来规制诸如课堂时间、生师比、图书馆资源等事项。法学院一旦证明其符合了这些标准，将会受到每 7 年一次的实地考察，以保证该学校持续地遵守认可标准。在 45 个州和哥伦比亚特区要求申请加入律师协会的人员必须毕业于美国律师协会认可的学校。其他州已经制定了自己的认可标准，并且哥伦比亚特区也允许毕业于未经认可的法学院但通过了律师资格考试的毕业生从事法律服务。

当前的认可标准经常受到批评。许多论者认为，教育结构应当多样化，以适应法律服务的多样化。华尔街的一个证券专家每天的工作很少与一个单独执业者处理婚姻案件的工作有相同之处，显然，他们不需要进行同样的训练。三年课程

---

④　Jerold S. Aurbach, Unequal Justice: Lawyers and Social Change in Modern America 62－87 （1976）；Herb D. Vest，"Felling the Giant: Breaking the ABA's Stranglehold on Legal Education in American," 50 J. Legal Educ. 494 （2000）.

⑤　Thorstein Veblen，The Higher Learning in America: A Memorandum on the Conduct of Universities by Businessmen 211 （1918）.

225 的时间和耗费，不是对所有法律服务领域都是必需的。联邦法官和法学教授 Richard Posner 提出，法学院结构需要更加多样化。正如他所指出的那样：

> 没有试验或者经验基础让我们相信法学院的学习时间需要如此之长，花费如此之高……商业类研究生学院仅两年就可授予 MBA 学位，而商业世界并没有因为他们的学生接受"缩短的"教育而遭殃……有人会说，法学院学生不能判断他们是否需要第三年的法学教育；他们太不成熟，对法律太无知。这也许是对的。但是雇佣者却知道第三年的法学教育是否必要。如果他们觉得必要，他们就不会雇佣那些没有完成第三年法学教育的学生，更不用说他们愿意雇佣那些更早离开学校的学生了……政府没有固执己见的必要。
>
> 我愿意承认这种情况具有某些家长作风。一些刚毕业的律师不是去律师事务所工作或者为其他有学识的雇主工作，而是挂出招牌自己开业了……如果消费者在这个领域需要保护的话，那么可以加强律师协会考试，或者可以给未完成三年学习的学生一场特别的考试，或者将"律师"这一头衔只限定于三年毕业的学生，给未完成三年法学教育的执业者另一个称号，比如"法律诉辩者"、"法律咨询者"。
>
> 法院也需要保护，以免缺乏技术和经验的律师来办理诉讼案件。但是法院可以通过制定法院规则来得到必要保护，规则可以要求有突出的技能和经验，而不是完成人为制定的学习期限。⑥

关于法学院的适当学习年限和内容的争议，是长期的。三年制的课程最初被预想为可以涵盖一个新律师需要知道的一切东西。但自从 1900 年以来，特别是在近半个世纪中，有关法律服务的科目成几何级增长，法律领域的专业化趋势日益增强。三年制的课程无法涵盖律师职业生涯中需要知道的每件事。研究名誉侵权的 William Prosser 院长，在一次回顾法学教育期望满足的所有需要时，讽刺地说，十年制的课程可能才足够。⑦

226 然而，这个分析的逻辑可以用来支持更短而不是更长的必修学习期间。法学院可能只能介绍基本的法律技能和信息，这可以在不到三年的时间内完成。例如，一个两年制或两年半制的课程，在完成基础科目，比如财产法、合同法、侵权法、民事诉讼法、税法、刑法、宪法、行政规制法和公司法的同时，可以留下一些时间给选修课程、跨学科课程和技能训练。

更加专业的课程学习对律师稍后的职业最为有用，因为律师已经建立起了自己的专门领域。对于许多执业者来说，专业化的确定，一部分源于计划，但主要是出于偶然。早先的就业、分配和机会对一个人职业生涯的影响，是个人在法学院时无法全面预期的。同样，学生时期学习的基础的调查课程，不能给律师在许多年后的那个领域中提供称职代理所必需的知识。因此，许多律师可以从其专业领域内的短期、强化的研究生课程中有所获益。事实上，这就是一些最成功的继

---

⑥ Richard A. Posner, "Let Employers Insist if Three Year of Law School is Necessary," Los Angeles Daily J., Dec. 15, 1999, at A6. See also Stephanie Shaffer, "The First Question on Third Year: Why?," Nat'l Law J., Aug. 22, 2006, at A6.

⑦ 这一要求不仅包括要就基本理论和法律技能进行教学，还要就法理、哲学、职业道德、法律史、政治学、经济学、社会学、心理学、国际法、比较法以及法律职业进行教学。William I. Prosser, "The Ten Year Curriculum," 6 J. Legal Educ. 149, 152-55 (1953).

续法律教育课程的模式，比如，得到了全国诉辩学会（National Institute of Trial Advocacy）支持的课程。在任何情况下，只有通过就其他选项进行更多不同方式的试验，才能对现在三年制课程的相关好处加以评价。一个竞争过程可能会产生有效的两年制的课程，就像在其他职业和行业中所发生的情况那样。

法院和更广阔的教育界提出了一个一个类似的观点。在 20 世纪 90 年代晚期，在没有满足认可标准后，马萨诸塞法学院以反垄断为由起诉了美国律师协会和美国法学院协会。根据马萨诸塞法学院的控诉，现在的认可制度是像卡特尔一样运作的，即设置了不必要和繁冗的标准，不合理地提高了法学教育的成本。[8] 虽然法院在程序和实体上都驳回了马萨诸塞法学院的诉讼请求，但是主流教育者就认可权也表达了类似的关注。[9] 2006 年，美国法学院院长协会要求教育部取消美国律师协会在诊所指导人员、图书馆指导人员、写作指导人员的任期要求方面的控制权。在这些院长们看来，美国律师协会就这些法学院工作人员提出的任期要求或者长期合同要求，使得任命更少，限制了这些计划的发展。[10]

这些争论的背后，是关于认可程序的更为广泛的观点。在许多专家看来，当前的制度过于烦扰、过于僵化，对法学教育模式采取"一刀切"的态度，扼杀了创新。[11] 遵守认可要求需要很高的费用，这导致学费上涨，限制了人们成为法律职业一员的机会，特别是对于那些来自低收入群体的学生而言。这些准入门槛，反过来增加了法律服务成本，使得低收入消费者对法律服务无法企及。[12] 此外，学生为了完成其法律学业而负担着高额债务，这限制了其毕业后的职业选择，使得许多新律师难以从事低收入工作，来服务于代理服务不足的案件和社群。[13] 批评者期待着法学教育能更加万紫千红，更能具有竞争性，无论是通过放宽认可标准，还是通过消除从被认可法学院毕业这一要求。按照后一方法，法学院将被迫向学生和雇主表明，它们的项目能够带来足够的价值，物有所值。

相反，现在制度的支持者通常反驳说：在一个法律变得比以往更复杂、占据了更多经济和社会生活的时代，我们不能同意律师两年就可以完成训练的说法。[14] 许多律师协会的领导人将要收紧而不是放松在涉及基本技能和价值的领域

227

228

---

⑧　Margo Slade，"A Little Law School Does Battle with the ABA," N. Y. Times，Feb. 4，1994，at A19；Courtney Leatherman，"Rebellion Brews in Tight-Knit World of Law Accreditation," Chron. of Higher Educ.，June 1，1994，at A14，A16.

⑨　Massachusetts School of Law at Andover v. ABA，107 F. 3d 1026 (3d Cir. 1997).

⑩　Leigh Jones，"ABA's Tenure Power is Disputed," Nat'l Law Journal，April 3，2006，at A1，A12.

⑪　Deborah L. Rhode，In the Interests of Justice：Reforming the Legal Profession，190-91 (2000)；Leatherman，supra note 8，at A14，A16（引用了 14 名法学院院长所写的一封信）；Vest，supra note 4，at 497-501。

⑫　George B. Shepherd，"Make it Optional：Why Are Accreditation，Three Years of School，and the Bar Exam Such a Big Deal," Legal Times，September 5，2005，p. 32；George B. Shepherd，"No African-American Lawyers Allowed：The Inefficient Racism of the ABA's Accreditation of Law Schools," 53 J. of Legal Educ. 103，105 (2003).

⑬　大多数学生要依赖贷款，被调查的学生中，债务负担中位数是 6 万到 7 万美元。Ronit Dinovitzer，After the J. D.：First Results of a National Study of Legal Careers 71-72，The NALP Foundation for Law Career Research and Education and the American Bar Foundation (2004)；George Kuh，Bryant Garth，et al.，Student Engagement in Law Schools：A First Look (LESSE，Indiana University，2004). 当然，债务仅仅是影响职业选择的一个因素，迄今为止最全面的研究并没有发现最近不同执业背景下的法学院毕业生在债务水平上有什么差别。低薪的公共利益律师与薪水更高的私人执业背景下的律师有着同样的平均债务负担。After the J. D.，supra，at 72.

⑭　Preble Stolz，"The Two Year Law School：The Day The Music Died," 25 J. Legal Educ. 37，42-44 (1973).

的教育标准。美国律师协会法学院与法律职业——缩小差距工作组颇具影响的1992 年报告（MacCrate 报告），认定了"受过良好训练、能称职地和符合职业要求地提供法律服务的通才"必备的十种核心技能和四种核心价值。"基本的律师技能"描述了对几乎所有法律服务领域都适用的功能：（1）解决问题；（2）法律分析与推理；（3）法律研究；（4）事实调查；（5）沟通；（6）咨询；（7）协商；（8）诉讼与替代性纠纷解决方式；（9）法律工作的组织与管理；（10）识别和解决道德两难问题。"法律职业的根本价值"规定了有道德地从事律师活动所应当遵守的准则，这些准则要求律师：（1）提供称职的代理；（2）努力推动正义、公平和伦理；（3）改善法律职业；（4）承担职业性的自我发展。[15] 这一雄心勃勃的议程意图丰富而非减少当前教育的要求。Prosser 院长的 10 年课程回来了。

同样，法学院的管理者也面临着这样的压力，即学习过程更加低廉、效率更高。当代职业活动的经济压力，使得为新入门者提供的指导更少，这增加了法学院提供以技能为基础的训练的责任。[16] 更严格的律师资格考试标准，加上学生和律师资格考试未通过率很高的法学院所承担的巨大成本，也导致许多法学院在课程中增加了许多"律师资格考试辅导"课。[17] 声望的重要性——这在一定程度上是依据《纽约新闻与世界报道》的排名来衡量的——也鼓励了在那些能够提升同行和未来的学生眼里的法学院声望的领域进行昂贵的投资。许多法学院的教授想要有更多的时间来进行研究而不是教学，这就要求有更多的教员来讲课。这些经济要求反过来鼓励法学教育者支持认可制度，以便他们在与所属大学的决策者就资源进行谈判时，能维持其力量。从历史来看，许多大学的行政主管将法学院校视为摇钱树———种相对低成本而高收费的摇钱树，它可以补助其他不是很来钱的教育课程。法学院校需要遵守关于图书馆、教员规模等方面的认可要求，这使得其能够守住资源，否则，就可能像其他学术院系一样，成为破落户。

在这方面取得一致是很困难的，因为法学教育有着多种构成，各个构成之间又是相互竞逐的。人们期望法学教育同时培育出"伯利克里（Pericles）和管道工"*——律师政治家和法律抄写员。[18] 最直接的消费者学生的利益与最后的消费者委托人和公众的利益并不相同。教育是一种许多买家多与少取的罕见情境。[19] 一些学生想以通过律师资格考试和得到一份工作的最低付出来获得一个学位，其他的学生认为法学院的太多课程都不具有实践性和相关性。在缺乏严格的认可标准时，法学院校可能需要降低成本和质量标准去竞争那些认为"简单就是美"的申请者。相反，对于很多执业者和教授而言，"简单就是美"有着不同的和更缺乏吸引力的内涵。教育标准越不严格，意味着进行业务竞争的毕业生就越多，筹措用于法学院的师资、薪水和辅助服务的资金就越困难。

---

* 伯利克里，古希腊著名政治家——译者注。

[15] American Bar Association Section of Legal Education and Admissions to the Bar, Legal Education and Professional Development-An Educational Continuum, Report of the Task Force on Law Schools and the Profession: Narrowing the Gap (1992) [MacCrate Report].

[16] Richard Matasar, "The Rise and Fall of American Legal Education," 49 N. Y. L. Rev. 465, 472-73 (2005).

[17] Id. .

[18] William Twining, "Pericles and the Plumber," 83 L. Q. Rev. 396 (1967).

[19] Rhode, supra note 11, at 188-92.

不但法律职业内部存在相互竞逐的关切，而且律师业服务的委托人的需求也是相互竞逐的。直接受到影响的成员——学生、教职人员和律师——都有着与公众利益不完全一致的利益。普通美国人最关心的，是以一个他们能承受的价格得到合理的、称职的法律帮助。有着不同收入水平、不同需求的委托人，可能就成本和质量有着不同的权衡。法学教育面临的一个核心挑战，就是在公众和法律职业相互竞逐的关切之间取得一个适当的平衡。一个允许多样化和创新的教育结构，至少可能为找到这种平衡提供一个更加明智的基础。

教育内容、氛围和方法 *230*

关于法学教育结构的问题与其他问题相关，包括课程、教学、学术和氛围，对于所有这些都同样存在争议。按照许多批评者的说法，法学院传授的实践知识太少，传授的理论知识太少。它们提供的基本技能方面的训练太少，在相关学科——比如哲学、心理学、历史、经济和管理——的基础知识方面提供得太少。其他一些批评集中于案例书和苏格拉底式对话占主导地位的讲授方法，缺少对法律职业道德与公共服务的支持，法学院文化中过于激烈的竞争与压力。

尽管现代法学教育在很大程度上摒弃了 Langdell 关于法律是一门科学的假设，他的方法还是常常被说成"阴魂不散"。弱化了的案例教学法和准苏格拉底式的风格，在许多法学院校的教室中仍然很普遍。原因与教育质量没什么关系，而是这种方式适合大班上课，这种方式成本相对较低，这种方式有着鲜活的互动性，这种方法在包容不同的思想方法的同时有能力保持其分析方法的严谨性。

然而，案例教学法价值有限，并且有一点用词不当。它不是真正要去研究真实的案例。它相当依赖于公开的司法意见，这些司法意见省略了很多鲜活的法律过程：如何将一个争议转化为一个法律请求；调查和提出当事人的诉讼请求；影响司法裁决的未说明的原因；这些裁决与个人相关的后果；法律程序的社会、政治和经济影响。实际上，学生常常学习到的是法律，但没有学到如何做律师，这类似于"不研究岩石的地理学"[20]。

某些法学院的课程同时缺失的是加强实践技能和律师工作的人际维度的持续努力。这些能力很大程度上被降级为临床课程，在一些学术共同体中，这些课程仍然被认为没有什么关系。[21]被调查的毕业生中，2/3 到 4/5 的人认为谈判、事实收集和文件准备等技能可以在法学院校中得到很有效的讲授。但是只有 1/4 的人认为这些课程得到了足够的重视。类似的差异也存在于解决问题、口头交流、咨询和诉讼中。[22]同样，尽管认识到了跨文化和跨行业视角的重要性，但是核心课 *231* 程顽强地抵抗着入侵者。除了法律和经济学的方法已经设法渗透到很多法学院校

---

[20]　Lawrence Friedman, quoted in Rhode, supra note 11, at 198.

[21]　ABA Section of Legal Education and Admissions to the Bar, supra note 15; see also Rhode, supra note 11, at 197-98.

[22]　Joanne Martin & Bryant G. Garth, "Clinical Education as a Bridge Between Law School and Practice: Mitigating the Misery," 1 Clinical L. Rev. 443, 448 (1994).

的课程中之外，跨学科的材料通常还是处于法学院课程的边缘地界。在大部分法学院，"借来的一些思想性饰品装饰了标准的法律衣着，但是风格仍然不变"[23]。结果是使得学生无法从诸如经济、管理、心理、组织行为和国际关系等领域学得可以被证明在将来工作中有用的方法。在一个日趋跨行业执业和全球化执业的时代里，未来的律师需要获得各个领域的真知灼见。[24]

相应的局限性也显见于法学学术。法学院校的课程集中于已公布的案例，对跨行业或者经验型工作的支持不足，这也限制了研究活动。法学界越来越变成了为彼此而写作，在形式上常常做不到见多识广，对律师、法官和政策制定者而言没有足够的思想性。[25]

准苏格拉底式的教学方法也存在局限。在 Langdell 第一次试验其方法时，大多数学生"认为除了感到精神恍惚和在众人面前丢了脸外，这一做法一无是处"[26]。当代的准苏格拉底式的教学方法更为人性化了。但是按照 Ralph Nader 这样的批评者的话来说，它给学生提供的自由，仅仅是在"知识的牢笼中翱翔"[27]。苏格拉底式的方法顶多培养了重要的反应能力和口头辩论能力。[28] 最坏的方面是，这种方法导致了一个受控制的对话，在该对话中教授最初让学生"猜我在想什么"，然后却发现不可避免地缺少回应。这种方法奖励"快速回答，承认被弄懵了——这是关键的苏格拉底式的美德——并不会使学生取得很大进步"[29]。这个做法常常使得缺乏果敢的学生保持沉默，导致了 Anthony Amsterdam 曾经称为 MOPIE 的现象：在教育中获得的最大限度的钝性（Maximum Obtainable Passivity in Education）。[30] 批评者认为，这种气氛会削减学生的自信，侵蚀坚定的信念，鼓励有害的怀疑主义。去个人化和去情景化的探究，也可能造成对律师角色的贫乏理解。[31]

一个相关问题是，法学院的文化对学生的价值和职业选择的影响。一项频繁的批评（意见）是，法学教育破坏了最初吸引学生学习法律的忠信：他们谈论着正义来到学校，但是谈论着工作离开学校。[32] 也许最重要的消极影响是，满足穷人法律需求的公共支持薄弱。法学院的学生很快就知道，法律服务中的岗位很

---

[23]　Rhode，supra note 11，at 198.

[24]　Mary C. Daly，"What the MDP Debate Can Teach Us About Law Practice in the New Millennium and the Need for Curricular Reform," 50 J. Legal Educ. 521，543-44（2000）；Judith Welch Wegner，"The Curriculum：Patterns and Possibilities," 51 J. Legal Educ. 431（2001）.

[25]　Deborah L. Rhode，"Legal Scholarship," 115 Harv. L. Rev. 1327（2002）；Harry T. Edwards，"The Growing Disjunction Between Legal Education and the Legal Profession," 91 Mich. L. Rev. 34（1992）.

[26]　Charles Warren，2 History of the Harvard Law School 372-73（1908）.

[27]　Ralph Nader，"Law Schools and Law Firms," New Republic，Oct. 11，1969，at 20-21，23.

[28]　Phillip Areeda，"The Socratic Method," 109 Harv. L. Rev. 917（1996）.

[29]　Martha C. Nussbaum，"Cultivating Humanity in Legal Education," 70 U. Chi. L. Rev. 265，272-73（2003）.

[30]　Anthony Amsterdam，Address Before the Society of American Law Teachers，quoted in Geoggrey C. Hazard，Jr.，Susan P. Koniak，& Roger C. Cramton，The Law and Ethical of Lawyering 972（3d ed.，1999）.

[31]　Rhode，supra note 11，at 197；Roger C. Cramton，"The Ordinary Religion of the Law School Classroom," 29 J. Legal Ed. 247（1978）.

[32]　See Robert Grandfield，Making Elite Lawyers：Visions of Law at Harvard and Beyond 38-39（1992）；Robert V. Stover，Making It and Breaking It：The Fate of Public Interest Commitment During Law School（Howard S. Erlanger ed.，1989）.

少，收入和职业前景也是有限的。然而，批评者认为教育体验的很多方面导致了这种对公共利益和法律服务岗位的兴趣的低落。第一，在大部分法学院，高额的学费和有限的经济资助与贷款减免，阻碍了学生担任这种收入很少的职务。虽然一些研究认为核心问题不是负债水平，而是公益法律服务收入与私人执业收入之间的差异，而债务负担显强化了这些差异所造成的影响。[33] 此外，就像随后的讨论所表明的那样，法学院的文化就通过公益项目、就业优先或者其他行动方案对公共利益工作提供的支持相对很少。[34]

然而，大部分经验研究发现，法学院校对这些态度——包括对公共利益法的态度——没有一个大的、可以衡量的影响，而市场的力量是一个更强有力的影响。[35] 比如，一个关于哈佛法学学生的深入研究发现，他们说在法学院学习期间对公共利益和社会正义问题变得越来越感兴趣，尽管只有一小部分人最终在该领域从业。产生兴趣与就业之间的差异的原因，看上去是相对较低的工资和与大多数公众利益选项相关的声誉。[36]

然而，经验研究表明，法学院对学生生活的其他方面有着很深的影响，最引人忧虑的问题是它与一些和压力相关的障碍——包括强迫症、抑郁、严重的焦虑和孤僻——的关系。在任何调查过的法学院中，20%到40%的学生报告说有这种症状。还有相当一部分人有滥用药物的问题。[37] 最系统的研究表明，这在一定程度上与学生在法学院的经验有关，而不仅仅是与选择法律的学生的性格有关。[38]

尽管造成与压力有关的障碍的确切原因很难分析，大部分的研究指出了下列原因：

- 过重的课程负担，在时间管理问题上缺乏帮助；
- 很高的生师比，导致他们之间的沟通和反馈有限；
- 过度的竞争激励机制，过分强调分数作为地位和自我价值的评价作用；
- 有关心理和药物滥用问题的信息、咨询和治疗项目不足；以及

233

234

[33] See Lewis A. Kornhauser & Richard L. Revesz, "Legal Education and Entry into the Legal Profession: The Role of Race, Gender, and Educational Debt," 70 N. Y. U. L. Rev. 829 (1995); Bruce Buckley, "Public Internet Honor Roll," 9 National Jurist, Jan./Feb. 2000, at 28 (在20世纪90年代后期，公共利益工作的薪水中位数是私人执业岗位薪水中位数的一半)。

[34] See Granfield, supra note 32, at 8; Daborah L. Rhode, Pro Bono in Practice and in Principle 161-61 (2004); and text accompanying note 30, infra.

[35] See J. D. Droddy and C. Scott Peters, "The Effect of Law School on Political Attitudes: Evidence from the Class of 2000," 53 J. Legal Educ. 33 (2003); surveys discussed in Hazard, Koniak, Cramton & Cohen, supra note 20, at 1019.

[36] Granfield, supra note 32, at 38-48, 88-90. See also Kornhauser & Revesz, supra note 33.

[37] Mariam Alikhan, Note, "The ADA is Narrowing Mental Health Inquiries on Bar Applications: Looking to the Medical Profession to Decide Where to Go from Here," 14 Geo. J. Legal Ethics 159 (2000); see Susan Daicoff, "Lawyer Know Thyself: A Review of Empirical Research on Attorney Attributes Bearing on Professionalism," 46 Am. U. L. Rev. 1378, 1380 (1997); Ann L. Iijima, "Lessons Learned, Legal Education and Law Student Dysfunction," 48 J. Legal Educ. 524 (1998); Lawrence S. Krieger, "What We're Not Telling Law Students—and Lawyers—That They Really Need to Know: Some Thoughts-In-Action Toward Revitalizing the Profession from its Roots," 13 J. L. & Health 15 (1998—99); "Report of the AALS Special Committee on Problems of Substance Abuse in Law Schools," 44 J. Legal Educ. 35, 44 (1994).

[38] Daicoff, supra note 37, at 1380; Alikhan, supra note 37, at 159.

● 对从咨询和治疗中获利的学生没有足够的保密保证。[39]

所有这些问题都难以轻易解决。就像论者常常指出的那样，法学教育的创新姗姗来迟而又过早夭折。[40] 空谈很是便宜，但是许多教育上可取的行动不便宜。要在不提高学费的情况下提供更多时间密集型的或者专业性的训练，显然存在限制。提高学费可能进一步限制了学生的入学，并使学生的债务不堪重负。考虑到法律执业活动本身就具有高度竞争性，这在毕业生寻找第一份工作时就开始了，法学院文化中的竞争性很难改变。然而，并不是所有的课程改革都需要增加许多的资源。上述的许多不足，可以通过充分利用兼职教员、跨学科合作、在线技术、互动练习和学生合作项目来改善。应当为课程的开发、经验和跨行业研究提供更多支持。学生应当得到多种形式的反馈，需要得到更多的保密支持服务。

这些策略中的许多问题不在于法学院无法负担，而在于它们得不到足够的回报。课程的改进和为学生提供帮助，并没有充分地反映在法学院的排名上和给申请者的指南上。对于各个教员而言，优秀的教学也不能获得最大限度的认可。法学院课程和氛围的重大变革，需要法学院的激励机制进行重大改变，最重要的第一步是开发评价教育有效性的更为系统的方法，并让法学院有责任担当。至少，在就教学和学生生活质量方面对法学院进行比较和监督时，需要有更多的信息。教育者需要更多的敦促，以就如何改善学习环境并作出相应的回应来教育他们自己。

职业责任与公益服务

235 法学教育进一步的局限表现在它对待职业责任的方式上。1974 年，在很大程度上为了回应律师非法牵涉“水门事件”的问题，美国律师协会命令，所有被认可法学院要提供某些职业责任方面的指导。越来越多的州也开始要求这种指导，并将此作为取得律师资格的一个条件；律师资格考试也扩大了职业道德问题的考试范围。

尽管这些行动促成了重大进步，但是现行的方法仍然是不够的。大部分的法学院将职业责任降级为一门必修课程，课程主要关注的是行为规则。这种方法常常遗漏了关键问题，例如涉及诉诸司法、执业条件、律师协会规制程序的足够性等问题。而且，每一个法律的领域都存在职业道德问题，而未能在整个课程设计中讨论这些问题，传达了一个负面的信息，即没有一个单独的课程能够解决职业道德问题。教员们认为职业责任是某个人自己的责任，这鼓励了未来的执业者去做同样的事情。[41]

一部分人抵制法学院的课程过多包含法律职业道德，是基于这样一个假设：伦理行为无法在一个职业学校里被有效地传授。许多教员和学生认为道德指导在本科阶段传授已经太少、太迟了；很少的上课时间不可能重塑一个人在很长时间内从家庭、朋友、学校、教堂获得的和受其他文化影响的已经形成的价值观。而且，即使课程对伦理观念有一些影响，我们也绝不可能清晰地知道这对伦理行为有多大程度的影响。历史经验和心理学研究都清晰地发现，道德行为是高度情境

---

[39] Report of the AALS Special Committee, supra note 37; Krieger, supra note 37, at 18.

[40] Thomas Shaffer & Robert S. Redmount, Lawyers, Law Students, and People 24 (1977).

[41] Deborah L. Rhode, “The Professional Responsibilities of Professors,” 51 J. Legal Educ. 158, 165 (2001); Deborah L. Rhode, “Ethics by the Pervasive Method,” 42 J. Legal Educ. 31 (1992).

化的，环境的压力常常会破坏一个人公开宣称的原则。[42]

这样的证据表明，职业责任课程的潜在贡献有着严重局限性，但是这不能成为避免这个课程在法学院的课程中受到综合覆盖的理由。大部分心理研究发现，尽管环境压力很重要，但是伦理判断对伦理行为是有一定影响的。[43] 个人如何评价其行为的结果，在塑造他行为时十分关键，而教育能影响这些评价的过程。教育还可以使个人意识到经济压力和同行压力、权力结构和责任扩散等因素是如何扭曲伦理判断的。

同样，大量证据表明，道德价值绝对不是像我们常常假设的那样一成不变的。心理学研究表明，在成年初期，人们在处理伦理问题时的基本策略会发生重大改变。[44] 评价道德课程的研究发现，设计良好的课程可以显著改善一个人的伦理推理能力。[45] 同样，职业道德和规制中的很多问题，需要同样的法律和政策分析能力，这些都是课程中的标准内容。尽管教室里的经历不能完全激起或者隔绝导致不符合道德的行为的压力，但是它能提供一个环境去解析成因和适当的制度上的反应。

公共服务业存在同样的问题。1996 年，美国律师协会修改了认可标准，以号召学校"鼓励学生参加公益活动，并且提供机会让学生参加"。修改后的美国律师协会标准也鼓励学校要强调教职员工对公众的义务，包括参加公益活动。然而，只有 1/5 的学校要求学生参加公益活动，并且没有学校为教职员工设定该义务。[46] 甚至在有强制性公益活动项目的学校，要求的活动量也十分少：一些学校的要求一年还不足八小时。尽管很多学校提供志愿性的公共服务项目，但是只有一小部分同学参与。总之，大部分法学学生毕业时，他们的受教育经历中都没有公益法律服务。同样，在课程设置中公益服务在很大程度上被忽视了，而诊所教育中的公共利益机会常常不足以弥补这个空白。[47] 就像美国法学院协会公共服务和公益机会委员会的报告得出的简洁结论那样："法学院应当作更多的贡献。"[48]

对公益和公共利益工作支持不足，使得法律职业和公众都错失了机会。这种

236

237

---

[42]　See research surveyed in Deborah L. Rhode, "Moral Counseling," Ford. L. Rev. (forthcoming); David M. Messick & John M. Darley, How Organizations Socialize Zndividuals into Evildoing, in Codes of Conduct: Behavioral Research into Business Ethics 13, 16－25 (David M. Messiclc & Ann E. Tenbrunsel, eds., 1996); Deborah L. Rhode, "Where is the Leadership in Moral Leadership?," in Moral Leadership: The Theory and Practice of Power, Judgment, and Policy 1, 20－33 (2006); David Luban, Malcing Sense of Moral Meltdowns, in Moral Leadership, Supra, at 57－77.

[43]　See sources cited in Rhode, "Where is the Leadership," supra note 42, 22－24; Rhode, "Ethics By the Pervasive Method," Supra note 41, at 45 n. 67.

[44]　James R. Rest, "Can Ethics Be Taught in Professional Schools? The Psychological Research," Easier Said Than Done, Winter 1988, at 22, 23－24; James R. Rest, Muriel Bebeau, & Joseph Volker, "An Overview of the Psychology of Morality," in Moral Development: Advances in Research and Theory 3, 14 (James R. Rest, et al. eds., 1986).

[45]　Rest, supra note 44; M. Neil Browhe, Carrie L. Williamson, & Linda L. Barkacs, "The Purported Rigidity of an Attorney's Personality: Can Legal Ethics be Acquired?," 30 J. Legal Prof. 55 (2006); Steven Hartwell, "Promoting Moral Development Through Experiential Teaching," 1 Clinical L. Rev. 505 (1995).

[46]　Cynthia F. Adcock, Fact Sheet on Law School Pro Bono Programs (AALS: Feb. 20, 2003); AALS Commission on Pro Bono and Public Service Opportunities in Law School, Learning to Serve: A Summary of the Findings and Recommendations of the Commission on Pro Bono and Public Service Opportunities in Law Schools 4 (1999).

[47]　有研究发现，过半数的学生在法学院时并没有参与公益工作，参见 Law School Survey of Student Engagement in Law Schools 8 (2004); AALS Commission, supra note 46。在一个大型的全国抽样中，只有 1％的法学院毕业生报告说，在其入学指导和职业责任课程中提到了公益工作；只有 3％的人观察到教员们支持公益工作，或者感到他们的法学院就公益工作提供了足够的诊所实践机会。Deborah L. Rhode, Pro Bono in Principle and in Practice 161－62 (2004).

[48]　AALS Commission, supra note 46, at 2.

工作带给法学教授和学生一系列实践好处，包括庭审经验、解决问题的技能和职业接触。对于很多参与者来说，参与这种工作给他们提供了最直接的机会去了解穷人得到的正义是什么，以及法律改革的必要性。除了这些教育性的好处，在法学院积极地参与公共利益服务这一经历，也可能会激起一个人长期的个人忠信，这将持续整个法律职业生涯。㊾ 出于这些原因，美国法学院协会的委员会强调学校应当为每一个法学学生安排至少一次受到很好监督的、与法律有关的公益机会，并且要么要求学生参加，要么想办法吸引大部分的学生当志愿者。㊿ 就公共服务提供更多的奖励和表彰，可以鼓励更多的教职员工和学生与促使他们最初学习法律的社会正义的价值联系在一起。

多样性

法学教育面临的最后一个挑战，是保证法学教职员工和学生的多样性，并且
238 在法学院中培养机会平等和相互尊重的价值观。同样，在过去的 25 年里，法学教育已经取得了巨大进步，但是仍然需要更多的进步。

正如第二章所述，大部分法学院存在性别、种族、族源和宗教上的歧视。在 19 世纪末和 20 世纪早期部分推动更加严格的教育标准的努力，在一定程度上反映了这种偏见。比如，有人敦促哥伦比亚法学院要求申请者有大学文凭或者通过包括拉丁文在内的考试，将此作为一种方式“将那些由杂货店柜台发展起来的学校毕业的学生拒之门外……”(51) 对移民和犹太学生的歧视持续到 20 世纪早期，而种族隔离更加持久。尽管 1896 年第一个黑人毕业于法学院，并且在同一时期，一些黑人机构建立了法学研究生课程，但是这些课程在战后重建时期之后存续下来的很少。这些存活下来的机构资源十分匮乏。

少数民族遭遇的阻碍在美国联邦最高法院作出的 Sweatt v. Painter，339 U. S. 629（1950）案件这一里程碑式的判决中显而易见。美国联邦最高法院判定，得克萨斯州实施种族隔离的法学院违宪。在诉讼的那个时期，得克萨斯州的法律职业者包括将近 7 500 名白人律师和 22 名黑人律师。当一个符合条件的黑人向得克萨斯州大学的法学院提出申请时，得克萨斯州最初的回应是在 Prairie View 大学增设一个法学班。Prairie View 大学是一个贫穷的黑人机构，（在那里）以床垫和扫帚制作换取大学学分。三间法学教室中两间都缺少椅子和桌子。然而，在 Sweatt 案件的诉讼中，州法院得出的结论是，Prairie View 大学和得克萨斯州大学法学院的设施是“大体上平等的”(52)。在联邦最高法院推翻这一判决后，

㊾ 这些经验不需要通过公益活动来获得，这与诊所教育不同，强制性的计划并不总是能保证积极的体验。迄今为止的研究并没有发现强制性计划的参与者在毕业后更可能提供公益服务。See Rhode，supra note 47，at 160－65；Robert Granville，The Pedagogy of Public Service：Assessing the Impact of Mandatory Pro Bono on Young Lawyers 82，90（Law School Admission Council Report，2005）. 这样的研究提出了改善而不是放弃公益计划的理由。

㊿ AALS Commission，supra note 46.

(51) D. Kelly Weisberg，“Barred from the Bar：Women and Legal Education in the United States 1870—1890，” in 2 women and the Law 231，252（D. Kelly Weisberg ed.，1982）；Stevens，supra note 2，at 100－101.

(52) Douglas L. Jones，“The Sweatt Case and the Development of Legal Education for Negroes in Texas，” 47 Tex. L. Rev. 677，678-85（1969）；Richard Kluger，Simple Justice：The History of Brown v. Board of Education and Black Americas' Struggle for Equality，261（1975）；Edward J. Littlejohn & Leonard S. Rubinowitz，“Black Enrollment in Law schools：Forward to the Past?，” 12 T. Marshall L. Rev. 415，431 n. 81（1987）.

美国法学院协会通过了一项决议，以鼓励——而非要求——成员法学院废止种族歧视做法。直到 1964 年，所有的学校才这样做。即使在废除了针对非白人的申请者的正式禁令后，由于缺乏财政支持、平权运动、招募活动以及支持性的学术环境，少数族裔成为律师仍然存在障碍。直到 20 世纪 60 年代，他们在法律职业中还不足 2%。[53]

对于白人女性，环境要好一些，但是即使是智力上最具资格和经济上最具特权的申请者也面临着巨大的歧视。20 世纪的前半期，除了在第二次世界大战期间，法学课堂中的女学生从未超过 3%。直到 1972 年，所有的经美国律师协会认可的法学院才废除了对女学生的禁令。Sol Linowtiz——一个杰出的华盛顿律师——回忆说："在 Cornell 法学院，我们的班上只有两个女生，说实话，当她们在周围的时候，我们感到有一些不舒服。但是我们从来没有想过她们是否也感到不舒服。"[54]

自 20 世纪 60 年代初始，种族、族裔和性别所产生的正式的阻碍减少了，这在一定程度上是对民权运动和女权运动的回应。增加了的经济帮助、扩大了的招聘战略，以及为那些代表性不足的群体改善法学院经验的努力，也鼓励了更多的多样性。现在，女性占了入学班级人数的一半，正教授的 20%。[55] 占整个国家人口 30% 的少数种族和族裔，占法学院学生人数的 20% 和正教授的 10%。

然而，尽管有了重大的进步，完全的融入仍面临着持续性的重大阻碍，一个障碍是，在符合条件的大学毕业生申请者中，少数族裔的代表性不足，部分原因是没有足够的经济支持和教育准备。第二个主要的障碍是，法学院过于依赖入学客观标准，例如，分数和法学院入学考试（LSAT）分数，而大多数少数种族和族裔的这两个分数是比较低的。完全融入的第三个障碍是，传统上代表性不足的群体的风气及其对表现的不利影响。

关于法学院该如何应对这些问题，存在持续争议。美国律师协会的认可标准——最近得到了加强——要求法学院"以具体行动"表明致力于使教员和学生"在性别、种族和族裔方面具有多样性"。对这一标准的遵守，将根据"法学院采取的行动及获得的结果的整体"加以评估。[56] 为了扩大种族和族源的多样性，最被广泛接受的策略是提前招收和资格保留项目，这些项目从代表性不足的群体中甄别出优秀的候选人，并且提供足够的经济资助和教育支持服务。一个更受争议的方法是平权行动方针，其给予有色的申请者以优惠待遇。在 Regents of the University of California v. Bakke，438 U. S. 265（1978）案件中，联邦最高法院判定，教育机构为了实现多样化的学生，可以考虑种族和族源因素，只要不采用刚性的配额。对法学院入学程序的随后挑战涉及这样的问题，即排除了平均成绩和测验分数高于少数种族和族裔申请者的白人申请者。联邦上诉法院在以种族为基础的优惠待遇的合宪性问题上存在分歧。

在两个广为人知的判决中，联邦最高法院就这一问题提供了指南。在 Grut-

[53] See Geraldine Segal，Blacks in the Law：Philadelphia and Nation，212-13（1983）；Karen Berger Morello，The Invisible Bar：The Woman Lawyer in America，1683 to the Present 143-47（1986）.

[54] Sol M. Linowitz with Martin Mayer，The Betrayed Profession：Lawyering at the End of the Twentieth Century 6（1994）.

[55] Elizabeth Chambliss，Miles to Go：Progress of Minorities in the Legal Profession 8（ABA Commission on Racial and Ethnic Diversity in the Legal Profession，2005）.

[56] ABA Accreditation Standard 211 and Interpretation 211-3（2006）.

ter v. Bollinger，539 U. S. 306（2003）案件中，五个大法官的多数意见判定，密歇根大学法学院的入学程序在考虑申请者的种族、族源以及其他与多样性有关的因素时，并没有违反平等保护条款。在该案的姐妹案（companion case）中六位大法官的多数意见判定，密歇根大学的本科入学项目违宪，因为它为特定的少数种族和族裔群体的入学提供了很高的、固定的点数。〔Gratz v. Bollinger，539 U. S. 244（2003）.〕

　　这些案件吸引了许多法庭之友的意见。对法学院项目的支持，实际上来自于所有高等教育协会——包括美国法学院协会——和许多商业组织，以及许多卓越的军队领导人。这些平权行动的支持者提出了几点主张。第一个是，高等教育机构，包括职业学院，在入学程序中考虑种族和族源的多样性问题，具有重要的州利益。在支持者看来，教育律师很重要，因为他们要就他们将要服务的人口的多样性构成进行足够的思考。在撰写 Grutter 案件的多数意见时，O'Conner 大法官同意："为了培养在公民眼里具有合法性的领导者，成为领导人的路径必须向每个种族和族裔的具有聪明才智的、合格的人在阳光之下敞开。我们这个万紫千红的社会的每个成员，必须对提供这种训练的教育机构的开放性和适正性抱有信心。"（539 U. S. at 332.）

　　此外，Grutter 案件的多数意见还强调了下级法院和法庭之友提出的范围广泛的研究，这一研究表明，由各种背景和观点组成的学生群体，将丰富所有参与者的学习环境。这一研究发现，在教育中经历了种族多样性的学生，将表现出更少的偏见，更有能力处理冲突，有更好的认知技能，能更清晰地理解各种观点，对他们的学术环境更感到满意。在一个就两所顶尖法学院 1 800 名学生进行的调查中，约 90％的学生报告说多样性对他们的学习经历有着积极的影响。⑰

　　平权行动的支持者还认为——Grutter 案件的多数意见对此表示同意——法学院的入学制度为实现这些迫切的利益所进行的调整是很有限的。这一项目既没有为少数人群的入学设定固定配额，也没有将多样性考虑限于那些种族和族裔。相反，法学院考虑的是申请者的全部情况，试图就有色学生达致一个"临界数量"。在前一个 7 年的时间段，每个班的黑人、拉丁美洲裔、印第安裔学生占 14％到 20％，"这个变动范围与配额是不一致的"（ 539 U. S. 330）。尽管学校考虑了其他制度，它还是没有发现一个既能有效保持法学院高水准的教育资格，又能保证少数族裔学生的临界数量的制度。

　　就像支持者还主张的那样——法院也认定了这一点——法学院考虑定量尺度例如测验分数和平均分数之外的因素是恰当的。尽管基于这些定量尺度的成分有助于预测在法学院第一年的表现，许多专家认为，这样的筛查措施就入学程序被赋予了过度的重要性。就像他们所指出的那样，这样的成分只占法学院成绩变化

---

⑰　American Council on Education and American Association of University Professors，Does Diversity Make a Difference?（2000）；William G. Bowen & Derek Bok，The Shape of the River：Long-Term Consequences of Considering Race in College and University Admissions（1998）；Richard O. Lempert，David L. Chambers & Terry K. Adams，"Michigan's Minority Graduates in Practice ：The River Runs Through Law Schools，" 25 Law & Soc. Inq. 395（2000）；Gary Orfield and Dean Whitla，Diversity and Legal Education：Student Experiences in Leading Law Schools，14－16（1999）. But see Stanley Rothman，Seymour Martin Lipset，and Neil Nevitte，"Does Enrollment Diversity Improve University Education?，" 15 Internat'l J. Public Op. Res. 8（2002）（描述了这样的调查结果，即有着更高黑人入学率的大学报告说，社会对教育质量和学生的工作道德更不满意，关于歧视的经历更多）。

的 16％到 36％，而且分数衡量的只是有效法律服务所必需的一些技能。⑱ 对毕业的学生进行的最系统的追踪，却没有发现法学院的分数和之后的成就有显著的联系。由密歇根大学法学院进行的一个长期的调查发现，法学院入学考试分数和平均分数与毕业生的收入、职业满意度或者对社会的贡献都没有联系。按照这些尺度，根据平权行动标准而入学的少数族裔与其他毕业生做得一样出色。⑲ 支持对法学学生适用平权行动的人在多样性上的关切，类似于支持在教员雇佣上的平权行动的关切。此外，支持者强调了为有色学生提供导师的重要性，以及角色榜样的重要性。

优惠待遇的反对者不是必然不同意多样性的价值，他们担心的是，对少数人权的优惠标准，将强化法律职业应当加以挑战的劣等人群这一思维定势。许多反对者还认为，平权行动违反了色盲伦理原则。就像 Thomas 大法官在 Grutter 案件的少数意见中所指出的那样，"宪法憎恨以种族为据来进行阶层划分，这不仅是因为这种阶层划分会伤害有天赋的种族，或者是出于不合法的动机，还因为每次政府就公民进行种族登记，将种族与设定负担和利益联系在一起时，都贬低了我们所有人……"［539 U. S. at 363（Thomas，J.，dissenting）.］

对优惠待遇提出批评的人还进一步指出，种族并不是经验中的多样性的良好表象。在配额和全面审查方面的差别，鼓励了伪善，优惠待遇造成了而不是解决了核心问题，即进入法学院的教育准备的不足。⑳ 在司法研究所诉讼主任 Clint Bolick 看来，"只要我们有一个种族优先的制度，我们就不能正面解决该问题……如果这样践行平权行动，它就不会对扩大有资格的申请者的范围有任何影响，而这正是应当追求的目标。今天所践行的平权运动是装饰性的和肤浅的。它没有就严重的社会问题提供系统的治疗。它不过是（在申请者当中）洗了洗牌"㉑。

加州大学洛杉矶分校法学教授 Richard Sander 提出了类似的关切。在一篇广泛关注的文章中，Sander 宣称，平权行动对于非洲裔美国人而言，是反作用的，因为这使得他们能在超出其资质的法学院学习，而这反过来使得与他们在排名更低的法学院学习相比，他们在分数、毕业率和律师资格考试通过率方面更低。按照 Sander 的计算，取消平权行动实际上将会提高黑人律师的数量。㉒ 这一文章招致了广泛的批评。与 Sander 的数据集合相比，从更广泛的数据集合来看，专家们通常认为取消平权行动将大大减少黑人律师的数量，特别是领导岗位的黑人律师的数量。许多论者也质疑他的假设，即如果取消了平权行动，黑人申请者将到

243

---

⑱ 法学院成绩与本科生考试分数和平均分数之间的关系，在统计学上具有意义。然而，其预测力仍是相当有限的，它强调了入学制度中这样的风险，即将结论性的重要意义赋予这样的成分，将导致招收或者排除某些申请者群体。See Law School Admissions Council，New Model to Assure Diversity Fairness and Appropriate Test Use in Law School Admissions (1999)；Jess Bravin，"Law School Admission Council Aims to Quash Overreliance on LAST,"Wall St. J. March 29，2001，at B1；Chambliss，supra note 55.

⑲ Lani Guinier，"Confirmative Action,"25 Law & Soc. Inq. 565，568（2000）；Lempert，Chambers and Adams，supra note 57.

⑳ Charles W. Collier，"Affirmative Action and the Decline of Intellectual Culture,"55 J. Legal Educ. 3（2005）.

㉑ Tim Wells，"Affirmative Action in Law Schools：Is It Necessary?,"Washington Lawyer，Jan. /Feb. 2000，at 48（quoting Clint Bolick）.

㉒ Richard Sander，"A Systematic Analysis of Affirmative Action in Law Schools,"57 Stan. L. Rev. 367（2004）.

排名更低的法学院学习，这与寻求其他教育或者工作机会的做法是相悖的。[63]

这些关于平权行动的争议可能还会继续下去。三个州——加利福尼亚州、佛罗里达州和华盛顿州——的投票人行动计划已经禁止州立学校实施以种族为据的优惠，其他州也在考虑这样的行动计划。对平权行动进行批评的人还对各种以种族为据的政策提出了法律上的挑战，这些政策被认为与 Grutter 案件不一致，例如，少数族裔奖学金和补充教育计划。[64] 这些关于优惠待遇的争论引发了更广的问题，即：律师协会成员最重要的品质是什么？该如何对此加以评价？许多学校正尝试着减少对量化方法的依赖，更加强调其他品质，比如领导能力、工作经验、社区服务以及在面临经济和其他不利条件时的毅力。重视这些因素能否在保证足够的多样性的同时，又不会产生过于主观、怪异的决策，这是一个需要继续评价的问题。

然而，在此期间，关于平权行动的争论双方在就为有色学生改善法学院环境方面利害相关。许多研究表明，许多少数种族和族裔人群，包括非洲裔美国人，相对于其入学资质而言，其在法学院的表现不佳，并且被疏离、隔绝和边缘化的经历仍然很普遍。[65] 更多结合种族和族裔内容的课程，以及更多先发抵制偏见和不容异己的措施、更多任命有色教员，应当在教育上具有优先性。最重要的是，法学院应当创设正式的制度，来收集关于多样性关切和解决这些问题的措施的足够的信息。

对女性而言，也需要采取类似的行动计划。尽管录取中的性别差异已近消除，但是在教职员工、行政和学生领导职位方面仍然没有取得类似的进步。只有20％的正教授和10％的法学院领导是女性，并且她们中间只有3％是有色人种。[66] 女性教员仍然集中在最不具声望的学术领域和职位上，比如图书管理员、研究和写作导师、非终身制的法律诊所人员。[67] 这种以性别为据的差别不能完全以学术资质或者经历等客观因素来加以解释。[68] 法学教育似乎也存在第三章所指出的法律职业中就女性存在的一般性问题，例如无意的性别歧视，以及对女性承担的过多家庭义务缺乏包容。[69] 如果不扫除法学院中与性别相关的障碍，不但会危及每个女性的平等机会，还会剥夺法学院社群中有价值的角色模范、学者和课堂上的洞察力。

---

[63]　See the symposium devoted to responses to Sanders' article in 57 Stan. L. Rev. 1807 et seq. (2005) and Cheryl Harris & William Kidder, "The Black Student Mismatch Myth in Legal Education: The Systemic Flaws in Richard Sander's Affirmative Action Study," J. Blacks in Higher Education, Winter, 2004/2005, at 102.

[64]　See Rachel Moran, "Of Doubt and Diversity: The Future of Affirmative Action in Higher Education," 67 Ohio St. L. J. 201, 228-33 (2006).

[65]　Kevin R. Johnson & Angela Onwuachi-Willig, "Cry Me a River: The Limits of A Systemic Analysis of Affirmative Action in American Law Schools," 7 Afr.-Am. L. & Pol'y Rep. 1, 15-20; Nancy Dowd et al., "Diversity Matters: Race, Gender and Ethnicity in Legal Education," 15 J. L. & Pub. Pol'y 11 (2003).

[66]　Association of American Law Schools, Statistical Report on Law School Faculty and Candidates for Law Faculty Positions (2004—2005), at http://www.aals.org/statistics/0405/html/0405.

[67]　Id.; Deborah L. Rhode, "Midcourse Corrections: Women in Legal Education," 53 J. Legal Educ. 475, 481 (2003).

[68]　Rhode, supra note 67, at 482.

[69]　例如，被调查的女性教员中，2/3 认为工作与家庭的冲突是一个重要问题。Catalyst, Women in Law: Making the Case 60 (2001).

在教育文化中，对女学生的平等机会也需要进行更大范围的变革。最近十年的研究一直发现，女性，特别是有色人种的女性，比男性更容易在教室里保持沉默。女学生很少可能成为志愿者，并且她们的评论更有可能被忽视、贬低或者被张冠李戴。[70] 在许多法学院的课堂中，高度竞争的氛围，也会使不够自信的学生保持沉默，而这些学生中很大一部分是女学生。女性在课堂参与的边缘化，被核心课程中有关性别和性取向问题的边缘化，以及对引出这些问题的学生或教员的蔑视进一步复杂化。就像法学教授 Catharine MacKinnon 所指出的那样，"关注女性和性别会被视为狭隘。排除女性和性别则不会这样"[71]。这些模式有助于解释为什么与男性相比，女性表现得不那么自信，对法学院为什么更加不满和疏远了。[72]

为了解决这些问题，论者按照多个维度提出了改革方案。就像对待与多样性相关的其他问题一样，第一个关键步骤是创设一种制度，来识别并回应性别问题。例如，法学院需要知道其家庭方针和投诉渠道是否足够，女性是否在课堂中有平等的参与，女性在领导岗位上是否有平等的代表，课程内容是否适当地结合了与性别有关的材料。我们的努力还应当关注对改革策略的监督，例如那些早先指出的构建更具有合作性、更少竞争性的学习环境的策略。毕竟，法学教育有责任训练那些执行我们对平等机会的忠信的职业人员。这种责任也带来了相应的义务，即以能带来真正平等的做法为榜样。

这可不是区区小事。但是不管我们现今的教育课程存在什么缺陷，同样重要的是我们要承认它的好处。在过去的半个世纪，法学院已经在申请者、资源、威望和多样性上取得了相当大的进步。它们的毕业生，不论在政界还是私人职业领域，都有全国最有影响力的领导人。如果法学教育采用传统的方法会如此成功，那么它肯定做了一些对的事情。

246

三、律师准入

称职性

律师资格考试具有悠久的历史，但它们的早期形式与当今的形式没有多少共同之处。美国南北战争之前，考试是典型的口试，并且由州法官或者由法院临时任命的律师来进行考试。考试程序往往并不规范，正如下面所描述的林肯主持的这一考试一样。应试者是 Jonathan Birch，他在一家酒店房间洗澡时偶遇了他的考官，而在面试期间，洗澡继续进行。按照 Birch 的说法：

[70]　See e. g. , Adam Neufeld, "Costs of an Outdated Pedagogy?: Study on Gender at Harvard Law School," 13 J. Gender, Social Policy & L. 511, 517, 531－32 (2005); Linda F. Wightman, Law School Admission Council Research Report Series, Women in Legal Education: A Comparison of the Law School Performance and Law School Experience of Women and Men 25, 36, 72－74 (1996); Elizabeth Mertz, Wamucii Njogu & Susan Gooding, "What Difference Does Difference Make? The Challenge for Legal Education," 48 J. Legal Educ. 1, 6－7 (1998).

[71]　Catharine A. Mackinnon, "Mainstreaming Feminist Theory," 53 J. Legal Educ. 199, 200 (2003).

[72]　Wightman, supra note 69, at 25, 36, 72－74. 有色女性报告说有最大的疏离感。Id. .

林肯随意地问了合同的定义以及其他两三个基础性的问题，所有的问题我都回答得很容易，而且我认为很正确。除了这些简单的询问，如我现在所回忆的，他没再多问什么。接下来，他就坐在床边向我讲述他自己的执业经历，以及他开始这个职业以来的各种见闻和冒险经历，其中许多都特别生动活泼、独具风味。整个过程有趣而又不同寻常，如果不是荒诞的话，以至于我几乎有些迷惑我是否真的是在考试。[73]

最后，林肯用一封短信将 Birth 推荐给律师考试委员会的其他成员，律师考试委员会未作更多询问就认许了他。这封短信写道："送信的人是一个认为自己可以做律师的年轻人。如果你需要可以对他进行考试。我已经这样做了并且满意。他比看起来聪明得多。此致，林肯。"[74]

在 19 世纪末，各州尝试用建立律师考官委员会和要求笔试的方法来提升准入标准。尽管如此，大多数早期考官仍是兼职或短期雇员，只有有限的专门指示。他们设计的考试通常只要求死记硬背的知识和基本的读写技巧。可得的有限信息，令人对这些考试是否能有效衡量称职性产生怀疑。几乎所有的应试者最终都通过了考试。[75] 更有甚者，在一些司法辖区，审查应试者的一项主要推动力与称职性本身无关，而是为了改善公共形象和避免人满为患。律师界的精英成员常常把考试看做是阻止下层阶级申请人涌入的一种手段，尤其是对宗教和种族方面的少数者，他们的进入可能会威胁到职业的地位。[76] 其他执业者支持就准入设置门槛，是为了减少新入行者带来的竞争。[77]

1931 年，全国律师考官会议成立，目的是在各州考试中提升标准并推进统一化。此后在核心科目上的跨州、多项选择考试的发展，反映了这种趋势。但当前的考试是否能适当地评定称职性，仍旧是一个存有相当争议的问题。

这些考试是建立在几个理由基础上的。按照支持者的说法，该考试要测试基本的分析和写作技能，以及关于核心科目的知识，因为这些是称职执业所必需的。[78] 律师资格考试为学生提供了动机来将其知识进行综合集成，以"至少熟练掌握他们在法学院可能没有学过的部门法和特定的法律规则"[79]。与其他针对技能的评估不同的是，标准化的考试提供了一种客观、相对低廉的评估形式，使得基于申请者的个性特点而产生的偏见可能最小化。[80]

---

[73] Len Young Smith, "Abraham Lincoln as a Bar Examiner," B. Examiner, Aug. 1982, at 35, 37.

[74] Id..

[75] See e. g., Esther Lucile Brown, Lawyers and the Promotion of Justice 117 (1938)(80%～90%的申请者最终通过了考试)；Hurst, supra note 2, at 292-93 (90%的通过率)。

[76] See Auerbach, supra note 4, at 49, 112-14 (1976)；Randall Collins, The Credential Society: An Historical Sociology of Education and Stratification 149-56 (1979).

[77] William C. Kidder, "The Bar Examination and the Dream Deferred: A Critical Analysis of MBE, Social Closure, and Racial and Ethnic Stratification," 29 Law & Soc. Inquiry 547, 555-556 (2004). 并非巧合的是，在大萧条时期，律师资格考试的通过率也被降低了。Richard L. Abel, "The Contradictions of Professionalism," in Lawyers in Society Volume One: The Common Law World 186, 195 (Richard L. Abel and Philip S. C. Lewis, ed., 1988).

[78] Suzanne Darrow-Kleinhaus, "A Response to the Society of American Law Teachers Statement on the Bar Exam," 54 J. Legal Educ. 442, 444 (2004).

[79] Restatement of the Law Governing Lawyers (Third) § 2. Comment e. See also ABA, Report of the Task Force on Law Schools and the Profession, supra note 15, at 27.

[80] Susan Case, "Licensure in My Ideal World," Bar Examiner, Nov. 2005, at 26, 27.

最后，支持者担心，律师资格考试的其他可能替代方法也许更糟。例如，如 *248* 果所有经过认可的法学院的毕业生都有权执业，则各州可能对这些法学院的课程设置、毕业要求或者入学标准有更多的干预。鉴于当前大多数教员不愿意让学生考试不通过或者要求其掌握所有核心科目，取消律师资格考试可能就会造成对最低称职性缺乏有意义的审查措施。[81] 学徒方案也不是一个更好的解决办法。大多数其他国家所采用的制度在质量和客观性方面差别很大，这些制度在美国的历史上并没有为我们就它们将能成功地保证基本的称职性保持乐观提供根据。就目前的律师资格考试未能实现其目标而言，支持者希望完善而不是取消考试程序。

律师资格考试的反对者认为这些辩解是不可信的。第一个，也是最根本性的批评是，现行考试所衡量的技能，并不能充分地预示作为一个律师的表现。正如批评者长久以来所指出的，标准化的考试程序高度重视机械记忆，而与其他各项未考试的技能——例如调查，谈判，会谈，起草文件，口头诉辩以及与他人有效合作——相比，这项技能很可能在执业中并不重要。[82] 一知半解可能是一件危险的事，而那正是律师考试所要求的。这种审查方法既过于全面又不够全面。它将那些其经验和技能足以应付某些执业领域工作的人排除在外，同时又无法保证那些参考者在他们所选的领域内具有称职性或者保持称职性。结果，按照反对者的说法，就是鼓励多而不精，给执业和公众制造了错误的保证。

第二个问题涉及评分程序。

尽管律师资格考试确实考查一些相关的技能，但目前的评分制度并没有抓住相关的区别。在将资格考试中的表现与执业中的表现联系在一起方面，还没有作出任何努力。律师协会官员能够证明的，顶多就是在考试分数与法学院分数之间存在联系。这种联系绝对没什么令人惊讶的，因为这两者衡量 *249* 的是相同的技能。而每一个又能在多大程度上预示作为一个律师的成功就是另一回事了，而且这尚待证实。Charles Evans Hughes 6 次没有通过纽约律师考试，后来成为了美国联邦最高法院的首席大法官，在名气上稍逊于他的考试失败者还有很多。

考试与工作能力之间没有充分联系，这是一个特别的关切点，因为少数族裔申请人的通过率不成比例地偏低。一部分问题在于这些申请人很少能负担得起律师协会面试课程和多次参加考试所需的时间与费用。尽管法院已经拒绝了这样的主张，即考试过程具有种族歧视性，且不能充分预示执业称职性，但它们的推理依赖于它们发现其他职业情境下缺乏的证据：主考人员提供的没有根据的证言，他们认为他们的问题是没有偏见的、相关的……选择通过分数是更大的难题。使用相同的多项选择考试的各州在选择通过分数和申请者通过率上有很大不同。应试者通过比例从 30％到 90％不等。并不令人惊讶，律师最集中的州通过率趋于最低，在这些州，新的竞争者尤其不受

---

[81] Erwin Griswold, "In Praise of Bar Examinations," 42 B. Examiner 136 (1973).

[82] Society of American Law Teachers [SALT], "SALT Statement on the Bar Exam," 52 J. Legal Educ. 446 (2002); Rhode, supra note 11, at 150; Kristin Booth Glen, "When and Where We Enter: Rethinking Admission to the Legal Profession," 102 Colum. L. Rev. 1646 (2002); Chief Justices Committee on Professionalism and Lawyer Competence, A National Action Plan on Lawyer Conduct and Professionalism 15 (1998); ABA, Report of the Task Force on Law Schools and the Profession, supra note 15, at 273, 277-82.

欢迎。相反，其他司法辖区应试者通过比例较高……没有证据表明这些州面临律师称职性上的突出问题。如果各州交换分数线，在较宽松的司法辖区通过律师资格考试的大多数申请人都会落选，而在严格的司法辖区未通过的大多数人都会通过。因此，正如统计学家指出的，在一个95％的坚持应试者都最终通过的制度里，较高的分数线并不能确保较高的称职性。在通过率低的州，学生们只需要更努力学习，更多的应试者要多参加几次考试而已。[33]

250

就州通过分数线和比例提供合理根据的问题，显然出现在一场起诉亚利桑那州律师考官委员会的反垄断诉讼中。在 Hoover v. Ronwin，466 U. S. 588（1984）案件中，一位律师资格考试落败者声称，委员会在考试后设置通过分数线的做法，应被视为反竞争的做法，这是为了限制执业律师数量而违反《谢尔曼反托拉斯法》的。美国联邦最高法院驳回了他的请求。根据多数意见，律师准入是亚利桑那州最高法院管理的，因此属于州的行为，免于适用《谢尔曼法》。但是多数意见同时也承认，分数线的确定存在主观性："因此，从性质上看，划分考试等级仅仅是粗略地，并不能必然地将称职者与不称职者区分开来，并不能将有资格执业的人和没有资格执业的人区分开来。律师资格考试顶多可以认定一些人与另一些人相比，更能胜任法律服务。"（466 U. S. at 578 n. 31.）

第三个，也是最后一个，对律师资格考试的批评涉及其成本。批评者指出的问题包括对少数族裔应试者的过度排除，将时间、精力浪费于填鸭式课程，对有学习障碍的学生未能给予充分的方便条件，许多学生不愿意参加和教授不愿意开设对执业有用但是对考试无用的课程。[34] 要求州外律师再次参加律师资格考试，也对跨州律师流动构成重大障碍，而这既给法律职业带来了成本，也给公众带来了成本。从与称职性有关的角度看，这些障碍（的存在）很难说具有正当性，特别是在那些有着互惠规则，仅对那些授予同样特免权的州的律师放弃考试要求的州。[35] 如果纽约州的律师在康涅狄格州获得律师资格，而不需要再参加多州律师资格考试，则纽约州对康涅狄格州的律师是否采取同样的观点无关紧要。

251

这些批评促成了某些小的改革。少数州，包括加利福尼亚州和缅因州，已经在设法扩大技能考试的范围。威斯康星州已经放弃了必须从本州法学院毕业的要求。佛蒙特州、缅因州和新罕布什尔州的律师界领导和法官已经成立了一个三州律师准入特别工作组，推行一个试点计划，以取代现有的律师资格考

---

[33] Rhode, supra note 11, at 151−52 (2000). 关于类似的关切，参见 Kidder, supra note 77, at 569−77；Glen, supra note 82；Deborah J. Merritt, Lowell H. Hargens, & Barbara F. Reskin, "Raising the Bar: A Social Science Critique of Recent Increases to Passing Scores on the Bar Exam," 69 U. Cincinnati L. Rev. 929 (2001).

[34] 就律师资格考试通过率在种族和族裔方面的差异，参见 Law School Admission Council, National Longitudinal Bar Passage Study (Newtown, Pennsylvania: National Law School Admission Council, 1988). 就驳回以种族歧视为由对律师资格考试提出的质疑的案例，参见 Delgado v. McTighe, 522 F. Supp. 886 (E. D. Pa. 1981)；Richardson v. McFadden, 540 F. 2d 744 (4 th Cir. 1976)；Parrish v. Board of Commissioners of Alabama State Bar, 533F. 2d 942 (5th Cir.1976)；Harper v. District of Columbia Comm. on Admissions, 375 A. 2d 25 (D. C. App. 1977). 关于某个批评，参见 Cecil J. Hunt II, "Guests in Another's House: An Analysis of Racially Disparate Bar Performance," 23 Fla. St. U. L. Rev. 721 (1996). 就涉及存在学习障碍的学生的案例，参见 Geoffrey C. Hazard, Susan P. Koniak, Roger C. Cramton, & George F. Cohen, The Law and Ethics of Lawyering 1052−53 (4th ed., 2004).

[35] Andrew M. Perlman, "A Bar Against Competition: The Unconstitutionality of Admission Rules for Out-of-State Lawyers," 18 Geo. J. Legal Ethics 135, 150 (2004).

试。作为替代，应试者将完成一项综合性的教育计划，以通过深入的技能训练和评价来提高律师的称职性。[86] 新罕布什尔州对少数学生实施了一个试点计划，一个由法官、律师资格考官和教员组成的委员会将对这些学生在法学院的表现进行连续评估。[87] 最近的另一项提议是，以监督下的研究生的公益工作，来替代考试。[88]

这些改革努力的前景尚不明朗。就降低或者重新考虑新入门者的标准而言，律师协会没有表现出什么兴趣。相反，最近的趋势是提高律师资格考试的分数线。[89] 改革关于州外律师的制度可能会获得更多的支持。就像第五章所指出的那样，美国律师协会最近批准了一条新的示范规则，允许有限的跨司法辖区执业活动，如果这被证明不足以应对需求，则更具根本性的改革可能在政治上具有可行性。律师界已经越来越支持外部策略来增加申请者的多样性。这些努力包括各种研讨班、暑期学院、辅导活动、为有着众多少数族裔学生的大学和中学制定与法律有关的课程。[90]

无可否认的事实是，传统的律师资格考试管理起来相对便宜，因此作为资格控制的粗糙方法，是"有效率"的，特别是在那些人口众多、每年需要应对成千的申请者的州。同样，没有任何考试模式能够与"执业中的成功"直接关联，不论其如何定义。因此，争论仍将继续，律师资格考试也仍将继续。

品质和适当性

252

美国每个律师协会都将伦理上的合格作为执业的先决条件。这一要求有悠久的历史；相似的标准在古罗马和13世纪的英格兰也同样适用。[91] 然而，什么是伦理品性，以及如何对此进行评估，同样一直是长期争论的问题。18世纪和19世纪美国的法院采取了不同的看法。某些要求有牧师或者法官的宣誓证明书，其他的则依赖于对申请者的面试。[92] 不论是怎么贯彻的，这些要求都旨在排除各种各样、千变万化的相关人员，包括移民和少数族裔以及前重刑犯、通奸者、政治激进分子、破产者。[93] 在这种排除的最高潮中，1929年宾夕法尼亚州的一个委员会对被认为"愚钝"、"无趣"、"弱智"、"不起眼"、"靠不住"、"圆滑"、"激进"、"傲慢"、"自负"、"无礼"、"邋遢"的申请者一律加以拒绝。同样被拒绝的还有缺乏"对宗教的确定信念"或者家庭成员有"令人讨厌"的背景或"不良商业信

---

[86] Chief Justices Committee on Professionalism and Lawyer Competence，supra note 15.

[87] Hon. Linda S. Dalianis & Sophie M. Sparrow，"New Hampshire's Performance-Based Variant of the Bar Examination：The Daniel Webster Scholar Program," Bar Examiner，November 2004，at 23-26.

[88] Glen，supra note 82.

[89] Kidder，supra note 77，at 547-48.

[90] Elizabeth Rindskopf Parker & Sarah E. Redfield，"The Educational Pipeline from Preschool to Professional School：Working to Increase Diversity in the Profession," Bar Examiner，May 2006，at 7-20.

[91] Deborah L. Rhode，"Moral Character as a Professional Credential," 94 Yale L. J. 491 (1985). See also Geoffrey Hazard and Angelo Dondi，Legal Ethics：A Comparative Study，ch. 2 (2004).

[92] Gerard W. Gawalt，The Promise of Power：The Emergence of the Legal Profession in Massachusetts 1760—1840 10 (1979)；2 Anton-Herman Chroust，The Rise of the Legal Profession in American 247-48，267-68 (1965).

[93] Rhode，supra note 91，at 500-03.

誉"的人。[94]

在"冷战"和"越战"时期，对持左派政治观点的申请者加以排除的行为，导致联邦最高法院作出了一系列判决，就品性要求设定了某些宪法性限制。在 Schware v. Board of Bar Examiners of New Mexico，353 U. S. 232（1957）案件中，法院推翻了因申请者在申请前曾是 13 年的共产党党员而拒绝其申请的决定。根据 Schware 案件的控制标准——该标准对当今的程序依然适用，"任何限定条件都必须与申请者执业的适当性或能力有合理的联系"（Id，at 246－47）。在后来的案件中，法院认为道德委员会可以询问申请者他们是不是很清楚地知道自己属于倡导以暴力推翻政府的组织，并排除拒绝回答的申请者。[95] 但委员会仍不能询问申请者自成为法科学生以来曾参加的所有组织。[96] 从 20 世纪 70 年代早期始，美国联邦最高法院就没有再发布关于伦理品性问题的裁决。在缺乏这种指引的情况下，一些州法院和委员会曾以前后不一或者冒昧的方式解释过该要求。

原则上，伦理品性要求有重要意义；公众在如何避免受害于不道德的律师方面存在利益。某些证据表明，从整个申请人的情况来看，受到惩戒的律师更可能曾有不端行为历史。[97] 然而，在实践中，律师协会的筛选程序在筛选出不道德的申请者的能力方面，是高度有限的。一个固有的问题是时机问题，当前的程序进行得太早又太晚。筛选开始于申请者还未面对与执业中产生的问题相似的情况之前，又在申请者投入了如此多的时间、金钱在法律训练上以至于考官不愿再拒绝他们之后。最系统的调查表明，大约 99％的律师申请者最终都获得了许可。[98] 但是，这个程序确实给申请者造成了压力，相当数量的申请者被延迟、被吓阻。一些证据也表明，与其他申请者相比，常春藤联盟学校毕业生受到的审查更是马虎。有色人种申请者也比白人申请者受到更为苛刻的审查。[99]

各州一般都有冗长的问卷，涉及任何不诚实、不尊敬法律、精神健康困难事件，或者"不名誉"、"不道德的"或"不适当"的行为。律师协会的调查常常扩展到青少年犯罪、违章停车、子女抚养费和民事违法。申请日 10 年前一次违反钓鱼执照法的行为，足以导致密歇根州某地方委员会拒绝颁发证书。而在相同的州，在相同的时间，其他考官却接受了被判定儿童性侵扰和阴谋炸毁公共大楼的人。[100] 而关于破产、毒品和酒精违法、性不端行为、精神健康治疗方面的决定尤其不一致。[101]

[94] Walter C. Douglas, Jr.，"The Pennsylvania System Governing Admission to the Bar," 54 Rep. ABA 701，703－05 (1929).

[95] Konigsberg v. State Bar of California，366 U. S. 36（1961）；In re Anastaplo，366 U. S. 82（1961）；Baird v. State Bar of Arizona，401 U. S. 1（1971）；Application of Stolar，401 U. S. 23（1971）.

[96] Law students Civil Rights Research Council Inc. v. Wadmond，401 U. S. 154（1971）.

[97] Carl Baer & Peg Corneille，"Character and Fitness Inquiry：From Bar Admission to Professional Discipline," Bar Examiner，November 1992，at 5.

[98] Rhode，supra note 91，at 516.

[99] Mike Allen，"Beyond the Bar Exam," N. Y. Times，July 11，1999 § 4，at 3；Abdon M. Pollasch，"Screening Process May Become Screening Process for Bar Applicants," Chicago Lawyer，Sept. 1997，at 4；M. A. Cunningham，Comment，"The Professional Image Standard：An Untold Standard of Admission to the Bar," 66 Tul. L. Rev. 1015，1037－39（1992）.

[100] Rhode，supra note 91，at 538.

[101] Id.，at 537－42，574；Rhode & Luban，supra note 27，at 788－92.

当然，有一些案件支持拒绝或延迟准入，尤其是在申请人轻视先前的不端行为而使得不好的情况更加糟糕的情况下。来自加利福尼亚州的最近的例子是，一个申请者将作为银行出纳时的盗窃行为解释为"年轻时的轻率"（她以为银行"不可能丢钱"），还有一个申请者有半打的未公开罪名，不能被打扰去细数如此"久远的历史"[102]。但在其他案例中，罪责程度和适当的回应都处于争议之中。

当代最有争议的裁决之一涉及伊利诺伊州拒绝接受白人至上主义者 Mathew Hale 的事件。Hale 曾是"造物主世界教会"（World Church of the Creator）的领导人，并对一个教会网站负责。该网站妖魔化犹太人和"其他泥巴种族"，并声称希特勒有正确的思想。[103] 尽管他的组织的一些成员曾被判定犯有暴力仇恨犯罪，Hale 声明他没有倡导暴力，而他唯一的刑事定罪判决只是因诸如烧毁以色列国旗等抗议行为而受到的轻微指控。按照伊利诺伊州委员会审裁组的看法：Hale 有自由

> 煽动他想要的种族仇恨并努力实现剥夺他不喜欢的人的法律权利这一人生目标，但在我们看来，作为法庭的一员他不能这么做。在任何合乎礼仪的文明标准下，以剥夺某些种族的法律权利为最终目标而煽动种族仇恨的行为都显示了在伦理品性上的严重缺陷，尤其是对于有责任为所有人维护法治的律师而言。[104]

相反，许多其他律师协会的领导人和考官认为，基于伦理信仰而排除申请者，损害了这个体系所要服务的原则。[105] 然而，事实证明 Hale 事件不是一个有原则的申请者被错误排除的明显例子。他后来被判定妨害司法，及教唆他人谋杀一位联邦法官，因为后者在一起涉及其组织的名称的侵犯商标权诉讼中作出了不利于他的裁决。[106]

总的来说，这些准入裁决令人担心的，不仅是不一致问题，还有不准确的问题。心理学研究表明，伦理行为是受到环境高度影响的。尽管每个人面对诱惑时反应不同，情境压力对伦理行为有重大影响。律师是否遵守道德规则，在很大程度上取决于准入时无法预料到的因素，比如委托人的压力、集体做法以及健康和家庭困难。先前行为是相关的，但是有时也有误导性；有必要充分了解个人是怎样和为什么如此应对先前的情况的，以便于预测他们在未来有些不同的环境下会怎样反应。考官常常缺乏这方面的知识。[107]

基于精神健康和相关的困难进行的预测也是如此。许多司法辖区（的品

255

---

[102]　Debra Murphy Lawson, "Tales From the Character and Fitness Trenches," The Bar Examiner, May 2002, at 31, 33–34.

[103]　Pam Bellick, "Avowed Racist Banned from Practicing Law," N. Y. Times, Feb. 10, 1999, at A12.

[104]　Committee on Character and Fitness for the Third Appellate District of the Supreme Court of Illinois (1998). 蒙大拿州律师协会也拒绝了其入会申请。See Montana Human Rights Network Newsletter, March 2001, at 1.

[105]　George Anastaplo, "Lawyers, First Principles, and Contemporary Challenges: Explorations," 19 N. Ill. U. L. Rev. 353 (1999).

[106]　See Hazard, Koniak, Cramton, & Cohen, supra note 84, at 1047 n. 16.

[107]　Rhode, supra note 91, at 566–62; Walter Mischel & Yuichi Shoda, "A Cognitive-Affective System, Theory of Personality: Reconceptualizing Situations, Dispositions, Dynamics, and Invariance in Personality Structure," 102 Psychol. Rev. 246 (1995).

性筛查）包括广泛的问题，几乎涉及任何精神健康治疗的问题，并要求申请者公开所有医疗记录。⑩ 根据《美国残障人士法》，这些要求日益受到挑战，因为该法要求行业许可组织认定残障人士为"合格"人员，如果他们能够达到执业的关键资格要求的话。⑩ 在这些案例中，律师协会考官不能够证明过去的精神健康治疗意味着未来存在职业上的问题。⑩ 总的来说，大约半数寻求此种帮助的人没有确诊病例。而那些已确诊的人比具有未公开、未治疗问题的申请者引起的风险更小。⑪ 除了极端案例外，即使是精神病专家也不能根据过去的治疗准确地预测未来的问题。未经训练的律师协会考官更不可能做得更好。他们在品性筛查程序中冒昧的、常常是没有依据的调查已经表明了对申请者的极大羞辱。⑫ 这些程序潜在的心理和经济代价，以及许可被延迟或被否定的风险，也阻碍了许多学生寻求适当的职业服务。⑬

律师准入和（纪律）惩戒程序的比较，最终引起了一系列对当前品性要求的怀疑。律师协会纪律惩戒官员并不要求执业律师报告他们的违章停车、延误支付儿童抚养费和精神健康治疗。但如果这种行为与申请者有关，为什么没有与持照律师更为有关？更进一步说，为什么律师协会没有投入更多的资源来处罚涉及委托人的不端行为？与准许执业前的行为相比，在成为法庭一员之后发生的行为当然是与执业适当性更相关的指征。而现在颠倒的二重标准大行其道：与执业律师相比，申请者必须满足更高的要求。⑭ 这种标准上的差距很难支持律师协会准入程序所阐明的理由：保护公众。

关于如何最好地回应这些忧虑，仍存争议。当前程序的支持者认为，很大比例的律师违纪行为与伦理堕落、精神健康问题和药物滥用有关。⑮ 虑及事后调查、补救这种违纪行为的成本，考官认为公众在品性筛查程序中享有合法利益，不论这执行得有多么不完美。但许多专家认为，这种利益可以通过一种更少怪异、更少冒昧性的制度，在更小范围的调查来实现。在这些论者看来，申请者应该就什么行为会导致拒绝或延迟准入得到更早、更清晰的告知。调查应限于近期的严重不端行为，或者当前的精神健康问题，并避免过度询问，尤其是关于心理

⑩ Alikhan，supra note 37.

⑩ Department of Justice Analysis，28 C. F. R. & 35 104 (1991)，interpreting 42 U. S. C. & 12132 (1991).

⑩ Rhode，supra note 11，at 156；Stanley S Herr，"Questioning the Questionnaires：Bar Admissions and Candidates with Disabilities，" 42 Vill. L. Rev. 635，669－674，721，nn. 65－69 (1997)；Hilary Duke，"The Narrowing of State Bar Examiner Inquiries into the Mental Health of Bar Applicants：Bar Examiner Objectives Are Met Better Through Attorney Education，Rehabilitation，and Discipline，" 11 Geo. J. L. Ethics 101，105－07 (1997)；Clark v. Virginia Bd. of Bar Examiners，880 F.Supp. 430. 436 (E. D. Va. 1995).

⑪ Phyllis Coleman & Ronald A. Shellow，"Ask About Conduct，Not Mental Illness：A Proposal for Bar Examiners and Medical Boards to Comply with the ADA and Constitution ，" 20 J. Legis. 147，162 n. 83 (1994)；see also Duke，supra note 110，and Herr supra note 110.

⑫ Jon Bauer，"The Character of the Questions and Fitness of the Process：Mental Health，Bar Admissions and the Americans With Disabilities Act，" 49 UCLA L. Rev. 93，164 (2001).

⑬ See Coleman & Shellow，supra note 11；Bauer，supra note 112；and Herr，supra note 110.

⑭ Frasher v. West Virginia Bd. of Law Examiners，408 S. E. 2d 675 (E. Va. 1991)（判定与已经取得资格的律师相比，对律师资格申请者适用更高的行为标准是允许的）。

⑮ Erica Moeser，"Personal Matters：Should Bar Applicants be Asked About Treatment for Mental Health？Yes：the Public Has the Right to Know About Instability，" ABA J. ，Oct. 1994，at 36.

咨询、政治信仰等方面的事项。例如，就对精神健康治疗而言，一些司法辖区并不作调查或只询问入院情况。其他州将问题限定在一个特定的时期，比如 2 年或 5 年，或者拒绝仅仅根据披露而行动，除非记录显示的相关事实——比如经济上的管理不善或刑事犯罪——表明申请者可能对委托人构成威胁。⑩

　　不论各州选择什么方法，只要不再那么依赖对不端行为的预测，而是更关注能够阻止和救济该不端行为的惩戒项目，就有意义。只有对伦理品性要求进行更加克制、前后一致的管理，才能够避免损害有关价值。

---

⑩　Mary Elizabeth Cisneros，"A proposal to Eliminate Broad Mental Health Inquiries on Bar Examination Applications：Assessing an Applicant's Fitness to Practice Law By Alternative Means，" 8 Geo. J. Legal Ethics 401（1995）；Heer，supra note 110，at 641-42；Duke，supra note 110，at 107.

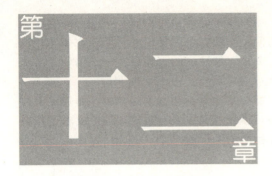

称职性与惩戒

■ 一、导言
■ 二、惩戒标准与结构
■ 三、惩戒制裁
■ 四、称职性
■ 五、不当执业

一、导言

律师的行为受到多种形式的规制。最重要的是非正式的规制：它们产生于委托人按照自己的选择挑选律师的权利、有因或者无因解雇律师的权利，以及与他人分享关于律师的看法的权利。这些对职业声望的影响，有助于决定律师或者律师事务所在法律服务市场中是否能够取得成功。更加正式的规制包括：法院和行政机关对在它们监督的程序中发生的不端行为进行的处罚，惩戒机构按照管辖权进行的处罚；雇主的内部监督；不当执业或者违约的民事责任；以及保险公司作为不当执业保险承保范围的条件而建立的标准。本章主要关注惩戒和不当执业程序，因为这些规制构造是最正式的，受批评最多，也是最容易改革的。然而，如下述所阐明的那样，这些程序的局限性，使得其他形式的控制也同样重要。

法院长久以来都坚持，对律师的惩戒权是其规制法律服务业的固有权力的一部分。取消律师资格的传统产生于 13 世纪的英格兰，被判定有不端行为的律师实际上将被驱逐出"栅栏"（bar），一个将法官与律师、诉讼当事人和证人隔离开的围栏。

在美国，18、19 世纪，法院很少使用它们的惩戒权。社群的消极评价，是对职业不端行为的主要制裁，而这种方式的显著不足，正是促使 20 世纪早期成立律师协会的主要动因。针对这个问题，大多数律师协会建立了投诉委员会来处理律师的不端行为。但是实践证明，这些委员会不足以完成这项任务。作为自愿治理制度的一部分，这些委员会缺乏强制证人出席听证或者施加处罚的权力。这些委员会可以向法院建议惩戒，但它们的成员常常不愿因为这样的提议而招致敌意。鉴于律师协会很少采取行动，很少有律师或者委托人提出投诉。[1]

随着在 20 世纪早期的发展，律师协会逐渐取得了调查不端行为和实施处罚的权力，但是要受到法院的审查。现在，律师惩戒程序在各州都是不同的，尽管它们都要符合宪法要求。因为惩戒程序在本质上是"准刑事"的，（所以）它们必须具有基本的正当程序保障，例如，被指控的律师进行质证和交叉询问证人的机会，以及反对被迫自我归罪的特免权。然而，律师就算在刑事程序中被赋予了豁免，也可能有义务就可能存在的不端行为向惩戒机构提供信息，不这样做可能会引起不利的推论。同样，因为被豁免而免于刑事指控的律师所作的归罪性证言，在惩戒程序中具有可采性。[2] 其他程序要求规定在州法律、法院规则和律师协会道德守则中。大多数司法辖区要求惩戒指控要以清晰、可信的证据加以证明，少部分司法辖区要求以相当优势证据来加以证明。

根据美国律师协会《惩戒与无行为能力程序标准》第 1.1 条：

---

[1]　See general James Willard Hurst, The Growth of American Law: The Law Makers 286-93 (1950); George Martin, Causes and Conflicts: The Centennial History of the Association of the Bar of the City of New York 1870-1970 (1970).

[2]　Willner v. Committee on Character and Fitness, 373 U. S. 96 (1963); Spevack v. Klein, 385 U. S. 511 (1967); In re Ruffalo, 385 U. S. 544 (1968). See Geoffrey C. Hazard, Jr. & Cameron Beard, "A Lawyer's Privilege Against Self-Incrimination in Professional Disciplinary Proceedings," 96 Yale L. J. 1060 (1987).

律师惩戒与无行为能力程序的目的，是保持职业行为的适当标准，以保护公众和司法免于被那些已经通过其行为表明他们不能或者很可能不能适当履行其职业职责的律师妨害。③

对职业不端行为的另一种救济，是受害方提起民事不当执业诉讼。不当执业索赔的一个要素，是律师没有遵守公认的职业行为标准。那些标准很大程度上规定在了道德守则中。就像下面所提到的那样，道德守则的条款在不当执业诉讼中至关重要，即使违反道德规则本身并不构成民事责任的基础。

惩戒和不当执业诉讼都不足以维持职业标准。当然，所有的执法活动也是这样，其他规制制度也是如此，监督程序的局限性是个受到长期关注的问题。只有大约四分之一的接受调查的美国人认为法律职业在惩戒它的成员方面表现良好。④ "过于缓慢，过于秘密，过于软弱，过于自我规制"是公众对惩戒制度的看法。⑤ 律师们对于目前的程序仍有所保留，尽管他们的主要关注点与公众的截然相反。美国律师协会的研究表明，律师总体上认为程序太严厉，而且对一些琐碎的投诉反应过度。⑥ 此外，即使是对目前的制度持批评态度的律师也反对从根本上改变它的结构。⑦

公众与业界关于惩戒程序的看法分歧，导致了关于自我规制的更广泛的疑问，例如第三章所讨论的那些问题。这些是由被规制的群体来控制的规制制度所固有的问题吗？如果是这样，从这个事实可引申出什么？就像论者经常指出的那样，律师的利益与公众的利益存在交叠，但是并不相同。大多数律师希望惩戒程序能保护委托人和律师职业的公共形象，同时能防止国家更加侵入性的规制。但是很少有律师支持需要显著增加他们自己律师协会会费、明显扩大对他们自己的行为的监督或者使他们面临受到严重制裁的重大风险的制度。这种职业利益与公众利益之间的紧张，解释了下面指出的监督结构上的许多局限。剩下的挑战就是如何设计适当的矫正措施而又不致危害律师业的独立性。

二、惩戒标准与结构

不端行为的定义

《职业行为示范规则》第 8.4 条规定了律师不端行为的基本标准。
律师在职业上的不端行为包括：

---

③ 最为流行的标准是《1999 年律师惩戒示范规则》[the Model Rules for Lawyer Disciplinary Enforcement (1999)]。

④ ABA，Perceptions of the U. S. Justice System 77 (1999).

⑤ ABA Commission on Evaluation of Disciplinary Enforcement，Lawyer Regulation for a New Century 12－16 (1992). See also "Lawyer Disciplinary Hearings," ABA J. , Jan. 1990，at 109.

⑥ "Lawyer Disciplinary Hearings," supra note 5, at 109.

⑦ 例如，只有 20% 的加利福尼亚州律师认为惩戒制度有效，但大约 90% 的人希望律师协会继续它的惩戒行为。Nancy McCarthy，"Pessimism for the Future," Calif. B. J. , Nov. 1994，at 1.

（a）违反或者试图违反《职业行为规则》，故意帮助或者引诱他人从事 *261*
上述行为，或者通过他人的行为来从事上述行为；

（b）从事了有损于律师的诚实性、可信性以及其他作为律师之适当性的
犯罪行为；

（c）从事了涉及不诚实、欺诈、欺骗或者不实陈述的行为；

（d）从事了有损于司法的行为……

《职业责任示范守则》DR1-102 规定了类似的禁止条款。

报告要求

由于法律是一个应当进行自我规制的职业，而律师常常是能够知晓其他律师
不端行为的唯一的人，《示范规则》和《示范守则》都规定了报告要求。《示范规
则》第8.3条规定："如果律师知道其他律师违反了《职业行为规则》，并且该行
为使得该其他律师的诚实性、可信性或者作为律师在其他方面的适当性存在重大
疑问，则该律师应当向适当的律师管理机构报告"，除非该信息作为委托人的秘
密要受到保护。《示范守则》DR1-103 规定得更为全面：它要求律师对其知晓的
不受特免权保护的所有违反规则的信息都进行报告。

这些要求被普遍忽视，而且几乎从未被执行。一些论者认为，律师很少举报
同事，这是不可避免而且多少有些正当理由的。例如，一位前法律教授、现任联
邦法官 Gerald Lynch 认为，社会不愿意强加给公民报告的要求，这一做法背后
的相同价值也适用于律师惩戒情况。在他看来，"保护自己的朋友和同事免受伤
害甚至应受的惩罚的动力，恰好是一种符合伦理的、于社会有用的动力，因为它
超越了个人的自身利益；它使人们彼此休戚与共"[8]。Lynch 认为，如果惩戒机构
不足，"律师协会当然应当采取行动强化它们"，而不是强加一个职业人员在实践 *262*
中通常会回避的报告要求。[9]

相反，其他论者，包括美国律师协会的职业主义委员会，都认为，报告同僚
严重的不端行为，对于保护委托人和公众免于用其他途径不可能发现和阻止的滥
权行为是非常重要的。[10] 甚至未能被一贯遵守的披露义务，也能够为那些想要挺
身而出却害怕被同事敌视或者报复的律师提供重要支持。事实上，报告要求使得
律师"不那么感到是个打小报告的人"[11]。无论如何，自我规制的基本原理与拒
绝履行这种规制具有有效性所必需的报告义务之间存在固有的矛盾。在为由职
业自我控制的惩戒程序提供正当理由时，律师协会的领导人一直强调确保"对律
师行为进行判断的人充分了解法律服务活动"的重要性。[12] 如果是这样，那么设
立一个惩戒投诉程序就没有任何意义了，因为该程序正好是在对立的基础上进行

---

⑧　Gerald E. Lynch，"The Lawyer as Informer，" 1986 Duke L. J. 491，531 (1986).

⑨　Id.，at 537-38.

⑩　ABA Commission，supra note 5.

⑪　Arthur F. Greenbaum，"The Attorney's Duty to Report Professional Misconduct：A Roadmap for Reform，" 16 Geo. J. Legal Ethics 259，271 (2003).

⑫　Commission on the Future of the Legal Profession and the State Bar of California，The Future of the California Bar 103 (1995).

的，而且几乎完全依靠委托人作为违反道德信息的来源。

然而，伊利诺伊州是唯一一个认真尝试实行报告义务的司法辖区。In Re Himmel，533 N. E. 2d 790（Ill. 1988）案件，是第一个公布的因律师没有报告同行不端行为而单独施加惩戒的判决。James Himmel 律师被一位女士以风险代理付费方式雇用，她的前任律师扣留了她那份人身损害调解费用。Himmel 最初的策略，是就其付款达成他的当事人将不再提起刑事、民事或者惩戒诉讼的协议。当那个律师没有遵守那份协议时，Himmel 对到期金额提起了一场成功的法律诉讼。然而，他由于没有向律师协会惩戒机构报告该（前任）律师的不端行为，被暂停执业一年。那份裁决饱受争议。一些论者赞同性地指出，在法院对 Himmel 作出判决后伊利诺伊州的律师对不端行为的报告大大增加了。[13] 其他论者认为这是一个应当避免的先例，尤其是考虑到那种揭发可能引发的报复风险。然而，法院似乎支持在严重案件中强化律师的报告要求。例如，在 In re Riehlmann，891 So. 2d 1239（La. 2005）案件中，法院对一名前公诉人判处了公开申斥。该公诉人获悉前一名同事在一死刑案件中扣压了脱罪性证据。只是在该同事死亡且被告进入死刑执行程序后，Riehlmann 才举报了该不端行为。

告发者保护

进行报告的职业风险，因对告发者缺乏足够保护而进一步恶化。在 Bohatch v. Binion，977 S. W. 2d 543（Tex. 1998）这个被广泛报道的案例中，得克萨斯州最高法院推翻了陪审团对一位律师的判赔。该律师怀疑一位同事收费，并向律师事务所管理层进行了报告，之后她被终止了合伙人资格。法院认为，"一旦提出了这种指控，合伙人可能会发现不可能为他们的相互利益以及委托人的利益而继续共同工作……因开除而带来的侵权责任的威胁，会迫使合伙人保持在难以维持的境况之中——彼此怀疑和迁怒——以至于损害自己和委托人……"然而，法院也明确指出，"拒绝就合伙关系的任意性创造一个例外，绝不是要排除律师报告不端行为的道德职责"（Id，at 547）。

大多数职业道德专家都发现这种推理是很有问题的。律师已经在举报同事问题上面临着重大的动机抑制问题。为什么他们要冒着被报复的风险，而所有利益似乎都不是增加他们个人的利益而是整个职业的利益？没有为律师判处不正当解雇赔偿，恶化了这些风险。出于这个原因，越来越多的法院和论者支持加强对告发者的保护。[14] 正如他们认识到的，这种保护对于改变律师的动机结构是必要的。Bohatch 案的不同意见引用了一段来自《哈克贝里·芬历险记》（The Adventures of

---

[13] See Lisa Lerman, "A Double Standard for Lawyer Dishonesty: Billing Fraud vs. Misappropriation," 34 Hofstra L. Rev. 847, 891 (2006)（指出伊利诺伊州惩戒机构现在每年收到 600 到 900 份来自律师的报告）；Laura Gatland, "The Himmel Effect," ABA J., April 1997, at 24–28。

[14] Wieder v. Skala, 80 N. Y. 2d 628 (N. Y. 1992). 关于 Bohatch 案件的来龙去脉和对其分析所进行的审视，参见 Leslie C. Griffin, "Bohatch v. Butler & Binion: The Ethics of Partners," in Legal Ethics: Law Stories 55 (Deborah L. Rhode & David Luban eds., 2006)。就对所有职业人员和管理雇员进行更有力的告密保护的必要性，参见 Lynne Bernabei & Jason Zuckerman, "Protect the Whistleblower," Nat'l Law Journal, June 19, 2006, at 26。关于必须通过立法而不是法院来提供保障的建议，参见 Snow v. Ruden, McClosky, Smith, Schuster & Russell, 896 So. 2d 787 (Fla. App. 2005)。

Huckleberry Finn）的话，直接道明了要害："当做正确的事会有麻烦，而做错误 *264*
的事没有麻烦，且代价完全一样时，你学做正确的事有什么用?"（Id，at 558.）

结构问题与改革

其他更加根本性的变革，对于使惩戒制度能够适应委托人的需求而言同样很重要。律师协会和法律职业道德专家的研究通常发现现行程序有三个结构上的问题：能够到达规制机构的消费者投诉比例很低；规制机构未能处理轻微的不端行为，例如，疏忽或者收费争议等在理论上经民事救济可以解决（在实践中很少得到解决）的问题；导致严厉制裁的公开的投诉案件比例很低。

不仅很少有律师和法官报告不端行为，而且很少有委托人愿意或者能够启动惩戒程序。老练的委托人通常不需要这么做。许多组织性委托人和商业委托人在地位上有着足够的讨价还价的权力，能防止其律师的不端行为或者就此进行救济。律师对声望和回头业务的关切，为进行令人满意的表现提供了动机。在发生了问题的时候，委托人通常能够更换律师或者提起不当执业诉讼，或者至少能够就少支付律师费进行谈判。⑮ 不够老练的自然人委托人更需要保护，但是常常没有办法知道他们是否是不称职、过度收费或者其他违反惩戒规定的行为的受害者。此外，许多有理由怀疑其律师的表现的委托人，常常，对律师协会会作出有效的回应缺乏信心，或者因复杂的投诉程序和他们自己的损失没有经济赔偿而气馁。职业责任专家常常建议不要提起惩戒投诉（因为这不胜其苦），特别是当就违规律师提起不当执业索赔有现实可能性的时候。委托人可能从中受益的不端行为，例如，滥用案情先悉程序或者在谈判中进行不实陈述，更不可能引发向惩戒机构的举报。

惩戒体系同时没能充分地处理许多事实上已经举报了的投诉。超过90％的投诉未经调查就被驳回；只有约4％的投诉导致了公开惩戒，1％的投诉导致了取消 *265*
律师资格。⑯ 高驳回率的部分原因，在于许多投诉本来是说不通的，或者反映的是对结果的不满，而不是对职业不端行为的不满。然而，不足的执行资源和管辖权限制也是有责任的。消费者最有可能经历的问题，例如收费过高和千奇百怪的疏忽，最不能为惩戒机构所管辖。只有在存在反复发生或者极其严重的滥权行为的情况下，惩戒机构才可能介入。这么做的原理是委托人能够获得违约或者不当执业救济，但是诉讼对于大多数这样的事项而言，过于高昂，并且许多州没有替代性纠纷解决制度。能够利用的替代性纠纷解决制度都是自愿性的。最需要帮助的委托人很少能从他们的律师那得到配合。⑰ 资金限制也使得惩戒机构不能采取预先的、独立的调查，这使得它们没有能力针对资金充裕的大型律师事务所的律师提起花费昂贵的程序，或者去帮助那些在提起投诉方面需要得到帮助的委托人。

---

⑮　State Bar of Californian，Investigation and Prosecution of Disciplinary Complaints Against Attorneys in Solo Practice，Small Size Law Firms，and Large Size Law Firms 105（2001）；Geoffrey C. Hazard，Jr.，and Theodore J. Schneyer，"Regulatory Controls on Large Law Firms：A Comparative Perspective，" 44 Ariz. L. Rev. 593，599（2002）.

⑯　See sources cited in Deborah L. Rhode & David Luban，Legal Ethics 952（4th ed.，2004）；Geoffrey C. Hazard，Jr.，Susan P. Koniak，Roger C. Cramton，& George P. Cohen，The Law and Ethics of Lawyering 1142-43（4th ed.，2004）.

⑰　"ABA Committee Proposes Rules for Lawyer Client Mediation，" 13 ABA/BNA Lawyers' Manual on Professional Conduct 398（Dec.1997）；ABA Commission，supra note 5，at 129；Ken Armstrong & Maurice Possley，"The Verdict：Dishonor，" Chi. Trib.，Jan.10，1999，at A1.

同样，程序延迟和清晰且令人信服的证明要求，也导致了相当数量的投诉被驳回。许多司法辖区就案件作出裁决没有时间限制，并且会在民事诉讼未决时"中止"惩戒程序。而人们往往不愿意在本身已经痛苦、拖沓的民事诉讼终结之后，再向律师协会投诉。拖延同样能导致关键性证据的丧失，并使更多的委托人遭受不端行为之害。除了在一小部分州外，律师协会惩戒机构都不会公开投诉的存在，除非它们已经发现违反惩戒规定的行为或者有正当理由认为该行为已经发生。律师们因多起投诉正在接受调查，消费者要求获得这些律师的记录时，得到的却是这些律师行为良好的证明书。[18] 即使在程序完成后，潜在委托人也缺乏了解这些制裁的便捷途径。并非所有的州都公布关于惩戒诉讼的信息，而且没有哪个州在针对普通公众的出版物上这样做。

现行惩戒程序的这些局限性，并不是独一无二的。就其他法律制度而言，也存在类似的缺陷。[19] 这个国家的问题，引发了各个方面的改革建议。首先，专家们主张提供更多的资源，使得程序更能做到未雨绸缪。不能是几乎全部依靠投诉和重罪公诉，规制机构的人员应当根据不当执业投诉、司法制裁和对信托资金的随机审计来发起调查。更进一步的措施是公开投诉程序来协助人们投诉，并开发更低成本的替代性纠纷解决程序，包括强制性的律师费仲裁。贯彻了这些制度的司法辖区通常报告说取得了一些成功。例如，某些州有委托人帮助计划，能够审查所有的查询，解决轻微投诉或者将其移交。[20] 其他有着类似法律制度的国家，例如英国和澳大利亚，也实施了类似的消费者定向的救济措施。[21] 然而，并不是美国所有的委托人帮助计划都有着很高的满意率，因此，独立的评估和对最成功的模式加以推广，是一个关键的问题，应当优先考虑。[22] 同样重要的是，应当有更多的资金来支持预防性政策，例如针对不良律师事务所管理、过度的案件负荷、不足的辅助支持、药物滥用和精神健康问题的预防性政策。[23]

第二部分的建议应当关注如何提高公众对律师职业道德记录的知悉程度。一些论者主张建立数据库和免费热线电话来提供司法制裁、惩戒诉讼和不当执业判决

[18] Rhode & Luban, supra note 16, at 953. For delays, see Michael S. Frisch, "No Stone Left Unturned: The Failure of Attorney Self-Regulation in the District of Columbia," 18 Geo. J. Legal Ethics 325, 342, 360 (2005). For a general critique, see Leslie C. Levin, "The Emperor's Clothes And Other Tales About the Standards for Imposing Lawyer Disciplinary Sanctions," 48 Am. U. L. Rev. 1, 20 (1998).

[19] See Geoffrey Hazard and Angelo Dondi, Legal Ethics: A Comparative Study, ch. 7 (2004).

[20] 马萨诸塞州设有律师和消费者帮助计划，非正式地解决了大约四分之三向惩戒机构提出的投诉。Ann Kaufman, "Five Years of ACAP," reprinted in Conference Materials for the ABA Conference on Professional Responsibility 779 (2006). 俄勒冈州律师协会的委托人帮助办公室在两周之内也非正式地解决了大约四分之三的向其作出的投诉。Oregon State Bar, "Annual Report of the Oregon State Bar Client Assistance Office," (2005) reprinted in Conference Materials, supra, at 797, 804. 关于纽约州轻微不满调解程序的讨论，参见 Vivian Berger, "Mediation: An Alternative Means of Processing Attorney Disciplinary Complaints," 16 Professional Lawyer 21 (2005).

[21] Rhode & Luban, supra note 16, at 953-54.

[22] 例如，大多数委托人对俄勒冈的委托人帮助办公室并不满意，但是不清楚的是，这种不满在多大程度上与不现实的期待有关。See Oregon State Bar, Client Assistance Office Survey (2004), reprinted in Conference Materials, supra note 20, at 807, 817. 在其他律师协会主办的律师费仲裁项目中，参与了该项目的委托人的30%～40%对其经历感到不满。See Deborah L. Rhode, In the Interests of Justice: Reforming the Legal Profession 181 (2000).

[23] Leslie C. Levin, "The Ethical World of Solo and Small Law Firm Practitioners," 41 Houston L. Rev. 309, 385-88 (2004); sources cited in Fred Zacharias, "A World of Caution for Lawyers Assistance Programming," 18 Geo. J. Legal Ethics 237 (2004).

的信息。自投诉之日起惩戒程序应开放给公众进行监督。尽管许多律师反对这种公开程序，理由是公开未认定的投诉会不当地损害他们的声望，但俄勒冈州公开程序的长期试验中并没有暴露出这种问题。因为消费者调查发现，消费者就闭门制度存在深深的疑虑，美国律师协会惩戒执行评估委员会建议就投诉向公众公开。㉔

　　第三部分建议是增强惩戒机构的独立性和责任性。尽管所有的州都将这种机构置于州最高法院的管辖之下，只有大约一半独立于律师协会。㉕ 美国律师协会委员会建议进行这种自治，以作为避免事实上和表面上的利益冲突的手段。一些论者提出了进一步的策略，以保证惩戒机构不会过度受制于职业关切。一个可行的方法就是要求惩戒程序的责任人员由多样性的群体来任命，例如州最高法院的首席大法官、州长和州立法机关议长。选择标准应该是在消费者保护和职业规制方面有专门学识。㉖ 与大多数州的现行制度相比，这种方法能更好地保证对公众负责，因为现行制度将参与惩戒程序的非律师人员限制为几个由律师选择的成员。

三、惩戒制裁

关于惩戒制裁的改革同样必要。目前已有的制裁包括：

● 取消律师资格——永久或者无期限吊销法律执业执照；

● 暂停执业——暂时停止执业一段时间（一般从几个月到几年）或者直到其遵从了某些制定的条件和法院命令；

● 公开或者不公开申斥、谴责、训诫、警告、告诫——表示不赞同建立在以后案件中可采的不端行为记录；

● 恢复性处罚——察看，强制教育，要求参加用以纠正特定行为的违禁药物滥用计划。

一些司法辖区允许被调查中的律师辞职，但将这种辞职视为认罪。在辞职后寻求复职的律师必须像被取消律师资格的律师寻求复职一样证明其已经恢复正常。

从抽象的角度讲，关于实施惩戒制裁中最相关的因素，有大致上的一致意见。这些因素包括：（1）律师行为对他人的损害程度；（2）行为所具有的可谴责性；（3）律师的一般品性，行为举止和先前惩戒记录；（4）剥夺其资格的必要性；（5）一般或者特殊阻却因素。㉗ 但在个案中，在可谴责性和适当补救的程度问题上，常常没有可以相提并论的一致意见。

制裁的严厉性

制裁的严厉性是一个长久争论的问题。法院和惩戒机构通常不愿意切断律师

㉔　ABA Commission, supra note 5；Mary Devlin, "The Development of Lawyer Disciplinary Procedures in the United States," 7 Geo. J. Legal Ethics 911，931-32 (1994).

㉕　"Supreme Court Team to Study ABA Finding," Cal. St. B. J. , Oct. 2001, at 5.

㉖　关于这样的建议，参见 Rhode, supra note 22, at 162。

㉗　Charles W. Wolfeam, Modern Legal Ethics, 110-11 (1986)；see also ABA Joint Commission on Professional Sanctions, Standards for Imposing Lawyer Sanctions (1986).

的谋生之路，无论是通过取消律师资格还是暂停执业。相反，论者和公众反复批评惩戒的宽大，尤其是在涉及有权政府官员、主导律师事务所的律师的案件中，存在或者多次疏忽、误述或者不称职的。例如，检察官拥有的地位，使得不合职业要求的行为会导致可怕的结果，但他们很少被诉诸惩戒程序。近期一个就几百起严重不端公诉行为进行的调查发现，没有一起导致公开的惩戒诉讼。[28] 其他常常被提及的宽大处理的例子包括华尔街的合伙人仅仅被暂停执业而不是取消律师资格，而他们有着诸如在宣誓后就毁灭证据问题说谎或者伪造账单记录等违法行为。[29] 相似的批评还集中在对诸如 Bill Clinton 等政府官员的轻微制裁，他在总统任期内在一桩性骚扰诉讼中被判定在联邦审判庭上作"虚假和模糊"的陈述。[30] Clinton 受到了暂停执业 5 年和 25 000 美元罚金的惩戒——仅相当于他在晚宴上作一次致辞的酬劳。

一个有相关的问题是，永久取消律师资格问题。在 33 个州和哥伦比亚特区，被取消律师资格的律师在规定的时间——一般是 3 到 6 年——之后，可以申请复职，大约一半的申请者都被重新接纳了。[31] 对复职程序的批评者认为，这破坏了制裁的威慑价值，破坏公众的尊重，容许不可接受的累犯行为。在一个调查中，1/4 的因财务违规被惩戒，但未被取消资格的律师随后被判定又有财务不端行为。[32] 在其他调查中，一些律师已经因严重不端行为被除名多次。[33]

但是，其他论者认为复职应当是一个选项。例如，法学教授 Ronald Rotunda 认为：

> 由于惩戒的目的在于保护公众，如果法院发现施加惩戒的原因已经改变，并不再存在了，或者对公众发生未来损害的危险已经不存在，那么法院应当重新评估继续惩戒的必要性。智慧永远不会光顾一些人，我们不应仅仅因为它来得有些晚而拒绝它光顾其他人……复职的可能性是一个好的政策，因为它为一个值得称赞的目的服务，该目的是给律师一个动力来改正他或者她以前的行为。取走这种可能性就是取走了一个改革的动力……永久除名的支持者常常声称我们应当同意他们的建议，因为这会提升公众对律师的印象。我们应抵制这种诱惑：律师协会应当建议进行法律改革，因为它们是正确的，而不是因为它们或许能改善我们的公众印象。[34]

---

[28] Armstrong & Possley, supra note 15, at A1. See Fred C. Zacharias, "The Professional Discipline of Prosecutors," 79 N. C. L. Rev. 721, 755 (2001).

[29] In re Cooper, 586 N. Y. S. 2d 250 (App. Div. 1992); Leslie Levin, "The Emperor's Clothes and Other Tales About the Standards for Imposing Lawyer Disciplinary Sanction," 48 Am U. 20, 83, n. 57 (1998); Lerman, supra note 13; Julie O'Sullivan, "Professional Discipline for Law Firms: A Response to Professor Schneyer," 16 Geo. J. Legal Ethics 3, 55 (2003). 关于其他不当宽免的例子，参见 Frisch, supra note 18, at 346–50。

[30] Jones v. Clinton, 36 F. Supp. 2d 1118 (E. D. Ark. 1999).

[31] Nancy McCarthy, "Board of Governors Committee Seeks Input on Permanent Disbarment," Cal. Bar J., Dec. 2005, at A1, A7.

[32] David E. Johnson, Jr., "Permanent Disbarment: The Case For…," The Professional Lawyer, Feb. 1994, at 22.

[33] Id., at 27.

[34] Ronald D. Rotunda, "Permanent Disbarment: The Case Against," The Professional Lawyer, Feb. 1994, at 23–24.

与此类似，普遍接受的伦理原则也说，法要容情。就像大多数州的领导人所得出的结论那样，律师能够自新，不要认为这不可能。

减轻情节

进一步争论的焦点是减轻情节的作用。《美国律师协会实施律师惩戒标准》列举的相关因素包括：悔过，与惩戒程序合作，没有前科，及时赔偿，参加恢复性计划，个人或者情感问题，精神健康疾病，已受其他处罚。怎样在个案中衡量这些因素激起了相当的争论。一些法院和论者倾向于同情那些可归结于身体问题和残障的违法行为。[35] 其他主要关注委托人保护的法院和论者不愿将这些困难视为适当的减轻理由。律师悔过意识和向委托人提供赔偿意愿的意义同样备受争议。根据《美国法律改革》，惩戒机构的任务就是确保委托人的风险被"消除或者降低，而不是被宽宥。这种（对律师的）宽大在其他领域是不会作出的——人们很难想象一家银行会基于诸如醉酒、精神疾病或者愿意退还等理由，原谅其柜员偷窃数千美元的行为，留任他们继续工作"[36]。相反，其他论者乐于设想这种同情，并引用不计其数的著名的事例来说明人们因为得到了第二次机会而人生转折。

类似的争论还涉及律师是否已经"受到了足够的惩罚"的质疑。一些法院和论者坚持认为，对一个已经遭受了公开惩戒程序耻辱的卓越律师而言，取消其律师资格是不必要的，尤其是对那些已受到刑事调查或者被迫辞职的律师而言。 *271* 这种考虑影响了前面提到的对 Clinton 和华尔街合伙人等的裁决。其他法官和论者会为隐含在这种裁决之下的阶级偏见所搅扰。[37] 在他们看来，已经获得了财富和社会地位的律师应该坚持更高的行为标准，尤其是当他们的案件比普通诉讼更有可能引起关注，而且他们没有多少情有可原的经济状况时。就法律职业关涉一般性的威慑和公平形象而言，不应向"堕落的强势者"作出特别让步。

经济制裁

另一个争论的焦点是经济制裁的适当性。与其他国家的惩戒制度不同，美国的程序一般不允许罚款。[38] 公开宣称的理由是，这种制裁构成了处罚，而惩戒程序的目的在于保护。一个相关的顾虑是，罚款会使得惩戒程序类似于那些刑事司法制度中的程序，因而会要求相应的正当程序保护，例如，排除合理怀疑的证明标准。然而，一些论者认为，罚款是一种适当的威慑机制，不仅在刑事案件中普遍适用，

---

[35]　See Wolfram，supra note 27，at 96-97（讨论了涉及诸如情感紊乱、诉讼业务压力、疲惫、家人患病、强迫性赌博、创伤性恋爱等问题的条件）；Levin，supra note 29，at notes 49-50。

[36]　HALT（Americans for Legal Reform），Attorney Discipline 16（1988）.

[37]　许多单独执业者和小型律师事务所的律师感受到了这种偏见，这破坏了该制度的合法性，表明律师协会执行程序需要更多的透明度。See Levin，supra note 29，at 382-84. 就加利福尼亚州律师协会对这种关切的回应，参见 State Bar of California，supra note 15。

[38]　只有少数州——例如，加利福尼亚州和内华达州——明确允许罚款，每年只有少数罚款案例报告给了美国律师协会全国律师规制数据库。相反，在英国和加拿大的惩戒程序中，长期以来可以进行罚款。

在民事案件中也是普遍适用的。正如这些论者所指出的那样，美国司法制度是建立在这样一种假定之上的，即准备进行不端行为的个人会受到制裁的严厉性及施加这种制裁的可能性的影响。增加严重的经济制裁的可能性，也许能改变一些律师的成本—效益计算，尤其是法院可能更愿意判处罚款而不是暂停执业或者取消律师资格等剥夺个人谋生手段的方法之后。[39] 而且如果经济处罚被用以补偿受害方，更多的受害人可能会报告不端行为，并感到受到了惩戒程序的公平对待。

对律师事务所的惩戒

一个相关问题就是惩戒制裁是否既适用于个人也适用于律师事务所。在其他背景下，律师领导了追究组织的责任的运动（例如那些涉及证券、反托拉斯和环境规制的情况）。许多论者认为，机构承担责任的理由，对于律师的工作场所而言同样相关。在一些案例中，单独制裁某个人是不可能的或者不公平的。集体责任可以鼓励制定防止或者回应不端行为的适当机制，并可以避免在责任不清者共同分担责任的情况下寻找某个律师做替罪羊的必要。[40]

两个州——纽约和新泽西——已经率先制订规则，允许对律师事务所加以惩戒，而且其他司法辖区正在考虑该方法。这种规则的影响还很难衡量，部分原因在于它们很少被执行。[41] 按照一位纽约律师协会惩戒（委员会）委员的说法，制裁事务所可能会具有消极作用，因为它使得规制者能够采取"便捷出路"并避免确认直接对不端行为负责的律师。[42] 因为组织不能被取消资格或者暂停执业，像警告或者轻微罚款这样的处罚，可能不足以保证遵从。

这种考虑是美国律师协会道德 2000 委员会放弃了对律师事务所加以惩戒的建议。许多在委员会作证的律师都主张，这种制裁会"破坏贯穿于示范规则的个人责任原则"[43]。组织责任的支持者回应说，可以由律师事务所建立审查机构，以监督对道德标准的服从，来补充罚款和警告。在他们看来，这种方法通过将关涉监督律师义务的《示范规则》武装起来，来加强个人责任原则。《示范规则》第 5.1 条要求具有管理权的律师"尽合理努力，以确保该律师事务所有着保证该律师事务所的所有律师遵守《职业行为规则》的有效措施"。执行这一规则能在某些情境下显著加强惩戒程序，例如滥用案情先悉程序，过度收费，没有足够地执行利益冲突方针和委托人资金的方针。[44]

---

[39] See generally, Steven G. Bené, "Why Not Fine Attorneys? An Economic Approach to Lawyer Disciplinary Sanctions," 43 Stan. L. Rev. 907 (1991).

[40] The Committee on Professional Responsibility, "Discipline of Law Firms," 48 The Record of the Association of the Bar of the City of New York 628 (1993); Taniana Rostain, "Partners and Power: The Role of Law Firm Organizational Factors in Attorney Misconduct," 19 Geo. J. Legal Ethics 281 (2006); Ted Schneyer, "Professional Discipline for Law Firms?" 77 Cornell L. Rev. 1 (1991).

[41] Elizabeth Chambliss & David B. Wilkins, "A New Framework for Law Firm Discipline," 16 Geo. J. Legal Ethics 335, 340 (2002).

[42] "Law Firm Discipline: Easy Way Out or Getting More Bang for the Buck," 15 ABA/BNA Lawyer Manual on Professional Conduct 401 (1999) (quoting Robert J. Saltzman).

[43] "Ethics 2000 Commission Unveils Late Changes to Recommendations," 69 U. S. L. W. 2780 (2001).

[44] See Rostain, supra note 40, at 285-87；就这种会受到处罚的、存在缺陷的监督机制的案件历史发展，参见 James L. Kelly, Lawyers Crossing Lines: Nine Stories 183 (2001).

职业关系以外的行为

涉及律师职业关系外的行为的惩戒案件引发了有些不同的顾虑。正如第十一章讨论准入时所指出的那样，与对执业律师的伦理品性的监督相比，律师业对申请者的伦理品性的监督更加积极。从公共政策的角度，这种双重标准很难说是正当的。当然，与律师准入申请者相比，执业律师在职业执照上有更多的既得利益。但是与成为法庭一员之前的错误行为相比，准入后的错误行为更可能在未来对公众造成威胁。但是，困难在于，关于某些非职业性的违法行为事实上有多少证明力，在司法辖区内外无法达成一致。特别的争议集中于那些关于酒驾、逃税、轻微的毒品犯罪、性行为等犯罪行为。㊺

有许多提议都旨在促进处理非职业不端行为时的一致性。一种方法是由州对特定行为提出推定性的制裁，对此加以任何变更都要求有正当理由。㊻ 另一种方法是要求存在一些"不端行为与工作职责间的联系"㊼。例如，与那些不端性行为或者个人吸毒的行为相比，不诚实的行为会处于不同的地位。

精神健康和药物滥用

当精神健康或者违禁药物滥用影响职业表现时，惩戒程序必须明确地加以回应。据估计，1/3 的律师遭受抑郁或者酒精、药物成瘾之苦。律师的抑郁率大约是他人的 3 倍，违禁药物滥用的比例大约是其他人的 2 倍。㊽ 这些问题出现在许多惩戒和不当执业的案件中。㊾ 考虑到问题的频繁性，对于在惩戒案件中考虑成瘾和其他心理问题的影响问题没有（达成）一致意见，是很令人震惊的。

一个存在意见分歧的问题是，惩戒程序在多大程度上不仅应当关注执业的适当性，还应当关注罪错性和阻却因素。一些法院和律师协会的机构主要将成瘾视为一个减轻因素；其他的视之不适合执业的表现。相关的不同意见还涉及因果关系问题。一些判决认为在成瘾与不端行为之间存在关系；其他判决则要求证明，如果没有该成瘾行为，则不端行为不会发生。㊿ 一个进一步的争议问题是保密。

㊺　Barrie Althoff, "Ethics and the Law: Lawyer Disciplinary Sanctions," Wa. St. B. News, Jan. 2002, at 1; Carrie Menkel-Meadow, "Private Lives and Professional Responsibilities? The Relationship of Personal Morality to Lawyering and Professional Ethics," 21 Pace L. Rev. 365 (2001); Deborah L. Rhode, "Moral Character as a Professional Credential," 94 Yale L. J. 491, 551-54 (1985).

㊻　See Levin, supra note 18, at 61-68（主张对所有不端行为适用该方法，这是以美国律师协会《犯罪行为量刑指南》为模板的）。

㊼　Menkel-Meadow, supra note 45, at 388.

㊽　Blane Workie, "Chemical Dependency and the Legal Profession: Should Addiction to Drugs and Alcohol Ward Off Heavy Discipline?," 9 Geo. J. Legal Ethics 1357 (1996).

㊾　Zacharias, supra note 23, at 241, n. 15; John Mixon & Robert P. Schuwerk, "The Personal Dimension of Professional Responsibility," 58 Law and Contemp. Probs. 87, 96 (1995).

㊿　Workie, supra note 48; Compare In re Kersey, 520 A. 2d 321, 326 (D. C. 1987)（判定酒瘾是减轻因素）with In the Matter of Crowley, 519 A. 2d 361, 363 (N. J. 1987)（拒绝判定酒瘾是减轻因素）; see ABA Commission, supra note 21, at Standard 9.3 (h)（允许将"身体或者精神残障或者疾病"作为进行惩戒时考虑的减轻因素，但是在注释中说明各州法院对这一因素的适用是不一致的，并且不能用于宽免不端行为）。

保护那些通过律师协会的律师帮助计划获得帮助的受损律师的信息，将鼓励这些律师的参与，并促成康复，但是，这也产生了这样的问题，即：如何保护因为代理律师的机能障碍而处于风险中的委托人？[51]

隐含在这些争论之下的是更为根本性的问题。法学教授 David Luban 说道：

> 尽管酗酒是一种疾病，但它不像大多数疾病那样，这仅仅发生在受害人身上。他自己喝酒以致得上这种病，这种行为……是自愿的……即使是纯粹的医学判断，即律师是否恢复到适合执业的程度，在一定程度上也仅仅是就其意志力作出的判断，因而是品性判断。医学（专家）尽最大努力将他们的预测建立于客观因素——支持律师的组织的资格（例如匿名戒酒协会），他对咨询服务的反应，为保护自己免受他过去以酒来对抗的压力而就生活环境所作的变革，其生活的稳定性和幸福感，等等。但是归根结底……尽管酗酒是一种疾病，不是品性缺陷，从中康复仍是对品性的一种长期考验……[52]

尽管许多法院和惩戒机构同意上述意见，但在怎样回应上出现了分歧。如果律师滥用违禁药物是造成不端行为的主要原因，且他们已经参加有组织的恢复计划，则一些法院和惩戒机构希望给律师一个察看的机会。相反，其他法院则判定暂停执业或者取消律师资格，在经过适当时间的康复后，可以选择复职。

相似的不同做法也发生在涉及律师精神健康疾病的案件中。一个引起普遍关注的例子是 Joel Greenberg 的案件，他于 1998 年 7 月被新泽西州取消律师资格，1999 年 7 月被宾夕法尼亚州授予资格。Greenberg 因从他所在的律师事务所偷窃了 35 000 美元而被新泽西州吊销了执照。州惩戒复议委员会和州最高法院都不接受 Greenberg 的主张，即他认为自己的不端行为是抑郁之下的自毁行为，而不是出于贪婪，而且他后来经过心理治疗，已经适于执业。新泽西州最高法院认为，如果不取消律师资格，将会削弱公众的信心，而且会宽免其他为解决个人困难而盗用资金的行为。法院认为，受到精神健康和违禁药物滥用困扰的律师，应当在从事那些会不可挽回地损害他们自己的名誉和职业公共声誉的活动之前，寻求帮助。相反，宾夕法尼亚州的律师资格考官明显接受了 Greenberg 的康复主张，但由于保密原因拒绝就他们的决定公开发表评论。[53]

不论这类案件是如何解决的，事实上这个领域的所有专家都主张要更多地依靠治疗计划。在社会污名、心理问题和职业损害大白于社会之前的早期阶段，使这种计划特别有好处。得到适当治疗的职业人员的康复率高得令人振奋。[54] 一些类型的药物滥用计划在各州都有，而且许多司法辖区为不涉及严重不端行为的案件补充性地规定了转向制度（diversion system）。[55] 按照这些计划，惩戒行为会被中止，直到康复计划成功完成。对法律职业而言，鼓励更广泛地参与这些计

---

[51] Zacharias, supra note 23, at 243−46.

[52] David J. Luban, "Commentary: A Professional Tragedy," Nat. Rep. Legal Ethics and Prof. Resp. (1988).

[53] In re Greenberg, 714 A. 2d 243 (N. J. 1998); Wendy Davis, "Advice for the Disbarred, Go West," 157 N. J. L. J. 217 (1999).

[54] See sources cited in notes 48 and 49, supra; Michael J. Sweeney, "A Return to Counselor," 18 GP Solo 57 (2001).

[55] Commission on Lawyer Assistance Programs, American Bar Association, 2002 Survey of Lawyer Assistance Programs (2002).

划，应当是一个优先选择。

还应当进一步强调惩戒问题的预防和律师协会惩戒机构的责任。为使救济程序更加一致，更好地回应公众的顾虑，可能需要按照上述路线进行制度改革。

四、称职性

法律服务中的称职性，是每个人都更想要的，但没人清楚地知道究竟如何提升它才值当。当代加强称职性的运动开始于 20 世纪 70 年代早期，当时首席大法官 Burger 宣称，在重要案件中出庭的律师中，1/3 到 1/2 的律师都"没有真正的资格进行完全足够的代理"[56]。虽然这一断言的经验根据并不明确，其他论者也开始提出相似的评价。在接下来的 1/4 个世纪里，各种律师组织都在考虑如何进行适当的回应。

问题的界定

回应职业性不称职的首要挑战在于判别问题之所在。在律师协会职业道德规则和已公布的判例中，称职性的定义是高度抽象的。《职业行为示范规则》要求"合理的勤勉和迅捷"，以及"代理所合理必需的法律知识、技能、细心和准备工作"（规则 1.1 和规则 1.3）。美国律师协会《职业责任示范守则》禁止"忽视"并要求"有关情况下适当的准备"［DR 6-101（A）］。《示范规则》和《示范守则》还规定，在某领域缺乏足够专门知识的律师，只要与有经验的律师合作或者通过必要的学习可以获得资格，就可以接受雇佣。［规则 1.1 的注释；（《示范守则》DR6—101；道德准则 6—3。）］《示范守则》的道德考虑还增加了这样的限制，即额外的准备不应给委托人造成"不合理的延迟或者费用"。（道德准则 6—3。）这在惩戒规则和《示范规则》中都未提及。

律师的表现会低于这些标准的情况有多常见，是一个人们经常推测但是没有牢固数据的问题。零零星星的调查表明，被从业者和用人单位认为高度相关的大多数资质，都不是在法学院中学到的，也没有经过律师资格考试的测试，例如，调查，有效的口头表达，维护与委托人和集体的关系，文件起草，勤勉，判断和监督能力。[57] 根据美国律师协会法学院和职业"缩小差距"特别工作组的报告，律师们并没有为他们执业的第一份工作做好准备；随着法律变得愈加复杂、所需的技能愈加多样化，他们的不足也在加剧。[58]

为解决这些问题，律师业的领导大体建议如下：在律师资格考试、法学院课

[56] "Chief Justice Burger Proposes First Steps Toward Certification of Trial Advocacy Specialists," 60 ABA J. 171, 173-74 (1974)。

[57] See Joanne Martin & Bryant G. Garth, "Clinical Education as a Bridge Between Law School and Practice: Mitigating the Misery," 1 Clinical L. Rev. 443 (1994)；还请参见前述第六章的讨论。

[58] ABA, Section on Legal Education and Admission to the Bar, Legal Education and Professional Development: An Education Continuum: Report of the Task Force on Law Schools and the Profession-Narrowing the Gap (MacCrate Report) (1992).

程、法律继续教育中更多地关注技能；额外的"弥合差距"训练和新律师导师计划；为单独执业者和小型律师事务所的律师提供特别帮助；由雇主改进内部教育。几乎还没有人对这种行为计划的有效性作出估计。另外，最明确确定的不称职问题，与其说是不足的知识和技能问题，不如说是其他个人问题和经济因素问题。对于源自贪婪或者对委托人福祉的不足关切，或者源自不充分的利害关系和委托人资源的不当代理问题，常规的建议没有多大解决作用。

法律继续教育

对执业律师的法律继续教育（CLE）开始于半个世纪以前，是为了帮助武装部队退伍军人重新执业时能跟得上法律服务业的发展。20 世纪 70 年代"水门事件"之后，该问题被重新关注。在该事件中大批杰出的律师涉案。大约五分之四的州要求现在执业的律师参加法律继续教育计划，时间通常从 10 小时到 12 小时不等。在大部分司法辖区，部分课程内容必须是关于职业道德的。其他州要求覆盖其他的问题，例如，职业中的偏见和药物滥用。

这些要求相对而言没有受到争议。让律师付出最小的努力在他们的领域保持与时俱进和对道德规则的了解，很难让人反对。但是一个关于当前的法律继续教育的分析指出了许多问题。很少有司法辖区实施严格的质量控制，而且没有司法辖区搜集到（证明）法律继续教育计划发挥了作用的证据。为了被律师业接受，大多数教育要求都是很低的，某些是使用者友好型的。例如，关于药物滥用和感情严厉的课程集中在减压和放松方法，而体育法的课程是在体育赛事上进行的，还辅之以热狗和花生。[59] 问题不仅仅是一些课程滥用了"法律教育"的概念，更基本的难题是——就像一个哥伦比亚特区的特别工作小组指出的那样——"没有一个关于法律继续教育功效的可靠的、科学的证明"。在其他职业——例如医学和工程学——中进行的研究，都没有在表现与参与继续教育之间找到关系。[60] 被动参加不评分的课程会明显提高法律执业能力，也并非不证自明。

这并不是说所有法律继续教育都是徒然。但正如一位专家所言，"主要的好处表现为增进已经被动员起来且相对称职的律师的技能"[61]。为使法律继续教育对最需要的人而言更加有用，论者提出了一系列改革。一种可能是少要求一些时间，但实施更严格的质量控制。律师协会官员应要求通过考试，并且不承认那些与执业表现没有多大关系的课程的学分。可以要求课程提供者自己遵守教育要求，以保证一些基本的有效性。或者，州可以将必修与选修方法相结合。对于新律师和违反职业道德规则的律师，法律继续教育可以是强制性的。受到惩戒、司法制裁或者不当执业制裁的律师可以被要求参加适当的课程。其他主动完成法律继续教育课程并通过基本考试的律师，可以获得他们完成课业的证明。越来越多的律师现在愿意完成所需的教育要求，以成为特定执业领域获得认证的专家。州

---

[59] Rhode，supra note 22，at 156.

[60] Task Force on Mandatory Continuing Legal Education，Report to the Board of Governors of the District of Columbia Bar 26−28 (1995)；Rhode，supra note 22，at 156.

[61] Susan R. Martyn，"Lawyer Competence and Lawyer Discipline：Beyond the Bar?，" 69 Geo. L. J. 705，725−32 (1981).

可以通过扩展专业计划、宣传它们对消费者的价值和提高它们的教育质量等方式，来鼓励这种趋势。(62)

五、不当执业

30 年前，律师不当执业诉讼非常少，从业者非常不关心责任，以至于在国内市场上几乎买不到保险。今天，情况已经发生了剧烈的变化。索赔，特别是大额索赔，正在上升。(63) 我们不可能得到确切的数据，因为保险公司并不公布赔付情况，许多和解仍然是保密的。然而，有人估计，在任一特定年份都有 10%到 20%的律师面临着不当执业赔偿问题，而每年保险赔付总数大约是 40 亿美元到 60 亿美元。(64) 购买保险的律师的数字在不同的州和不同的专业领域差别很大，估计是 50%到 90%。(65)

是什么造成了律师不当执业诉讼最近的增加，仍在争论中。一些论者认为不称职的执业活动在增长。随着职业内的竞争加剧，利益空间减少，而且收费小时数期望值逐步提高，律师要对付他们专业技术之外的更多压力。其他论者认为不当执业索赔的增长与不当执业数量的增加关系较小，却与消费者期望增加和其他律师提起这种索赔的意愿关系较大。正如这些观察者所指出的，律师业的经验绝不是独一无二的，其他职业从业者也遭受了日益增加的不当执业索赔。(66)

针对律师的投诉的增长，反映了法律服务活动结构和风气的更广泛的变化。法律职业共同体数量和层级的增加，使得同事之间在不当执业诉讼中质疑彼此的行为时更少迟疑。经济丑闻也引发了更多的民事责任诉讼。在风险投机中赔了钱 280
的人要寻找更有钱的人来起诉，并把律师作为攻击目标，因为这些律师曾作为中间人促成交易，并撰写了投资者所依赖的意见书。

尽管不当执业索赔不断上升，但诉讼获得成功的障碍还是相当大。许多对律师不满的人都不愿承担起诉的时间、金钱和剑拔弩张的成本。除非责任明确、损失重大而且被告方有充足的保险或者合法、可执行的资产来使判决可以兑现，(否则，) 专门办理不当执业诉讼的律师大多会谢绝案件。

证明责任的必要的证明负担也是一个重要障碍。总的来说，原告必须证明：

- 律师—委托人关系或者一些其他关系引起的信托责任，产生了注意职责；
- 之所以违反了该职责，是因为律师未能履行合理称职的律师在相似情况下所要履行的注意义务；
- 这种违反义务的行为造成了法律上认可的损失，这通常限于经济损失。

---

(62) Rhode, supra note 22, at 156-58.

(63) "Law Firms Face Sharp Rise in Malpractice Suits," Legal Times, May 10, 2005.

(64) Hazard, Koniak, Cramton, & Cohen, supra note 16, at 854; "Figuratively Speaking," ABA J., Oct. 1996, at 12; Manuel R. Ramos, "Legal Malpractice: No Lawyer or Client Is Safe," 47 Fla. L. Rev. 1, 5 (1995).

(65) James M. Fischer, "External Controls Over the American Bar," 19 Geo. J. Legal Ethics 59, 63 (2006).

(66) Richard Perez-pena, "When Lawyers Go After Their Peers: The Boom in Malpractice Cases," N. Y. Times, Aug. 5, 1994, at A1; Jonathan Gaw, "Lawyers Shed Reluctance to Sue Their Own," L. A. Times, Dec. 14, 1992, at B1; Ramos, supra note 64.

尽管不当执业胜诉率的数据不完善而且相互矛盾，最佳可用证据表明，半数的索赔不能达到这些要求而没有得到赔偿；另外 1/4 （的索赔）仅得到最低限度的判决。大多数胜诉案件都涉及相当明显的错误，例如错过期限，疏忽而未能提交文件，或者没有征求委托人的意见和遵照他们的指示。[67] 在较少客观证据来证明错误的案件中，委托人常常很难证明律师究竟做了什么或者没做什么，以及这种行为又是如何低于相关法律职业共同体的平均工作水准的。

目前关于不当执业责任的争论集中在几个主要问题上：如何建立工作标准；必须证明什么样的因果关系；职业行为守则发挥什么样的作用；应当提供什么样的救济；谁应当有权起诉；什么样预防措施最有可为。

工作标准

法院和论者在"法律职业共同体的平均"标准是不是适当的责任基准问题上存在分歧，如果是，法律职业共同体该如何界定？相关的法律职业共同体应当是地方的、全州的、某个领域的执业者还是更广泛的？佛蒙特州一个重要判决判定，提供参考框架的应当是州而不是地方。在法院看来，"最低限度的必备知识不应随地区而有所不同……在一个特定地方的法律职业共同体内，较低程度的注意或者职业能力标准比较普遍，这一事实不应当决定着注意标准"[68]。但是，这种推理引起了疑问，即为何州边界应当是关键因素。一些论者也反对将责任建立在法律职业共同体的普遍做法上，不论这是如何界定的。在他们看来，这给了法律职业这样的权力，即自己决定行为标准，这对其他职业而言，是难以得到的特权，即使是技术专业领域。在这些批评者看来，一个更可取的标准应当是总体环境——包括委托人的合法期待——下的合理表现。

但是，从实践来看，在风险代理收费制度看来有吸引力、值得起诉的案件（重大责任案件、造成巨大损失的案件和被告有经济责任的案件）通常会涉及（或者被诉称有）明显的滥权行为。这种不端行为违反的不仅是当前的职业行为标准，也是建议中的职业行为标准。对大多数不端行为投诉者而言，难题不在于所称的当前标准的宽松，而在于委托人与律师间的事实争议，以及法院在传统上不愿将律师责任扩展至当前委托人以外的受害人。

因果关系

不当执业原告的另一个负担是因果关系。实际上，他们不仅必须证明律师对不端行为有过失或者过错，而且必须证明这种违反职业标准的行为造成了可量化的损失。对诉讼中的不当执业索赔而言，这种负担经常要求审判内的审判；除了律师的过失之外，原告必须证明，他们本来会在起初的诉讼中胜诉。这种要求已经遭到了相当多的批评。一些论者提出了一个替代的标准，这个标准模仿的是英国和法国以及美国医生不当执业案件中适用的标准。根据该标准，原告在证明了

---

[67] Ramos，supra note 64；ABA Committee on Lawyers' Professional Liability, Legal Malpractice Claims in the 1990s（1996）. 然而，这些胜诉率远远低于对其他职业人员提起的不当执业诉讼的胜诉率。

[68] Russo v. Griffin, 510 A. 2d 436, 438（Vt. 1986）.

被告的未达标工作使他们丧失了获得赔偿的重大可能性后，可能有权得到根据成功可能性加以调整的赔偿。⑥ 在关于刑事辩护律师不当执业的案件中，许多论者也提出了类似的标准。当前的标准要求投诉者证明他们确实是无辜的，他们的律师因未达标工作而对他们被定罪负有责任。⑦ 即使是这个标准，也几乎是不可能达到的，就像第九章所指出的那样，（律师在）许多刑事案件中的工作表现都低于可接受的水平。

职业行为守则

一个相关的问题是，律师协会职业道德守则在证明律师不当执业时的意义。美国律师协会《示范守则》的前言拒绝界定律师职业行为的民事责任标准。《示范规则》的"范围"则规定：

> 违反某项规则本身既不构成对律师起诉的原因，也不能据此推断在这种情况下某项法律职责已被违反。此外，对某项规则的违反并不必然支持任何其他非惩戒性救济，例如，在系属的诉讼中取消律师的代理资格。本规则旨在为律师提供指导，为通过惩戒机构规制律师的行为提供一个架构。它们不是用来作为民事责任的依据的。此外，如果它们被对造援用为程序性武器，这些规则的目的就会遭到破坏。一项规则是律师进行自我评定的恰当基础，或者是惩戒机构对律师进行惩戒的根据，这一事实并不意味着对手在附属程序或者活动中有理由追求执行该规则。但是，由于本规则确实确立了律师的行为标准，律师对某项规则的违反，可以作为证明其违反了有关行为标准的证据。

在某些司法辖区，违反职业道德规则本身可以作为证明疏忽的证据，或者作为没有达到适当注意标准的证据。相反，其他法院仅允许间接使用（例如，当专家在就注意标准作证时提到了这些规则）。⑦ 这种限制方法很难与职业道德守则明言的目的相符：保护公众。以民事救济来弥补律师协会惩戒机构在资源上的不足，为什么会颠覆该目的，并非不证自明。无论如何，即使是在最不接受律师职业道德标准的司法辖区，专家证言也会常常间接地包含这些标准。对大多数不当执业案件而言，这种证言要么是法律要求，要么是实践中交由陪审团审理所必需的。一个称职的专家必须证明律师的行为未能达到"公认的职业标准"。这些标准默示地——有时是明示地——反映在现行的职业道德守则中。事实上，由于"称职性"的法典化概念一般反映了执业的流行标准，限制这种守则的可采性的规则，已经对实践效果造成了限制。

---

⑥ John Leubsdorf，"Legal Malpractice and Professional Responsibility," 48 Rutgers L. Rev. 101，111 - 19 (1995). 关于通常的标准，参见 Charles W. Wolfram，"A Cautionary Tale：Fiduciary Breach as Legal Malpractice," 34 Hofstra L. Rev. 689，716–19 (2006)。

⑦ Ang v. Martin，114 P. 3d 637 (Wash. 2005)；Wiley v. County of San Diego，966 P. 2d 983 (Cal. 1998)；Wolfram，supra note 27, at 218–27.

⑦ Gary A. Munneke & Anthony E. Davis，"The Standard of Care in Legal Malpractice：Do the Model Rules of Professional Conduct Define It？" 22 J. Legal Prof.，33，69 (1998).

救济

另一个问题是不当执业救济的足够性问题。一个长期的问题是就责任加以证明的高昂成本问题。不出所料，总的来说，律师被告就他们自己的行为进行辩护时是好讼的。由于许多案件存在高度的争议性，仅不到一半的保险费用会支付给受害人。[72] 更大的问题是很高比例的律师都没有投保——一般是 30%到 40%，各州情况各有不同。[73] 为补偿不能从律师处获得赔偿的当事人，几乎所有的州律师协会都从委托人保护基金中提供一些帮助，该基金是由强制性的律师捐助建立的。但是，大多数基金都太有限，只能补偿委托人索赔的一小部分。支出仅可能针对故意的不端行为，并且在很不充分的水平上就加以封顶。

为确保更有效的救济，几个改革策略都是可行的。一种选择是扩大委托人保护基金，通过增加律师协会会费或者在惩戒程序中施加罚款来进行。另一个前面已述及的可能性是，为律师费纠纷和不当执业索赔建立低成本的替代性纠纷解决程序。

一个进一步的策略——这最初是俄勒冈州提出的，并在越来越多的司法辖区引起了争论——是要求所有的律师购买足够的不当执业保险。这一提议招致了强烈的反对，尤其是那些非全职执业或者出于其他原因认为保险费用责任是很大难处的律师协会成员。批评者也担心强制性保险会鼓励无意义的索赔，并无法区分律师的各种责任状态。

强制保险的支持者回应说，俄勒冈州没有发生索赔增加的情况，而保险费也让人负担得起，在费率上还低于那些与之相当的司法辖区。部分原因在于俄勒冈州实行一个强制性非营利的职业责任基金，来为全州所有的律师保险，免去了昂贵的营销费用和中间人的费用，并结合了有效的预防行动计划。该州超过 4/5 的律师支持它的不当执业制度。[74] 许多其他国家也要求不当执业保险，它们的成功经验表明，强制保险应该是改革的一个重点。越来越多的司法辖区已经规定或者正在考虑规定的另一个选项是，要求律师向委托人披露律师是否购买了最低限度的不当执业保险。至少在一个被调查的州，在采用了这样的要求后，大多数律师购买了保险。[75] 甚至更多的司法辖区要求向州律师协会披露其保险信息，通常情况下公众可以在网站上查询该信息，或者可以经请求而获悉。然而，就像加利福尼亚州一个特别工作组所指出的那样，大多数委托人不可能向律师协会进行核实，因为大多数人会认为其律师已经购买了保险。[76]

---

[72] Manual R. Ramos, "Legal Malpractice: Reforming Lawyers and Law Professors," 70 Tul. L. Rev. 2583, 2600 (1996).

[73] Id., at 2610; Rhode, supra note 16, at 167.

[74] ABA Commission, supra note 5, at 81—82; Rhode, supra note 22, at 163; Harry H. Scheider, Jr., "At Issue: Mandatory Malpractice Insurance: Has the Time Come to Require Coverage? -No: An Invitation to Frivolous Suits," ABA J., Nov. 1993, at 45.

[75] Hazard, Koniak, Cramton, & Cohen, supra note 16, at 871; "Massachusetts Adopts Insurance Disclosure: California Bar Task Force Releases Proposal," 22 ABA/BNA Law. Man. Prof. Conduct 62 (2006) (指出 5 个州制订了要求向委托人披露保险额度的规则)。

[76] See "Massachusetts Adopts Insurance Disclosure," supra note 75 (指出许多州要求就此向律师协会进行披露)。

第三方义务

存在争论的最后一个领域，就是能够起诉律师违反职业规则的委托人之外的人的范围。根据传统的利害关系原则，仅能判定律师对其委托人承担责任，因为律师与其有合同关系。律师对第三人不承担责任，因为这些人被认为"过于遥远"。利害关系概念最初限制了委托人之外的人提起诉讼，但是法院已逐渐承认该规则的例外。一些司法辖区现在判定，如果律师承担了根据预测会对第三方产生影响的责任，则该律师对该人有注意义务。例如，律师可能对某死者的指定受益人负有责任，因为如果起草遗嘱时出现错误，会妨害他们取得遗产。法院也越来越多地判定，律师要对欺诈性交易所涉及的疏忽调查承担责任，以及对第三方将会依赖的意见中的疏忽误述承担责任。⑦ 这种判决依据的是信托人/代理人原则、第三方受益理论或者一个权衡性的标准（这考虑了诸如可预见性、损害的确定性和被告方伦理上的罪错性等因素）。⑧ 这类案件背后隐含的是将责任施加给最能够防止损失并有着足够保险的人的愿望

相反，其他法院在过于宽泛地追究律师对第三方的责任方面表现得小心翼翼，这是可以理解的。它们担心，承担这种不当执业责任，将破坏律师对其委托人的忠诚，抑制律师提出可能会暴露有害信息的问题。⑨ 在律师的委托人资不抵债的情况下，过于宽泛的责任还会使律师承担过度的处罚，其结果可能是最终导致保险成本的高涨，而保险成本会转嫁给其他法律服务消费者。

预防

即使这些关于责任标准和范围的问题得到了解决，律师仍然非常关心预防可能引起不当执业索赔的纠纷。保险公司也同样关心，它们常常审查大宗投保人的存在风险的执业活动并要求将不当执业预防体系作为承保的条件。关键的预防策略包括利益冲突识别制度和就重要时限提醒律师的制度。这些制度如果将监督遵守的责任分配给除了对工作负责的人以外的人，通常能发挥最有效的作用。一项同样重要的策略是同委托人交流。律师就律师费、费用、延迟和结果进行现实的估计。详细的书面聘请协议和案件进行情况报告，同样可以预防纠纷，例如，主要文件复本、重要发展通知，等等。愈来愈多的律师事务所通过建立专门化的内

---

⑦　Joan C. Rogers，"Speakers Spot Trends，Assess Changes in Malpractice Claims and Insurance Market，" 22 ABA/BNA Law. Man. Prof. Conduct，115（2006）. See John M. Freeman & Nathan M. Crystal，"Scienter in Professional Liability Cases，" 42 S. C. L. Rev. 783（1991）；Stephen Gillers，"Cleaning Up the S & L Mess，" ABA J.，Feb. 1993，at 93.

⑧　Restatement（Third）of the Law Governing Lawyers，§ 30；Leubsdorf，supra note 69，at 111，130－35；Geoffrey C. Hazard，Jr.，"The Privity Requirement Reconsidered，" 37 S. Tex. L. Rev. 967（1996）；Forest J. Bowman，"Lawyer Liability to Non-Clients，" 97 Dick. L. Rev. 267，276（1993）.

⑨　Schatz v. Weinberg & Green，943 F. 2d 485（4 th Cir. 1991）（否定了对购买者承担的责任，该购买者依据的是包含就委托人/出售者的净值所作的严重不实陈述的结算文件）；Talton v. Arnall Golden Gregory LLP，622 S. E. 2d 589（Ga. App. 2005）（否定了因不足的警告标志而对被伤害的购买者承担的责任）. See Fred C. Zacharias，"Coercing Clients：Can Lawyer Gatekeeper Rules Work？," 47 Boston College L. Rev. 455，472－73，494－95（2006）（讨论了第三方责任的成本和好处）.

部总律师岗位取得了进步，这些岗位的责任是保证律师事务所遵守职业道德标准，并进行不当执业风险管理。[80]

与常见的看法相反，引发不当执业索赔最多的，不是年轻、没有经验的律师。执业超过 10 年的律师占该类诉讼中非常大的比例。导致惩戒指控的同样的经济和心理因素也造成了不当执业：不切实际的案件负荷，药物和酒精滥用，个人压力（例如离婚和精力不济）。对律师和他们的委托人最好的保护是，组织内的清晰的、不断重申的职业适正性标准，加上综合性的不当执业保险，以及出现个人问题时的职业帮助。

---

[80]　Elizabeth Chambliss, "The Professionalization of Law Firm In-House Counsel Positions," 84 N. Car. L. Rev. 1515（2006）.

跋

在 21 世纪，职业规制面临着空前的挑战。竞争和商业主义与日俱增，而同事之谊与礼义廉耻与之背道而驰。随着律师业规模和专业化的增长，其共同目的观念和对非正式的声望制裁的依赖变得难以维持。尽管这些变化强化了对正式规制的需求，法律市场上的其他趋势使得有效的强制执行难以实现。随着越来越多的律师工作跨越司法辖区的边界，传统的以州为基础的监督架构面临着新的局限性。随着职业内外的竞争日益激烈，就彼此竞逐的价值进行妥协的压力也逐步升高。法律服务的分配也带来了进一步的挑战。商业和职业竞争的力量，使得那些为有钱人服务的律师或者将执业形式调整为能够产生足够的律师费收入的律师得以"适者生存"。但是低收入的人们常常仍要面对二等正义，甚至根本没有正义。

法律服务的这些趋势引起了普遍担忧，但是在解决方法上很少有一致意见。在一个背景和执业环境越来越多样的律师业中，职业责任的问题越来越令人各执一词。一种结果是，多样化但是有时彼此不一致的规制的兴起。一些州已经背离了美国律师协会示范性道德守则；在其他的监督架构不能奏效的领域，立法机关和行政机关变得越来越想涉足。这种一致性的缺乏，给经常跨司法辖区执业的法律业带来了进一步的挑战。

然而美国律师业总是能调整自己来适应国家的迫切需要，它自身的管理问题也不应该例外。在早期，职业责任问题很少受到系统性的关注，但当代律师已深切意识到法律服务分配和法律执业条件的问题。今天的律师同样认识到，如果他们不积极寻求解决办法，其他人就会为他们这样做。如果律师业要为其规制独立性提供正当性，它就必须解决本书所研究的问题。

律师当然能胜任这项任务。在我国的历史上，法律职业的领军者一直都处于每个主要社会改革运动的最前沿。当前的挑战就是，要向内导入这种领导，并赋予法律职业道德以优先地位，无论是在理论上还是在实践中。

案例表

Amchem Products, Inc. v. Windsor, 521 U.S. 591, 117 S.Ct. 2231, 138 L.Ed.2d 689 (1997), 133, 153, 154

Analytica, Inc. v. NPD Research, Inc., 708 F.2d 1263 (7th Cir.1983), 136

Anastaplo, In re, 366 U.S. 82, 81 S.Ct. 978, 6 L.Ed.2d 135 (1961), 252

Ang v. Martin, 154 Wash.2d 477, 114 P.3d 637 (Wash.2005), 282

Application of Stolar, 401 U.S. 23, 91 S.Ct. 744, 27 L.Ed.2d 639 (1971), 252

Arthur Andersen v. United States, 544 U.S. 696, 125 S.Ct. 2129, 161 L.Ed.2d 1008 (2005), 90

Baird v. State Bar of Ariz., 401 U.S. 1, 91 S.Ct. 702, 27 L.Ed.2d 639 (1971), 252

Bates v. State Bar of Arizona, 433 U.S. 350, 97 S.Ct. 2691, 53 L.Ed.2d 810 (1977), 186

Belli v. State Bar, 112 Cal.Rptr. 527, 519 P.2d 575 (Cal.1974), 185

Berger v. United States, 295 U.S. 78, 55 S.Ct. 629, 79 L.Ed. 1314 (1935), 147

Berry, State v., 85 Ohio St.3d 1201, 706 N.E.2d 1273 (Ohio 1999), 102

Birbrower, Montalbano, Condon & Frank v. Superior Court, 70 Cal. Rptr.2d 304, 949 P.2d 1 (Cal.1998), 199

Bohatch v. Butler & Binion, 977 S.W.2d 543 (Tex.1998), 263

Bradwell v. State, 83 U.S. 130, 21 L.Ed. 442 (1872), 17

Brobeck, Phleger & Harrison v. Telex Corp., 602 F.2d 866 (9th Cir.1979), 220

Buckhannon Bd. and Care Home, Inc. v. West Virginia Dept. of Health & Human Resources, 532 U.S. 598, 121 S.Ct. 1835, 149 L.Ed.2d 855 (2001), 157

Carolene Products Co., United States v., 304 U.S. 144, 58 S.Ct. 778, 82 L.Ed. 1234 (1938), 178

Central Hudson Gas & Elec. Corp. v. Public Service Commission, 447 U.S. 557, 100 S.Ct. 2343, 65 L.Ed.2d 341 (1980), 186

Chambers v. Baltimore & Ohio R.R. Co., 207 U.S. 142, 28 S.Ct. 34, 52 L.Ed. 143 (1907), 169

Clark v. Virginia Bd. of Bar Examiners, 880 F.Supp. 430 (E.D.Va.1995), 255

Cooper, In re, 181 A.D.2d 298, 586 N.Y.S.2d 250 (N.Y.A.D. 1 Dept.1992), 268

Cooperman, In re, 611 N.Y.S.2d 465, 633 N.E.2d 1069 (N.Y.1994), 214

Crowley, Matter of, 105 N.J. 89, 519 A.2d 361 (N.J.1987), 274

Cuyler v. Sullivan, 446 U.S. 335, 100 S.Ct. 1708, 64 L.Ed.2d 333 (1980), 131

Davin v. Daham, 329 N.J.Super. 54, 746 A.2d 1034 (N.J.Super.A.D.2000), 112, 115

Delgado v. McTighe, 522 F.Supp. 886 (E.D.Pa.1981), 250

Duffy, In re, 19 A.D.2d 177, 242 N.Y.S.2d 665 (N.Y.A.D. 2 Dept.1963), 185

Edenfield v. Fane, 507 U.S. 761, 113 S.Ct. 1792, 123 L.Ed.2d 543 (1993), 195

Evans v. Jeff D., 475 U.S. 717, 106 S.Ct. 1531, 89 L.Ed.2d 747 (1986), 157

Florida Bar v. Went For It, 515 U.S. 618, 115 S.Ct. 2371, 132 L.Ed.2d 541 (1995), 195

Frasher v. West Virginia Bd. of Law Examiners, 185 W.Va. 725, 408 S.E.2d 675 (W.Va.1991), 256

Fulton, United States v., 5 F.3d 605 (2nd Cir.1993), 131

Goldfarb v. Virginia State Bar, 421 U.S. 773, 95 S.Ct. 2004, 44 L.Ed.2d 572 (1975), 208

Goodell, In re, 39 Wis. 232 (Wis.1875), 17

Grand Jury Subpoenas dated March 9, 2001, In re, 179 F.Supp.2d 270 (S.D.N.Y.2001), 121

Gratz v. Bollinger, 539 U.S. 244, 123 S.Ct. 2411, 156 L.Ed.2d 257 (2003), 240

Greenberg, Matter of, 155 N.J. 138, 714 A.2d 243 (N.J.1998), 275

Greenfield v. Villager Industries, Inc., 483 F.2d 824 (3rd Cir.1973), 153

Grutter v. Bollinger, 539 U.S. 306, 123 S.Ct. 2325, 156 L.Ed.2d 304 (2003), 240

Harper v. District of Columbia Committee on Admissions, 375 A.2d 25 (D.C. 1977), 250

Hickman v. Taylor, 329 U.S. 495, 67 S.Ct. 385, 91 L.Ed. 451 (1947), 65

Himmel, In re, 125 Ill.2d 531, 127 Ill. Dec. 708, 533 N.E.2d 790 (Ill.1988), 262

Holloway v. Arkansas, 435 U.S. 475, 98 S.Ct. 1173, 55 L.Ed.2d 426 (1978), 131

Hoover v. Ronwin, 466 U.S. 558, 104 S.Ct. 1989, 80 L.Ed.2d 590 (1984), 249

In re (see name of party)

Jones v. Clinton, 36 F.Supp.2d 1118 (E.D.Ark.1999), 269

Kersey, In re, 520 A.2d 321 (D.C.1987), 274

Klemm v. Superior Court, 75 Cal.App.3d 893, 142 Cal.Rptr. 509 (Cal.App. 5 Dist.1977), 128

Konigsberg v. State Bar of Cal., 366 U.S. 36, 81 S.Ct. 997, 6 L.Ed.2d 105 (1961), 252

Lassiter v. Department of Social Services, 452 U.S. 18, 101 S.Ct. 2153, 68 L.Ed.2d 640 (1981), 167

Law Students Civil Rights Research Council, Inc. v. Wadmond, 401 U.S. 154, 91 S.Ct. 720, 27 L.Ed.2d 749 (1971), 253

Legal Aid Soc. of Hawaii v. Legal Services Corp., 145 F.3d 1017 (9th Cir. 1998), 173

Legal Services Corp. v. Velazquez, 531 U.S. 533, 121 S.Ct. 1043, 149 L.Ed.2d 63 (2001), 173

Leis v. Flynt, 441 U.S. 956, 99 S.Ct. 2185, 60 L.Ed.2d 1060 (1979), 197

Louisiana State Bar Ass'n v. Edwins, 329 So.2d 437 (La.1976), 220

Madden v. Township of Delran, 126 N.J. 591, 601 A.2d 211 (N.J.1992), 181

Maltby, In re, 68 Ariz. 153, 202 P.2d 902 (Ariz.1949), 185

Marbury v. Madison, 5 U.S. 137, 2 L.Ed. 60 (1803), 18

Massachusetts School of Law at Andover, Inc. v. ABA, 107 F.3d 1026 (3rd Cir.1997), 227

Matter of (see name of party)

Mickens v. Taylor, 535 U.S. 162, 122 S.Ct. 1237, 152 L.Ed.2d 291 (2002), 131

Morris v. United Kingdom, 41 E.H.R.R. 22 (ECHR 2005), 168

Nix v. Whiteside, 475 U.S. 157, 106 S.Ct. 988, 89 L.Ed.2d 123 (1986), 73

Ohralik v. Ohio State Bar Ass'n, 436 U.S. 447, 98 S.Ct. 1912, 56 L.Ed.2d 444 (1978), 195

Ortiz v. Fibreboard Corp., 527 U.S. 815, 119 S.Ct. 2295, 144 L.Ed.2d 715 (1999), 154

Parrish v. Board of Com'rs of Alabama State Bar, 533 F.2d 942 (5th Cir. 1976), 250

Peel v. Attorney Registration and Disciplinary Com'n, 496 U.S. 91, 110 S.Ct. 2281, 110 L.Ed.2d 83 (1990), 187

Person v. Association of Bar of City of New York, 554 F.2d 534 (2nd Cir. 1977), 219

Powell v. Alabama, 287 U.S. 45, 53 S.Ct. 55, 77 L.Ed. 158 (1932), 181

Primus, In re, 436 U.S. 412, 98 S.Ct. 1893, 56 L.Ed.2d 417 (1978), 195

Regents of University of California v. Bakke, 438 U.S. 265, 98 S.Ct. 2733, 57 L.Ed.2d 750 (1978), 240

Richardson v. McFadden, 540 F.2d 744 (4th Cir.1976), 250

Riehlmann, In re, 891 So.2d 1239 (La. 2005), 263

R. M. J., In re, 455 U.S. 191, 102 S.Ct. 929, 71 L.Ed.2d 64 (1982), 186

Ruffalo, In re, 390 U.S. 544, 88 S.Ct. 1222, 20 L.Ed.2d 117 (1968), 259

Russo v. Griffin, 147 Vt. 20, 510 A.2d 436 (Vt.1986), 281

Saladini v. Righellis, 426 Mass. 231, 687 N.E.2d 1224 (Mass.1997), 220

Schatz v. Weinberg & Green, 943 F.2d 485 (4th Cir.1991), 285

Schware v. Board of Bar Exam. of N.M., 353 U.S. 232, 77 S.Ct. 752, 1 L.Ed.2d 796 (1957), 252

Schwarz, United States v., 283 F.3d 76 (2nd Cir.2002), 131

Shapero v. Kentucky Bar Ass'n, 486 U.S. 466, 108 S.Ct. 1916, 100 L.Ed.2d 475 (1988), 187, 190

Snow v. Ruden, McClosky, Smith, Schuster & Russell, 896 So.2d 787 (Fla.App. 2 Dist.2005), 263

Sparks v. Parker, 368 So.2d 528 (Ala. 1979), 181

Spevack v. Klein, 385 U.S. 511, 87 S.Ct. 625, 17 L.Ed.2d 574 (1967), 259

Stare v. Tate, 21 Cal.App.3d 432, 98 Cal.Rptr. 264 (Cal.App. 2 Dist.1971), 112, 114

State v. _____ (see opposing party)

Sweatt v. Painter, 339 U.S. 629, 70 S.Ct. 848, 94 L.Ed. 1114 (1950), 238

Talton v. Arnall Golden Gregory LLP, 276 Ga.App. 21, 622 S.E.2d 589 (Ga. App.2005), 285

T. C. Theatre Corp. v. Warner Bros. Pictures, 113 F.Supp. 265 (S.D.N.Y. 1953), 136

United States v. _____ (see opposing party)

Upjohn Co. v. United States, 449 U.S. 383, 101 S.Ct. 677, 66 L.Ed.2d 584 (1981), 42

Westinghouse Elec. Corp. v. Kerr-McGee Corp., 580 F.2d 1311 (7th Cir. 1978), 120

Wheat v. United States, 486 U.S. 153, 108 S.Ct. 1692, 100 L.Ed.2d 140 (1988), 131

Wieder v. Skala, 593 N.Y.S.2d 752, 609 N.E.2d 105 (N.Y.1992), 263

Wiley v. County of San Diego, 79 Cal. Rptr.2d 672, 966 P.2d 983 (Cal.1998), 282

Willner v. Committee on Character and Fitness, 373 U.S. 96, 83 S.Ct. 1175, 10 L.Ed.2d 224 (1963), 259

Zauderer v. Office of Disciplinary Counsel, 471 U.S. 626, 105 S.Ct. 2265, 85 L.Ed.2d 652 (1985), 187

索 引
页码为原书页码

诉诸司法（**ACCESS TO JUSTICE**）

成本（Cost），162～166

历史（History），172～177

法律需求（Legal Needs），160～166

非律师帮助（Nonlawyer Assistance），170～172

公益服务（Pro Bono Service），179～183

程序简化（Procedures Simplification），169～172

策略（Strategies），169～183

还请参见法律援助（Legal Aid），公共利益（Public Interest）

准入（**ADMISSION**）

品质和适当性（Character and Fitness），252～257

称职（Competence），246～251，276～279

考试（Exams），246～251

历史（History），246～247

对抗制（**ADVERSARY SYSTEM**）

滥用（Abuses），58～61

跨文化比较（Cross-cultural Comparisons），53～54

历史框架（Historical Framework），53～56

中立的当事人性（Neutral Partisanship），54～57

理论根据、原理（Rationale），53～58

广告（**ADVERTISING**）

商业化（Commercialization），189～191

宪法性判决（Constitutional Decisions），186～187，195

披露（Disclosures），189～190

执行（Enforcement），191～193

道德规则（Ethical Rules），186～189

历史（History），185～186

因特网、互联网、网络（Internet），193

替代性纠纷解决方式，非诉讼纠纷解决方式（**ALTERNATIVE DISPUTE RESO-LUTION [ADR]**），78～85

美国律师协会（AMEIRICAN BAR ASSOCIATION [ABA]）

法学院认证（Accreditation of Law Schools），224～229

《道德准则》（Canons of Ethics），9～10

《礼仪守则》（Civility Codes），63～64

《职业责任守则》（Code of Professional Responsibility），9～10

历史（History），9，17～19

《职业行为示范规则》（Model Rules of Professional Conduct），9～11，45～52

律师—委托人决策 （**ATTORNET-CLIENT DECISIONMAKING**）

委托人的称职性 （Competence of Client），101～105，274～276

精神健康 （Mental Health），274～276

家长作风 （Paternalism），100～105

律师协会 （**BAR ASSOCIATIONS**）

历史性的 （Historical），9，19～20

规制角色 （Regulatory Role），10～12，19～20

集团诉讼 （**CLASS ACTION**）

利益冲突 （Conflicts of Interests），151～154

批准、确认 （Certification），151～152

称职性 （**COMPETENCE**），49，276～277

还请参见继续法律教育 （Continuing Legal Educations）、不当执业 （ Malpractice）

保密 （**CONFIDENTIALITY**）

委托人欺诈 （Client Fraud），66～68，74～75

委托人伪证 （Client Perjury），71～74

总的、一般性的 （General），50～51，64～78

保密条款 （Secrecy Clauses），75～77

告密者保护 （Whistleblower Protection），77～78

利益冲突 （**CONFLICTS OF INTERESTS**）

集团诉讼 （Class Actions），151～154

政府行为中的道德 （Ethics In Government Act），119～120

政府律师 （Government Lawyers），144～151

律师—委托人冲突 （Lawyer-Client Conflicts），123～127，154～159

多重利益 （Multiple Interests），124～125

组织性代理 （Organizational Representation），68～69，141～144

立场冲突、立场性冲突 （Positional Conflicts），133～135

屏蔽 （Screening），138～141

同时性代理 （Simultaneous Representation），127～133

连续性代理 （Successive Representation），123～124，135～138

宪法性功能 （**CONSTITUTIONAL FUNCTIONS**）

对律师角色的批判 （Critiques of Lawyer's Role），40～43

个人权利 （Individual Rights），40～41

法治 （Rule of Law），40

继续法律教育 （**Continuing Legal Education**），277～279

咨询（**COUNSELING**）

总的、一般性的（General），91～100

还请参见家长作风（Paternalism）

惩戒（**DISCIPLINE**）

道德规则（Ethical Rules），260～261

历史（History），258～259

律师事务所（Law Firms），272

精神健康和药物滥用（Mental Health And Substance Abuse），274～276

非职业不端行为（Nonprofessional Misconduct），261，273

问题（Problems），264～267

目的（Purpose），259

改革（Reforms），264～267

复职和减轻情节（Reinstatement And Mitigating Circumstances），270～271

举报（Reporting），261～263

处罚（Sanctions），267～271

告密（Whistleblowing），263～264

多样性（**DIVERSITY**）

平权行动（Affirmative action），239～246

法学教育（Legal education），237～246

法学教育（Legal profession），20～26

还请参见职业（Profession）、偏见（Bias in）和女性律师（Women Lawyers）

文件准备、保存和推论（**DOCUMENT PREPARATION，RETENTION，AND DEDUCTION**）

安然案件、Enron 案件（Enron），89～90

道德（**ETHICS**）

守则（Codes），9～10

定义（Defined），3～4

道义论（Deontology），4～5

道德禁止（Ethical Prohibitions），5～8

伦理的定义（Morality Defined），3～4

相对主义（Relativism），7～8

功利主义（Utilitarianism），4～6

律师费（**FEES**）

收费做法（Billing Practices），208～210

风险代理费、风险代理收费（Contingent Fees），214～219

道德规则（Ethical Rules），204～205

滥收费（Excessive Charges），209～213

历史（History），207～209

不可返还的聘请费、不返还性聘请费（Nonrefundable Retainer Fees），214

规制策略（Regulatory Strategies），217

政府律师（**GOVERNMENT LAWYERS**）

委托人（Client of），144～148

道德标准（Ethical Standards），147～148

义务（Obligations），145～151

政治责任（Political Accountability），146～147

旋转门（Revolving Door），119～120

酷刑备忘录（Torture Memos），148～150

法律援助（**LEGAL AID**），38～39，172～175

法学教育（**LEGAL EDUCATION**）

多样性（Diversity），237～246

教育内容，氛围，方法（Educational Content，Climate，Methodology），230～234

教育结构（Educational Structure），224～229

历史（History），13～17，222～224

公益项目（Pro Bono Programs），236～237

职业责任（Professional Responsibility），234～236

法律业务（**LEGAL PRACTICE**）

公司业务（Corporate Practice），41～44

咨询（Counseling in），91～95，100～105

谢绝/退出代理（Declining/Withdrawing From Representation），97～100

文件制作和保存（Document Preparation And Retention），87～90

政府代理（Government Representation），36～39，144～51

内部律师、内部法律顾问（In-Houses Counsel），35～36

律师事务所（Law Firms），32～35

法院的职员（Officers of the Court），51～52

私人领域（Private Sector），32～36

公共领域（Public Sector），36～39

交易业务（Transactional Practice），86～122

游说（**LOBBYING**），116～122

不当执业（**MALPRACTICE**）

因果关系（Causation），281～282

《行为守则》（Code of Conduct），282～283

称职性（Competence），276～279

频率、频度（Frequency），279

历史演进、历史演变（Historical Evolution），279~280

预防（Prevention），283~286

救济（Remedies），283~284

跨行业执业（**MULTIDISCIPLINARY PRACTICE**），202~207

跨司法辖区执业（**MULTIJURISDICTIONAL PRACTICE**），197~202

谈判（**NEGOTIATION**）

坦诚、坦率（Candor），105~110，116

竞争性方法 vs. 合作性方法（Competitive vs Cooperative Approach），105~106

背景（Context），105~106

欺诈、欺诈做法（Deceptive Practices），106~107，115~116

道德规则（Ethical Rules），106~107，113~114

囚徒困境（Prisoner's Dilemma），115

讨价还价总的实话（Truthfulness In Bargaining），108~110，115~116

非律师人员（**NON-LAWYER**）

外行执业者（Lay Practitioners），170~172

许可制度、特许制度（Licensing Systems），172

还请参见跨行业执业（multidisciplinary Practice）

家长作风（**PATERNALISM**），100~103

公益服务（**PRO BONO SERVICE**）

律师（Lawyers），179~183

法学院学生与教师（Law Students and Faculty），236~237

职业（**PROFESSION**）

偏见（Bias In），15~17，20~26

概念（Concept of），1~3

多样性（Diversity）20~26

历史（History），13~17

独立性（Independence），45~48

公众观念（Public Perception），2~3

规制（Regulation），1，8~12，19~20

对委托人的责任（Responsibilities to Clients），48~51

对司法制度的责任（Responsibilities to Justice System），51~51

法律服务的组织形式（Structure of Practice），27~28

公共利益法和律师（**PUBLIC INTEREST LAW AND LAWYERS**）

《2002 年 Sarbanes-Oxley 法》（Sarbanes-Oxley Act Of 2002），68～69，90

劝诱（**SOLICITATION**），194～197

女性律师（**WOMEN LAWYERS**）
历史框架（Historical Framework），244～246
法学教育（Legal Education），237～240，244～245
法律业务（Legal Practice），20～26
还请参见多样性（Diversity），职业（Profession）和偏见（Bias in）

主要译名对照表

AALS　美国法学院协会

ABA　美国律师协会

ABA　Standards for Imposing Lawyer Sanctions　《美国律师协会实施律师惩戒标准》

Access to justice　诉诸司法

Accreditation　认可

Accreditation of Law Schools　法学院认可

Accreditation standard　认可标准

Affirmative action　平权行动　平权法案

American Law Deans Association　美国法学院院长协会

Bias　偏见

Class Actions　集团诉讼

Client Fraud　委托人欺诈

Client Perjury　委托人伪证

Code of Professional Responsibility　《职业责任守则》

Companion case　姐妹案/同时审理的案件

Competence　称职性

Conflicts of Interest　利益冲突

Contingent Fees　风险代理费

Continuing Legal Education　法律继续教育

Declining/Withdrawing from Representation　谢绝/退出代理

Diversity　多样性

Ethical Rules　职业道德规则

Government Lawyers　政府律师

In-House Counsel　内部律师

Justice　大法官/正义

Law Firm　律师事务所

Law of lawyering　律师法

Law school　法学院

Lawyer-Client Conflict　律师—委托人冲突

Legal Aid　法律援助

Legal education　法学教育

Litigiousness　好讼

Majority　多数/多数意见

Malpractice　不当执业

Mental Health　精神健康

Model Rules of Professional Conduct　《职业行为示范规则》

Nonprofessional Misconduct　非职业性不端行为/职业外不端行为

Nonrefundable Retainer Fees　不可返还性聘请费

Of counsel　特邀顾问

Partner　合伙人

Paternalism　家长作风

Positional Conflcts　立场冲突

Presumption of disabling confidences　失密推定

Prisoner's Dilemma　囚徒困境

Pro Bono Service　公益服务

Profession　职业

Professional Responsibility　职业责任

Public Interest　公共利益

Regulation　规制

Remedy　救济

Revolving Door　旋转门

Rule of Law　法治

Screening　屏蔽

Simultaneous Representation　同时性代理

Successive Representation　连续性代理

Up-or-out　非升即走

Whistleblower Protection　告密保护

Whistleblowing　告密

图书在版编目（CIP）数据

律师的职业责任与规制/〔美〕罗德等著；王进喜等译. 2 版. 北京：中国人民大学出版社，2013.
（中国律师实训经典）
ISBN 978-7-300-17357-3

Ⅰ.①律… Ⅱ.①罗…②王… Ⅲ.①律师-职业道德-研究-美国 Ⅳ.①D971.265

中国版本图书馆 CIP 数据核字（2013）第 074610 号

中国律师实训经典
律师的职业责任与规制（第二版）
〔美〕 黛博拉·L·罗德（Deborah L. Rhode，Jr.）
小杰弗瑞·C·海泽德（Geoffrey C. Hazard，Jr.） 著
王进喜 等译

出版发行	中国人民大学出版社			
社　　址	北京中关村大街 31 号	**邮政编码**	100080	
电　　话	010－62511242（总编室）	010－62511398（质管部）		
	010－82501766（邮购部）	010－62514148（门市部）		
	010－62515195（发行公司）	010－62515275（盗版举报）		
网　　址	http://www.crup.com.cn			
	http://www.ttrnet.com（人大教研网）			
经　　销	新华书店			
印　　刷	北京鑫丰华彩印有限公司			
规　　格	185 mm×260 mm　16 开本	**版　　次**	2013 年 11 月第 1 版	
印　　张	14.5 插页 2	**印　　次**	2013 年 11 月第 1 次印刷	
字　　数	304 000	**定　　价**	39.80 元